열정적인 교사, 도전하는 어린이

- 몬테소리 교실에서 어린이들의 내재적 동기유발을 촉진하는 요인들 -

조 성 자 지음

창지사

국립중앙도서관 출판시도서목록(CIP)

열정적인 교사, 도전하는 어린이 : 몬테소리 교실에서 어린이
들의 내재적 동기유발을 촉진하는 요인들 / 지은이 : 조성자.
-- 서울 : 창지사, 2013
p. ; cm

ISBN 978-89-426-0723-5 93370 : ₩16000

유아 교육[幼兒敎育]
몬테소리 교육[--敎育]

375.1-KDC5
372.21-DDC21 CIP2014000083

들어가는 말

몬테소리가 1907년 처음으로 어린이집을 개원한 다음 시작한 것은 교실에서 어린이들을 관찰한 것이다. 그녀는 어린이들이 어떤 방법으로, 어떻게 작업과 학습을 즐기면서 스스로 독립적으로 삶을 이끌어 갈 수 있는가에 관심을 가지게 되었다. 다시 말하자면 어린이들에게 내재적 동기부여를 유발시킬 수 있는 요인은 무엇/어떤 것들인가에 관심을 가지는가를 확인하기 위해서였다.

관찰하는 도중 한 어린이가 꼭지원기둥을 42번 이상 넣었다가 꺼냈다를 반복하며 집중하는 모습을 관찰하면서 자신의 눈을 의심하였다. 어린이가 2시간 이상을 조용히 침묵을 지키면서 집중하는 모습을 보고, 혹시나 해서 다른 어린이와 함께 옆에 다가가서 노래를 불렀지만 전혀 개의치 않고 작업에 집중하였다. 완전히 정상화로 진화되어 가고 있는 모습에 감동을 받았다. 이러한 현상이 몬테소리가 어린이 교실에서 새롭게 발견한 기적이었다.

몬테소리가 어린이들을 관찰하였던 로마 산 로렌조(San Lorenzo)의 어린이집에서 일어난 역사는 현재까지 교사, 부모, 어린이들에게 영향력을 미치고 있다. 그곳은 어린이들을 위한 개혁교육학이 탄생지였고, 어린이들을 위한 평화교육이 탄생하였고, 장애우와 정상화를 연결하는 교육이 시작되었고, 부모교육이 시작되었고, 전쟁의 불행한 결과로 경제적·정신적 공황기에 유럽의 여성 운동사가 시작되어 새로운 교육 문화를 창조한 교육현장이다(Scocchera A., 2002).

산 로렌조를 출발점으로 전 세계의 어린이들이 오늘도 몬테소리 교육을 이어가고 있다. 저자는 가끔 로마의 어린이집을 방문할 기회가 있을 때마다, 거의 100년 전 그곳에서 어린이들과 함께 생활했을 몬테소리를 생각하면서 때로는 감회에, 때로는 그녀의 열정적인 삶 속으로 빨려 들어가는 듯한 생각이 들었다.

산 로렌조에 지금도 살고 있는 80세가 넘은 한 주민이 기증한 그의 어릴 적 어린이집에 다니던 시기에 찍은 빛바랜 사진이 어린이집 벽에 걸려 있었다. 그 사진 속의 주인공인 예쁜 소년이 80세란 긴 세월을 흘려보낸 것이다.

그러나 요즈음엔 일반적인 교실이든 몬테소리 교실이든 어린이들에게 정서적으로 안정감을 반영해 주지 못하고 있다.

몬테소리 교사교육과정으로서, 몬테소리 교실의 방문자로서, 학교 상담자로서 몬테소리 교사들과 함께 협력적으로 작업을 할 때, 갈등을 일으키게 되는 가장 큰 문제는 몬테소리 방법을 교실에서 적극적이고 효과적으로 적용하기에 어려움을 겪고 있다는 사실이다. 일반적으로 몬테소리 교육방법에 익숙해질 수 있도록 만들기 위해서 최선을 다해 다양한 방법으로 열심히 작업해 오고 있지만 교사들이 훈련을 할 때 기대했던 것만큼 우리 어린이들이 반응하지 않을 때 환상이 깨어져 버리고 실망감을 가지게 된다.

대부분 경험이 적은 몬테소리 교사들은 수업방법을 매우 효과적으로 전달할지는 몰라도 어린이들이 자신의 임무에 충실하고 적절한 행동으로 교수방법을 수행하지 못할지도 모른다. 이러한 현상은 경험이 적은 초보 교사들이 몬테소리 실기에 기초가 되는 아주 중요한 철학 원리와 원칙을 완벽하게 자기 자신의 것으로 학습화하지 못했기 때문일지도 모른다.

대부분의 경험이 많은 교사들은 오랜 기간 동안 자신들을 지도했던 원칙들을 희미하게 망각해 가면서, 자기 방식대로 조금씩 자신과 타협하는 동안 서서히 무너져 몬테소리 교육의 실제를 점차적으로 포기하게 되는 아픔도 있다(Paula T., 2003). 이러한 망가짐은 몬테소리인들이 진심으로 바라던 방식이 아닌 다른 교육방법과 흡사하게 되어 가는 결과를 교실에 다시 가져오게 되었다.

한편, 몬테소리 교육원칙과 교육 실제를 정식으로 완벽하고 훌륭하게 수행하고 있는 교사들까지도 자기 작업에 쉽게 집중하지 못하고, 끊임없이 지도와 조언을 필요로 하는 소수의 어린이들로 인해 방황하고 갈등과 혼란스러움을 경험하게 될 것이다. 또는 동기유발이 전혀 되지 않는 어린이들을 어떻게 자극하고, 어떻게 스스로 학습할 수 있을지 그 방법을 생각해 내는 데 이미 지쳐 있을지도 모른다.

몬테소리인들과 부모들 모두가 직면하고 있는 이러한 종류의 현실적인 문제들을 이 책에서 다루고, 동기유발을 할 수 있는 근본적인 원인들을 연구하려고 한다. 이러한 근본적인 원인은 모든 몬테소리인들인들의 제안들을 모든 몬테소리 교사들과 함께 해결해 나아가는 데 목적과 의미가 있다. 이 저서는 어린이들을 가장 훌륭하게 돕기 위해서 근본적인 내적 동기유발을 이끌어 내는 데 필요한 기술과 교사들이 겪어야 하는 어려움과 좌절감에 도움을 주는 데 주목하고자 한다.

저자는 몬테소리를 연구하면서 교사들이 교수-방법에서, 교실에서 어린이들과의 관계에서 동료교사와의 관계에서 원장과의 관계에서 가장 어려운 문제들에 대한 모든 답을 요구하는 그 자체에 어려움을 겪고 있는 상황을 경험하였다. 저자는 몬테소리 어린이집과 유치원, 그리고 초등기관 교사·원장과 협력적 관계를 유지하면서 오랜 시간 동안 경험해 온 일들과 오늘날 전문가들의 연구들이 모든 몬테소리인들에게 아주 혁신적인 새로운 방법과 연구물들이 그들의 처음 가졌던 열정을 다시 불태우기를 노력하는 모든 몬테소리인들에게 유익한 안내자, 길잡이, 동반자로 동행하면서 어려움을 공유할 수 있기를 바란다. 그리고 그들이 몬테소리의 학문적 배경과 심오한 철학을 이해하는 데 도움이 되기를 희망한다.

이 책은 모두 5장으로 구성하였다. 몬테소리 이론의 거의 전무하게 알려지지 않았던 동기유발에 대한 흩어져 있던 이론과 생각들을 논리적으로 차근차근 하나의 이론으로 통합하기 위한 것이 저자의 의도이다. 이러한 생각의 동기유발은 몬테소리를 연구하는 현대 학자들이 만나는 데 공통점을 많이 가지고 있음에도 불구하고 재구성, 비교, 이해를 하지 못했다는 결론에 도달했기 때문이다. 여러 학자들이 몬테소리 이론을 인용하고 있는 반면, 정작 몬테소리를 연구하는 사람들은 그러한 관계조차 찾아내지 못하고 있다는 것이다.

각 장은 역시 몬테소리 이론을 지지하고 우리가 고려할 만한 추가적이고 부수적인 견해들을 제공하는 비 몬테소리학자들의 연구 문헌과 더불어 논의하고 비교해 보는 내용을 포함하고 있다. 몬테소리 연구가들이 몬테소리의 견해들로부터, 우리 자신의 경험들로부터, 그리고 현대 아동 연구가들로부터 어린이들의 학습과정에서 동기유발을 이끌어 내는 데 도움이 되는 전략들에 대해 제안하려고 한다. 이 부분에서는 내재적 동기에 대한 연구를 발표하고 도움이 되는 많은 의견을 제공해 주는 근대의 아동 연구가가 내재적 동기부여를 연구하는 학자 중에서 피아제(Piaget), 알피 콘(Alfie Kohn), 다니엘 핑크(Daniel Pink), 엘레나 갤렌스키(Ellena Gallensky)의 이론을 비교·분석하려고 한다.

이 저서는 저자가 오랜 시간 동안 연구한 자신의 넉넉치 않은 지식과 경험을 통합한 결과라고 할 수 있을 것이다. 몬테소리 교실에서 그녀의 철학을 쉽게 다른 학자들의 이론과 비교·분석하고 적용하는 방법을 연구하려고 한다. 이 저서는 그동안 출판한 다른 저서들과 다른 측면에서 대부분의 교사들이 성공적으로 교육할 수 있는 현실적인 제안들을 한다. 모든 몬테소리 교실에서 모든 어린이들의 작업을 통한 동기유발에 대한 문제점을 해결할 수 있으리라고 확신한다.

우리들이 항상 언급하는 완벽한 교사도 없고, 완벽하고 성공적인 교육 이론도 없으며 늘 조용한 어린이도 없다. 어린이와 교사, 환경, 부모 교육과 같이 특히 중요한 제안들이 중요한 결과를 이끌어 내기 전에, 어린이들의 근본적인 정서적 문제들 또는 공감되고 개선될 필요가 있는 학습에 어려움을 안고 있는 어린이들이 있을 것이라고 확신하면서 문제점을 발견하고 함께 이야기하려고 노력한다. 그리고 저자의 목적은 40여 년을 연구한 몬테소리 이론을 전체적으로 정리하면서 다른 이론과의 협력관계를 학문적으로 우선 시도해 보려는 것이다.

이 책은 5장으로 구성되어 있다.

제 1장은 몬테소리 교육철학과 내재적 동기유발의 개념을 비교하는 이론, 그리고 내재적 동기유발에 필요한 내용들을 다루고 있다.

제 2장은 몬테소리 교사 역할에 대한 개념을 재구성하고 있다. 과연 열정적인 몬테소리 교사란 어떠한 교사인가? 몬테소리 교사는 리더로서 어떠한 자세를 가져야 하는가를 중점적으로 다루고 있다.

제 3장은 몬테소리 교육방법 속에서 자동교육과 원리 내재적 동기유발의 원리는 어떠한 관계를 가지고 있는가를 다룬다. 한편, 어린이들의 내재적 동기유발을 촉진할 수 있는 전략들에 대해서 서술하려고 한다.

제 4장은 어린이들의 자기주도적 학습원리와 자율성을 지지하는 리더십 전략에 대해서 서술하려고 한다.

마지막 5장은 어린이들의 내재적 동기부여를 분석하려고 한다. 내재적 동기부여를 할 수 있는 4가지 내재적 동기 이론을 분석한다. 어린이들의 동기부여를 위해서 능력을 어떻게 개발할 것인가에 관심을 가지고 분석하려고 한다.

저자는 '어떻게 하면 몬테소리 교실에서 도전하는 어린이들로 만들고 열정적인 몬테소리 교사로 거듭 태어날 수 있을까?'에 대한 질문의 답을 찾아가는 방법을 연구하려고 노력하였다. 늘 저술을 마칠 때마다 미흡하다는 생각을 하면서 최선을 다해서 저술에 임했다. 그야말로 열정을 다하는 몬테소리 연구가가 되기 위해서 노력한 현재의 저자 모습이 이 책의 내용들이다.

몬테소리를 사랑하는 모든 사람들에게 조금이라도 도움이 된다면 저자는 앞으로도 더 훌륭한 몬테소리 연구를 위해서 정성스런 마음, 지혜로움, 인내로움으로 저술활동을 지속할 생각이다.

저자의 원고를 너그럽게 출판해 주시는 창지사 김기섭 사장님에게 감사드린다. 그리고 저자의 글을 읽고 감사의 마음을 전해 주었던 독자들에게 감사한 마음을 늘 간직한다.

저자 조성자 교수

이 저서는 2013년도 대구가톨릭 대학교 교내 연구비 지원에 의한 것입니다.

목 차

CHAPTER 02 몬테소리 교사 역할의 재개념으로서 리더십

CHAPTER 03 몬테소리 교육방법의 원리 안에서 자동교육의 원리

CHAPTER 01 몬테소리 교육철학과 내재적 동기유발의 개념

I. 몬테소리 교육과 내재적 동기유발의 개념

1. 어린이들의 자기훈련

마리아 몬테소리(Maria Montessori)는 어린이들을 위한 기본적 패러다임으로 단지 '내재적 동기부여'라는 주제를 가지고 구체적으로 연구하고, 발표하고, 저서에서 서술하고, 어린이 교실에서 특별히 작업과 연결한 내용들은 없다. 그러나 더 놀라운 것은 현재 어린이들의 내재적 동기에 대해서 연구하는 학자들의 이론을 보면, 몬테소리 교실의 어린이들 작업과정에서 일어났던 경험과 현상들이 내재적 동기 이론에 아주 근접해 있고 동일하다는 것을 발견하게 된다. 그러나 저자의 견해로 신 몬테소리 학파에서 이러한 비교 교육에 대한 연구가 열정적으로 이루어지고 있는 것은 아니다.

몬테소리의 연구가 한참 활성화되어 있을 때에 그녀는 어린이에 대한 연구와 배움에 대한 도전과 열망은 부모와 교사 그리고 다른 양육자들의 가르침에 의한 외부 요인과 어린이의 내부에서 작업을 진행하고 집중과정에서 정상화로 몰입되어가는 작업 결과 때문이라고 믿었다. 그래서 몬테소리는 교사, 부모, 양육자들에게 어린이들을 직접 관찰할 것을 강요하였고 관찰의 중요성을 기회가 있을 때마다 강조하였다.

다시 말하자면 몬테소리는 1960년대를 지나면서 그녀의 철학이 영향력을 발휘할 때, 교육에서 내재적 동기유발 패러다임과 연결되어 일어나는 어린이들의 특이한 현상, 즉 문화를 지배하고, 환경을 지배하고, 자신을 지배하는 현상을 보면서 경이로움을 감추지 못했다. 그 이후 더욱 새로운 분야로 연구되어 세간을 떠들썩하게 만든 내재적 동기유발을 선호하였다.

몬테소리의 어린이들을 위한 연구 주제였던 독립심, 자율성, 반복적 활동을 통한 세련된 감각운동, 숙달(mastery), 자유선택, 자유작업을 통한 정상화, 작업을 완성하고 느끼는 내적 만족감은 어린이들의 내재적 동기로 인한 행복감과 차이점이 없다. 예를 들면, 매슬로우(Abraham H. Maslow)가 말한 인간이 하위 욕구를 충족한 다음 상위 욕구를 만족하는 상태를 자아실현 개념으로 볼 수 있다. 반면, 몬테소리의 어린이들이 작업에 몰입하면서 내적 만족감, 자율성, 독립심을 통해서 정상화로 변화하는 모습에서 두 학자의 마지막 단계는 서로 동일한 개념을 포함하고 있음을 볼 수 있다. 어린이들의 목적을 성공적으로 이끌어 가는 모든 요인들이 내재적 동기를 유발하는 데 충분한 원동력이 된다고 듀피(Duffy)는 말한다(Michael and D'Neil Duffy, 2012). 이러한 몬테소리의 기본적인 철학은 다니엘 핑크(Daniel H. Pink)의 내재적 동기유발, 알피 콘(Alfie Kohn)의 훈육의 새로운 이해, 미하이 칙센트미하이(Mihaly Csikszentmihalyi)의 몰입의 이론과도 일치한다.

몬테소리의 교육철학은 전통적으로 부모와 교사 그리고 양육자들이 자기 스스로 훈련하고 자율적으로 교실을 운영할 때 무엇을 우선적으로 언급해야 하는지에 대한 이론에 근거하고 있다. 몬테소리의 이러한 요인들은 몬테소리 교실에서 동기유발을 위해 우선적으로 필요한 것들이다. 어린이들이 훈련되는 교실 환경에서 작업에 장애요인이나 방해를 받는다면 어린이들은 양육자들로부터 동기유발에 장애물을 만나게 되고 자기가 원하는 것에 제대로 집중할 수 없을 것이다.

그러나 자기훈련과 교실운영이라는 2가지 주제에 대한 몬테소리의 접근법은 전통적인 교육과 운영방법의 접근성에서 일반적으로 발견하게 되는 접근법과 차이점이 있다. 몬테소리가 진정으로 언급하고자 하는 것은 교사가 교실 안에서 공동체 리더십의 중요한 역할을 수행하면서, 어린이의들이 자기훈련에서 성공적인 결과를 얻고 발달을 스스로 이끌어 갈 수 있는 능력을 훈련하는 것이다.

몬테소리의 철학에서 자발적 학습 또는 자동교육을 이끌어 내는 방법을 위해 요구하는 중요한 조건에 대해서 관심을 가지고 연구할 필요성이 있다(Montessori M., 1973). 몬테소리 교실에서 자발적으로 발생하는 자동교육의 원리는 그녀의 교육방법에서 가장 중심에 위치하며 다른 학자들의 접근방법과 근본적으로 차이점이 있음을 증명하고 있다. 자동교육의 원리는 현대 아동연구가들이 언급하고 있는 내재적 동기에 대한 이론으로서 몬테소리의 신념에 대한 기초가 된다. 자동교육을 이끌어 가는 필수적 구성요소로서 자유선택을 통한 내재적 동기유발을 요구하며 동시에 몬테소리가 자신의 전체적인 철학에서 다음과 같은 도식을 이끌어 낸다(Montessori M, 1973).

자유 → 자유로워지기 → 활동 → 반복 → 습관 → 자동교육

위의 도식은 몬테소리 교육의 방정식과 같은 도식으로 어린이들을 사물, 교구, 인간으로부터 해방시켜 독립적인 인간으로 안내한다. 몬테소리 교실에서 자기훈련을 할 수 있는 가장 중요한 요소는 자유선택이다. 자유선택은 어린이들은 자기가 좋아하는 작업을 할 때 내재적 동기부여를 할 수 있는 환경이 제공되어 상호작용이 일어난 상태이다.

2. 몬테소리 철학과 자기훈련

언뜻 보기에 무례한 행동이나 질서 있게 어린이들이 작업에 집중하고, 지혜롭고, 자발적으로 행동하는 몬테소리 교실은 사실상 아주 훌륭하게 통제된 교실처럼 보일 수 있다. 소수의 교사들은 외형적인 모습만으로 만족하면서 교실환경과 어린이들의 작업이 성공적으로 이루어진다고 믿고 있다.

몬테소리 교사들은 교실이 차분하고 질서 있고 안정감 있게 보일 수 있도록 어떻게 구성할까? 어린이들이 처음 어린이집이나 유치원에 들어오는 순간부터 차분한 자세로 일상생활의 하루 일과가 시작되는 것은 아닐 것이다. 어린이들이 몬테소리 영유아교육기관에 입학해서 몬테소리 교육방법, 환경, 교구·교재의 순환적 흐름에 적응하는 데 많은 시간이 소요된다. 몬테소리가 말하는 어린이가 '정상화로 진화하는 과정'에 따라서 몬테소리 교실은 각자의 생명력 있는 작업과 활기찬 활동으로 하루 일과를 보내게 된다.

환경에서 만족스러운 작업을 통해 완성되어 가는 정상화된 어린이들은 자발적인 훈육, 지속적이고 행복한 작업, 협력에 대한 친사회적 활동, 다른 친구들에 대한 공감 등과 같은 소위 몬테소리 연구가들이 기술하고 있는 어린이들의 놀라운 능력은 다음 발달단계에서 행복한 모습으로 나타난다고 기술하였다(조성자 편역, 1996).

어린이들의 정상화 상태는 스스로 자발적이고 창조적으로 자기 작업과 주어진 우주적 사명감 그리고 자기가 선택한 일과 작업에 몰입되는 것이라고 믿고, 작업과 학습에 동기유발이 이끌어 가는 과정과 비례한다고 말한다. 또한 일반적으로 일탈이라고 언급하고 표현하는 어린이들의 비정상화된 행동들은 반드시 관심, 의미, 흥미 있는 활동 속으로 빠져들어 자동 수정되어야만 하는 심리적 요인들이라고 말한다(Montessori M., 1973).

어린이들의 진화 과정에서 일어나는 정상화는 그들이 작업에 집중함으로써, 몰입함으로써, 반복적인 학습을 진행하면서, 작업을 완성하고 내적 만족감을 경험하면서 이루어진다(조성자 편역, 1996).

교사들은 어린이들의 깊숙히 내면에 잠자고 있는 잠재능력을 발견하고 그들이 환경과 상호작용하도록 협력하여, 흥미와 관심으로 적절한 활동에 동기유발이 되도록 도와야만 한다. 교사가 중요하게 기억해야 할 것은 어린이의 성격 특성과 본성에 관련된 흥미와 관심을 자극할 수 있는 능력을 가져야 한다는 것이다(Montessori M., 1970, 조성자 옮김, 1994).

몬테소리 교사와 부모들이 반드시 알고 있어야 할 것은 결과적으로 동기유발이나 정상화는 어느 날 갑자기 마술처럼 나타나는 것이 아니다. 몬테소리 교실에서 어린이들이 이러한 수준의 내적 발달을 하려면 많은 시간과 노력을 통한 숙달된 행동이 필요하다.

몬테소리는 종종 어린이들 개개인을 대상으로 정상화라는 개념과 용어를 자주 인용하며 활용하고 있지만 일반적인 인식으로 우리는 작업에서 개별적으로 일탈하지 않고 집중하는 대부분의 어린이들이 모여 작업하는 교실을 일컬어 정상화된 교실이라고 말한다. 이러한 언급은 몬테소리 영유아 교실에서 자주 사용하는 언어들이고 중요한 활동 결과들이다.

일반적으로 주말이나 방학 동안 집에서 부모와 생활하는 긴 휴식 시간을 마치고 다시 새로운 친구들과 교사가 있는 교실에서 생활을 시작하는 수업시간은 정상화와는 거리가 멀어져 아주 무질서하다. 무질서한 기간은 시간이 지나면 다시 원래의 모습인 조용하고, 질서 있는 정상화된 교실 분위기로 변화한다.

정상화된 교실은 어린이들이 순순히 따르도록 언어로 지시하거나 몸짓으로 강요해서 발생하는 것이 아니라, 시간이 흐르고 다양한 영역에서 교구들을 가지고 좀 더 시간을 보내기 시작한 다음에 일어나는 현상이다. 어린이들이 작업에 참여하여 집중하고, 자유선택활동에 참여함으로써 정상적이고 안정된 분위기가 나타나게 된다.

특히 교사들의 목표는 어린이들이 움직이지 않고 조용하고 수동적인 자세로 학습하도록 어린이들을 강요하여 훈육하는 것이 아니다. 몬테소리 교육은 어린이들의 활동을 독립적으로 할 수 있도록 촉진하는 것이 목표이다.

교사들이 인지하여야 하는 것은 어린이들이 자기보다 더 강하고 큰 사람에게 강요당하는 두려움, 성인으로부터 받는 보상, 칭찬 등이 목적이 되어 행동해서는 안 된다는 것이다. 몬테소리는 칭찬이나 보상행위가 어린이들의 학습에 장애가 된다고 말한다(Montessori M., 1950, 조성자 옮김, 1991). 칭찬과 보상은 즉각적인 반응을 보일 수는 있어도 내재적 동기부여를 자극하는 데는 효과가 없는 것으로 나타난다.

어린이들의 훈육은 자기훈련이라고 불리는 범주 속으로 들어가도록 강요하는 것이 아니라 자기 스스로 관심과 흥미 그리고 작업, 학습욕구가 발생하는 것을 의미한다. 몬테소리는 어린이가 스스로 자기 일과 작업에 익숙해질 때 훈육되고 자신의 행동을 조절하고 통제할 수 있게 된다고 말한다(Montessori M., 1950, 조성자 옮김, 1991). 어린이들은 자유작업과 자유선택을 통해서 반복적인 활동과 더불어 자기 일과 활동에 습관을 들이면서 자동교육단계까지 스스로 이끌어 간다. 이러한 어린이들의 특징으로, 자기훈련을 통해서 자아를 지배하고, 환경을 지배하고, 문화를 지배하는 현상이 나타난다(조성자 편저, 1996).

몬테소리는 『어린이 발견』이라는 저서에서 훈육이라는 용어를 자주 사용한다. 『어린이 정신』, 『어린이 신비』, 『어린이 발견』과 같은 다른 저서에서도 중요하게 언급하였다. 예를 들면, 『어린이 정신』에 그녀가 실제적으로 어린이와 함께 교실에서 경험한 이야기를 서술하고 있다. 어느 학교를 방문해 어린이에게 다가가 "이곳이 네가 좋아하는 것을 네 마음대로 할 수 있는 어린이집이니?"라고 물었다. 어린이는 정확하고 똑바르게 대답하였다.

"아니요." 어린이는 당당하고 정확하게 "우리가 좋아하는 것을 하는 곳은 아니지만 우리가 하는 것을 좋아한답니다."라고 대답했다(Montessori M., 1952, 조성자 옮김, 1994). 몬테소리는 교사가 어린이에게 보상행위로 예쁘게 장식된 목걸이를 선물하였을 때 어린이가 우선적인 안정감을 가질 수 있어도 다음에 똑같은 일을 반복하는 것을 목격하였다. 보상행위가 어린이의 행동을 완전히 변화시키지는 못했다(Montessori M., 1952, 조성자 옮김, 1994).

이 어린이의 대답은 우리들이 어린이들로부터 분명하게 이해가 되어 대조되는 몬테소리가 훈육과 동기유발에 대해 이해하려는 방향의 핵심 요소를 담고 있다. 어린이에게 훈육은 교사가 개입하라고 명령하는 대로 움직이는 어떤/무엇의 행동이 아니라 의미 있는 활동을 통해 스스로 발달을 추구함으로 자기들의 경험에 성공적으로 반응하여 어린이 내부에서 샘물처럼 솟아나는 무엇 혹은 어떤 것이다.

훈육에 대한 몬테소리의 직관적인 접근은 대부분 자유에 근거한 것이며 이러한 자유개념은 모든 몬테소리인들이 특별히 인지해야 한다고 말했다(Montessori M., 1952, 조성자 옮김, 1994). 자기훈련이 이루어진 어린이들의 자유를 억제하는 것이 아니라 어린이들이 훈육에 대한 사회의 통상적인 생각과 많은 차이점이 있는 자기훈련을 성취하고 작업에 자유롭고 활발하게 참여하는 자유의 범위를 확대하는 것이 중요하다.

자기훈육은 이미 일반화되어 많은 사람들이 알고 있는 어떠한 훈육방법이나 장치를 통해서, 명령으로, 가르침으로, 설득력 있는 설교로도 얻을 수 있는 것이 아니다. 자기훈련은 교사에게 달려 있는 것이 아니라 어린이의 내적 삶에서 발생되는 동기부여에 의한 것이 분명하다고 몬테소리는 서술한다(Montessori M., 1952, 조성자 옮김, 1994).

자기훈련은 활동성, 생명력, 움직임을 이끌어 가면서 어린이의 내재적 발달을 증진시키고 촉진하는 작업이다. 어린이들이 내적 성장을 촉진하도록 돕는 모든 것은 그들의 내면세계에서 강한 즐거움과 만족을 느끼게 한다.

몬테소리는 "진정한 훈육의 처음 시작은 작업을 통해서 이루어진다."라고 말한다(Montessori M., 1970, 조성자 옮김, 1994). 어린이가 자신의 작업에 가장 몰입하여 집중력을 보이는 그 순간에 어린이의 얼굴 표정에서, 강하게 집중하는 모습에서, 같은 활동을 인내하는 모습에서 떠오르는 만족스러워 하는 모습을 교사들은 관찰할 수 있다. 어린이는 자기훈육으로부터 이끌어 가는 자동교육에 한걸음 더 가까이 접근하게 된 것이다(Montessori M., 1952, 조성자 옮김, 1994).

몬테소리는 어린이들이 자기들의 본성, 욕구, 자기훈련을 충족시켜 주는 작업을 통하여 자기발달로, 그 다음 단계인 자기훈육으로 이끌어 간다고 믿었다. 자신을 위한 자기발달을 자동적으로 이끌어 가는 것은 어린이의 내적 행복감, 진실함, 만족감에 도취되어 순간순간 즐거움을 만끽한다고 언급하였다(Montessori M., 1952, 조성자 옮김, 1996).

한편, 몬테소리는 어린이들이 자기들의 임무와 책임감 혹은 사명감으로부터 자신과는 상관없이 자연스럽게 멀어지는 것에 반하여 올바르지 않게 일탈하는 어린이의 잘못된 행동의 몇 가지 형태들을 자세히 설명하고 있다.

예를 들면, 어린이가 작업 단계에 있을 때, 자기 친구들과 이야기 나누는 것을 싫어하고, 움직이지 않고 부동자세로 앉아 있고, 의지적으로 활동을 진행하지 않고, 작업에 관심을 가지지 않고, 다른 친구들을 방해하는 행동이다. 이런 현상을 가진 어린이는 스스로 자아 만족감이 떨어지고, 권태로움을 보이고, 싫증을 내고, 게으르게 변하여 자기를 이해하지 못하는 친구들에게 반항하고, 저항하는 성향을 보이고, 자기를 도와주려는 모든 사람들을 자기 활동 범주 밖으로 밀어 버릴 것이다. 이러한 어린이들은 정상성에서 일탈하여 자기 길을 찾지 못하고 헤매면서 혼란스럽고 무질서한 행동을 보일 것이다((Montessori M., 1950, 조성자 옮김, 1996).

몬테소리는 어린이의 독립심에 한계를 가지도록 환경을 구성하고, 독립적인 활동을 숨 막히게 제한하고, 자발적 행동 능력을 약화시키고, 어린이들의 본능적 에너지와 발달을 방해하는 일에 참여하는 교사와 부모, 그리고 모든 양육자들의 행동과 생각을 적극적으로 비난하고 있다.

몬테소리는 '복종(obedience)'을 지지하였다. 우리가 일반적으로 알고 있는 복종과 대립하는 다른 방향의 의미로 이해하였다. 그녀에게 복종은 성인들의 의지에 대한 어린이의 굴복을 의미하는 것이 아니다. 오히려 자기훈련을 위한 어린이의 의지적 발달로서 자신의 자율성을 따르는 것을 의미한다(Montessori M., 1971).

몬테소리의 평화교육을 연구하는 맥팔란드(Mcfarland Sonnie)는 몬테소리가 말하는 복종은 의지와 밀접한 관계를 가진다(조성자 저, 2012)고 말한다. 어린이들이 무엇이나 어떤 것에 열심이고 집중하려는 의지가 발생하면 즉시 작업에 개입하여 활동을 전개하고, 자기가 하고 있는 일을 모두 연관 지어 통합하여 완성하려는 특성을 보이고, 자기 환경 자체를 스스로 사랑하려는 특성을 드러내면서 모든 일에 새로운 의지력을 가지고 환경에 복종하게 된다. 이를 일컬어 몬테소리는 '환경의 지배하는 것'이라고 말한다(Montessori M., 1973).

몬테소리는 "어린이들에게 의지력은 생활에서 정상적으로 성장하고 발달하도록 자극하는 힘을 가지게 한다"라고 말한다(Montessori M., 1952, 조성자 옮김, 1994). 어린이들이 세상의 모든 일을 전부 하고 싶다고 할 수 있는 것은 아니다. 어떤 행동을 하기 위해서는 그 일을 할 수 있는 능력이 있어야 하고, 어떤 일을 하고 싶을 때 하지 못한다면, 화가 나거나 초조해지는 내적 불안감을 경험하게 된다. 반대로 어떤 일을 할 수 있는 능력을 지녔을 때는 내적인 평정을 느낀다. 만약 자신이 어떤 일을 할 수 없을 때 다른 누군가가 대신 그 일을 하게 한다면, 일련의 분노, 조바심, 초조함, 반항심을 경험한다. 이런 감정들은 어떤 일에 대한 무능함과 연관된 감정들이며, 무력함을 느낄 때 발생하는 감정들이다. 이런 감정들은 어린이 자신의 의지력으로 선택한 어떤 행동을 즐겁고, 침착하고, 만족스럽게 마지막까지 훌륭하게 수행했을 때 비로소 사라진다.

이렇게 자신의 의지에 따라 어떤 일을 완성한 경험이 있는 어린이들은 자기 생활에서 즐거움과 만족감을 축적하고, 언제나 한결같이 일관성 있는 행동을 함으로써, 평화로움과 안전함 그리고 인내심을 얻게 된다. 이렇게 자기의지에 따라 작업을 완성하는 훈련을 통해 어린이는 자신의 행동을 계획하고 완전한 결과를 얻을 때까지 수행하는 능력을 갖게 된다. 즉, 경험들은 어린이의 인격을 정상적으로 형성하게 한다. 어린이가 어떤 일을 할 수 있을 때 또는 자신의 움직임을 완성하게 되었을 때 어린이는 자기가 처한 사회 속에서 자기의 위치와 역할을 수행하게 된다.

몬테소리는 일반적으로 어린이는 누군가 어떤 일을 강요했을 때는 그 말에 복종하지 않지만 스스로 자신의 행동을 주도하고, 자신의 움직임을 통제할 수 있는 어린이들은 사물과 사람과의 관계에서 복종하는 태도로 변하는 경우가 자주 나타나는 것을 경험하였다(Montessori M., 1973). 논리적인 사실의 결과라고 할 수 있다. 어린이들이 자신의 의지에 따른다는 사실은 바로 자연의 법칙이라 할 수 있다. 다른 개인의 의지에 복종한다는 것이 어렵고, 타인의 의지에 복종하는 것이 힘든 이유는 의지는 한 개인에 속해 있는 반면, 행동은 다른 개인에 속해있기 때문이다.

어린이가 타인의 의지를 따르기 위해서는 어린이와 타인, 즉 두 사람 사이에 정신적인 연결고리가 존재해야 한다. 그러나 비록 정신적인 연결고리가 있다 할지라도, 어린이 자신의 움직임으로 실행 가능한 명령이라 해도, 어린이가 자신의 움직임을 완성하지 못했을 경우라면 어린이는 명령에 복종할 수 없을 것이다. 이렇게 어린이가 어떤 명령에 따르는 일은 사전의 준비를 요하는 매우 고차원적인 특성을 지닌다. 어린이가 자유선택에 의해 작업을 수행하는 경험을 해 나가는 것은 어린이가 보다 높은 수준으로 발전하기 위한 준비의 일부분이다. 이렇게 높은 차원으로 발전한 어린이는 자신의 의지가 아닌 타인의 의지에도 따를 수 있게 된다.

몬테소리는 복종을 세 가지 단계로 구분하였다(Montessori M., 1952, 조성자 옮김, 1994).

제 1단계 : 어린이가 어떤 때는 복종하고 또 다른 때는 복종하지 않는 단계
제 2단계 : 어린이가 항상 복종하는 단계
제 3단계 : 어린이가 복종하기를 매우 열망하는 듯 보이는 단계

제 3단계의 어린이는 자존심으로 가득 차 있다. 누구에게든 "나에게 무엇이든지 하라고 말해 보세요! 분명 난 할 수 있으니까요!"라는 식으로 말할 수 있다는 것은 자신만만한 단계로서 스스로 만족스러워한다.

이 단계의 어린이는 내면의 열정, 정확성을 갖고 복종하고자 하는 열망, 그리고 해 달라고 부탁받은 일을 작은 부분까지 놓치지 않고 정확하게 수행해 낼 수 있다고 느끼는 만족감 등을 표출한다. 이러한 자신 있는 활동은 순환 체계를 이룬다. 즉, 각 단계의 적극적이고 발전적인 행동들이 서로 협력하면서 순환하게 된다. 긍정적인 관점에서의 복종은 어린이가 자기가 원하는 활동을 선택한 다음 목적을 향해 조절된 행동들을 완성하고자 자기의지를 사용하는 것을 의미한다. 또한 복종은 충동적으로 행동하는 것을 피하고 포기하기 전에 활동을 꾸준히 반복하려는 의지를 사용하는 것이다((Montessori M., 1970, 조성자 옮김, 1996).

위에서 언급한 것처럼 어린이에게 의지가 발달하는 것은 단계별로 나타난다. 어린이들은 자기의지를 훈련할 필요가 있지만 어린 연령의 영아들은 자기가 바라는 것을 성취하기 위한 신체적 통제가 부족하다. 몬테소리는 어린이가 단순히 정해진 활동을 할 수 없을 때를 의지 발달의 첫 단계, 그것을 가끔 할 수 있을 때는 두 번째 단계, 그리고 그것을 항상 할 수 있을 때가 세 번째 단계임을 강조한다.

어린이가 첫 단계에서 다음 단계로 옮겨 가는 것은 어느 정도는 어린이 자신의 의지적 지시를 수행하는 의지와 능력의 발달과 강도의 문제이다. 또한 의지는 어린이의 자유는 한계가 없는 것이 아니고 복종은 사회 속에서 또는 공동체 안에서의 삶의 필요한 부분이라고 인식하는 것에 어느 정도 달려 있다고 할 수 있다.

어린이가 자신의 의지를 사용해서 어떤 의도적인 행동을 실행할 때 그리고 공동체 안에서 자기 자유의 한계를 인식할 때, 어린이들은 자기를 훈련하며 자신을 표현할 수 있게 된다. 이것은 도덕적이고 윤리적인 방식으로 행동하는 것을 학습한다는 것과 같은 의미이다. 그러나 몬테소리는 어린이들의 도덕성 발달이 유아기 후기와 초등 초기에 나타난다고 말한다.

로버트 콜스(Robert Coles)는 어린이들의 '도덕적인 모습'들이 초등 시기에 나타난다는 몬테소리의 의견에 동의한다. 이 시기의 어린이들은 어린이의 양심, 내적인 규칙, 즉 선하고 도덕적인 선택을 할 수 있는 행동이 발달하는 시기와 동일한 개념이다(Robert Coles, 1992).

초등 시기 동안 어린이는 계속해서 도덕적 감각을 정확하게 형성하고, 자기 또래들로부터 부과되는 자유의 한계를 경험하게 된다. 대부분의 어린이들은 몬테소리가 말하는 순종의 세 번째 단계나 어린이들의 영성과 도덕성 발달을 연구하는 로버트 콜스(Robert Coles)와 같은 저자들이 기술하는 도덕적 의사 결정의 최고 수준까지 도달하지는 못한다. 어린이들의 도덕성 발달은 어느 순간에 끝나는 것이 아니라 계속해서 발달한다.

도덕성 발달은 때때로 어린이들의 행동이 교실에서 하면 안 되는 부적절한 행동일 수 있고 또한 모든 순간이 도덕적 기준에 맞는 행동이 될 수 없다는 것을 의미한다. 한 가지 중요한 현상은 어린이들이 자신의 작업에 도전하고 집중하면 할수록 어린이들과 교실은 몬테소리가 기술하고 예견했던 것을 정확하게 논증해 주기 시작한다는 것이다.

몬테소리는 교실 분위기와 환경에 대하여 자신감을 가지고 이야기한다. 그녀는 훌륭하게 운영되는 몬테소리 교실의 방문자들은 어린이들이 전통적인 교실의 어린이들보다 훨씬 올바르게 행동하는 것을 보고 놀라움과 찬사를 보냈다(Montessori M., 1952, 조성자 옮김 1994).

몬테소리 교실은 우선적으로 질서 있고, 평화롭고, 배려하고, 협력하고, 평온하고, 조용하면서 역동적인 분위기를 유지하는 것으로서 정상화된 몬테소리 교실의 상징적 분위기이다. 다른 영유아교육기관과의 차이점은 준비된 교사와 준비된 어린이가 준비된 환경과 더불어 한 교실에서 생활한다는 것이다. 몬테소리의 깊은 철학과 접근방식 그리고 준비된 환경이 있다면 어린이들이 자기훈련을 가능하게 할 것이다.

3. 자기구성과 자기훈련에 대한 어린이의 책임감

몬테소리는 어린이들이 제시된 교구를 가지고 작업할 때 정확하게 자기훈련을 한다고 생각하였다. 동시에 어린이들이 과학적 근거를 가지고 작업하는 것을 관찰하였다(Montessori M., 1952, 조성자 옮김, 1994). 어린이는 여러 가지 제시된 교구들 중 자유선택을 했을 때 교구활동을 여러 번 반복한다. 안정된 상태에서 차분해지고 행복함을 나타낸다. 강한 집중력을 요구하는 제시가 끝났을 때 어린이는 제시방법대로 열심히 작업함으로써 예전보다 더 평온하고 안정되어 집중하기 시작한다.

교사는 어린이들의 교구작업을 위해서 교구들을 미리 준비하여야만 한다. 교사는 어린이들의 내재적 동기부여에 장애가 되는 폭력과 권위적인 행동을 활용해서는 안 된다. 물론 교구를 제공하지만 어린이의 발달 수준과 자유선택에 근거한 개인의 동의, 즉 그들이 자유롭게 선택할 수 있는 기회를 주어야 한다. 교사는 어린이들을 완전히 신뢰하여야만 하고, 어린이들이 작업을 진심으로 사랑한다는 것을 알아야 한다. 자유롭게 작업에 집중하는 어린이, 모든 에너지를 작업에 집중하는 어린이 그리고 어린이가 호흡하고 아플 때조차도 무엇인가 작업을 원하는 태도는 감동적이다(조성자 편역, 1996).

어린이들은 누구든 서로 좋은 관계를 원하고 서로 도우면서 공동작업을 원하는 것이 일반적이며, 좋은 느낌, 감정, 환경을 원한다. 다음 발달단계에서 어린이들의 이러한 좋은 느낌과 좋은 감정들이 사회화 과정에서 중요한 역할을 할 수 있다. 어린이들에게 자유로운 작업, 자유로운 선택이 이루어지지 않으면 작업으로부터 자유로워질 수 없다. 어린이들은 자유로운 선택과 작업을 통해서 자기구성과 자기훈련을 성취한다.

어린이들은 자기지식을 구성하는 과정에 몰입하면 자신의 목소리, 자신의 자세에 개의치 않고 열정적으로 작업한다. 어린이들은 필요한 것 이상으로 무엇인가 더 얻기를 항상 원한다. 작업 자체로 만족하는 것이다. 의심할 여지 없이 전 세계, 모든 인종, 모든 나라, 모든 사회적 계층의 어린이들 사이에 일어나는 행복과 불행을 현실적으로 볼 수 있다. 교사들은 몬테소리 교실을 아름다운 신의 왕국으로 만들 수 있는 능력이 있어야 한다. 권력이 아닌 사랑, 인간미, 대인관계, 공동체 의식, 자기 역할을 모든 어린이들에게 균형 있게 나누어 주어 모두가 잘 살아가는 어린이들의 왕국을 만들어야 한다(Montessori M., 1973).

어린이들을 안내하는 교사들은 의식적이든 무의식적이든 종종 그들의 내재적 동기를 불러일으키고 내적 체제를 구성하려는 순간 순간을 방해함으로써 심한 상황에 이르면 방해받는 어린이는 저항하는 반역자가 된다. 어린이들은 방해받는 시간이 지속되면 자신의 영혼을 움직이고 연결시키려는 통합과정을 자연적으로 지연시킨다(Montessori M., 1952, 조성자 옮김, 1994). 어린이 내면에 내재해 있는 거대한 지적 에너지는 자신의 활동을 안내하는 의지적 활동은 어떤 형태로든 연결되어 있기 때문에 절대적으로 필요한 것이다. 어린이들은 활동적인 의지를 통해서 지적인 행동을 진행하기 때문이다.

거대한 지적 에너지는 자신의 의지대로 근육을 움직이는 힘으로 활동을 통해 표출하게 된다. 만약 어린이가 상상력과 창조 작업의 힘인 인지를 발달시키는 데 성공하지 못한다면 인지발달을 향해 나아가다 자기 환경에서 방황하게 될 것이다. 자유선택과 자유로운 움직임으로 근육을 발달시키는 데 장애요인을 만나면 무질서와 혼란으로 발달이 지연될 것이다. 다른 또래 친구들과 더불어 활동하면서 스스로 구성하는 지능과 의지의 세계에서 고립된 채로 홀로 남아 있을 수도 있다.

어린이들의 마음은 목적 없이 행동하면, 한 가지 생각에서 다른 생각으로 전환하는 과정에서 대단히 무질서한 방법으로 혼란스러워지기 시작한다. 어린이들은 자기들을 희생시키는 사람들이 가장 가까운 자기 곁에 있다는 것을 알게 된다. 그러나 어린이가 움직이지 않는 근육을 움직일 수 있는 의지와 일치시킨다는 것은 근육을 활발하게 움직이도록 만든다는 것이다. 어린이들은 모든 것을 움켜잡고, 물건들을 던지고, 무질서하게 행동하며 시끄럽게 떠든다. 어린이들은 자신의 활동을 한 곳에 집중할 수 없을 때 혼란스러워 하고 무질서한 방향으로 움직인다. 어린이들의 행동을 통제하는 것이 부모와 교사에게 자주 일어나기 때문에 불편함을 드러낸다.

어린이들의 인격을 완성하기를 요구하는 작업, 정신 집중을 요하는 작업, 목적을 성취하는 데 흥미 있는 작업은 자기구성을 하는 데 필수 조건이다. 자율성, 독립심과 의지적인 활동 없이는 작업을 할 수 없다. 어린이들은 자유로운 작업을 통해서 정상적으로 인격을 형성한다.

인간은 감각을 통해서 정신적, 육체적인 발달과 자기 삶을 발달시킨다. 몬테소리 교실에서는 어린이들에게 매일 매일 물리적인 감각들을 훈련시켜 스스로 자기구성을 촉진시킨다. 어린이들은 아침, 점심, 저녁에 규칙적으로 수행하는 작업을 통해서 즐거움을 느낀다. 작업들이 어린이의 삶에서 정상적으로 정상화되어가는 과정을 진행한다.

만약에 어린이들의 환경이 준비되어 있지 않다면 그들의 마음에서 질서를 찾을 수 있을까? 다시 말하자면, 하루 동안 어린이 스스로를 발전시킬 수 있는 감각적 자극을 찾을 수 있을까?

미완성된 근육들을 완전하게 발달시키기 위해서 활동은 필수 조건이다. 어린이들이 소근육과 대근육을 활동할 수 있도록 환경을 제공한다면 자연스러운 방법으로 삶을 풍요롭게 만드는 것이다. 인간의 다른 동물들과의 차이점으로 출생과 더불어 스스로 창조적 작업을 통해서 자신의 모든 행동을 구성해 가야만 한다.

어린이는 단계적으로 지능과 의지적인 활동을 통해서 스스로 자기를 구성해 나아가야 한다. 만약 이러한 자기구성이 지적 활동을 통해서 일어나지 않는다면 어린이들이 움직일 수 있는 근육들을 의지적으로 움직이도록 도와주어야 한다. 의지란 어린이의 근육을 움직이도록 자극하고 안내하는 것으로 오로지 지능에 의해 항상 자극되고 안내되는 것만은 아니다(조성자 저, 2011).

어린이의 움직이는 손은 지능을 발달시키는 최고의 기관으로 밖으로 나온 뇌라고 말한다. 손은 모든 감각을 경험하고, 손은 사람 몸의 모든 복잡한 기관으로 어린이가 직접 경험하는 감각 통로이다(Montessori M., 1952, 조성자 옮김, 1994). 어린이들에게 이러한 손 기능은 자기구성을 하는 데 일등공신 역할을 한다. 어린이들은 항상 탐색활동을 진행한다. 만지고, 던지고, 부수고, 빨고, 차는 모든 행동은 특별한 어떤 목적도 없고, 의미가 있는 것이 아니라 단순하게 내적 에너지에 의해서 일어나는 본능적인 감각운동이다.

한편, 교사의 지시와 안내에 의해서 지배되는 근육들은 어린이들의 마음을 움직여 지능발달을 돕는 것도 아니고, 어떤 움직임을 안내하는 것도 아니다. 교사의 제시와 안내는 단지 모든 행동을 목적 없이 움직이도록 만드는 허수아비와 같은 것이다. 그러므로 다음 발달단계에서도 교사가 어린이들이 근육을 움직이도록 조절하는 것처럼 그들의 마음까지도 조절할 수 있어야 한다. 때로는 교사가 어린이들의 교육을 끊임없이 조절하여 그들의 자기훈련과 자기구성을 방해하는 경우도 있다.

몬테소리 교실에서 대부분 어린이의 하루 일과는 작업과 일상생활습관으로 구성되어 있다. 어린이들이 이러한 일과를 수행할 때 교사는 어린이들에게 작업과 일상생활습관을 위해서 어떻게 행동하는지 시범을 보여야 한다. 이 두 가지를 가르쳐야만 하는 것은 작업과 일상생활 습관이 어린이들의 일생에서 중요한 부분을 차지하기 때문이다. 정상적으로 살아가는 방법을 찾아 주고, 단순하게 맛있는 음식을 먹고, 단순한 작업을 즐기고, 상상력과 창의성을 발달시켜 주어야 한다. 교사는 어린이들을 위해서 기계가 계속 움직이듯 지속적으로 움직일 수 있도록 준비된 환경을 구성해 주어야 한다.

교사는 어린이의 작업과정에서 작업을 방해하는 장애물을 제거해 주어야 한다. 어린이들이 교실과 교실 밖에서 몸과 마음 그리고 정신을 자유롭게 움직일 수 있다면 자기훈련과 움직임으로 훌륭한 인격의 그림을 그리며 인격을 형성하게 될 것이다. 그러나 반대로 교사의 가르침에만 의존했다면 어린이는 불완전한 인격, 정상성에서 일탈한 인격 그림을 그릴 것이다.

어린이들이 자유가 주어지지 않은 상태에서 교사, 부모, 대리 양육자, 또는 형제들에게 의존하며 생활한다면 독립적이고 자율적인 생활에 두려움을 가진다. 이러한 어린이들의 특징은 무엇이든, 어떤 것이든 혼자서 할 수 없다는 두려움과 자신감을 이미 상실했다는 것이다. 그렇기 때문에 자기훈련이나 자기구성을 할 수 없다.

혼란과 무질서 그리고 작업갈등 속에서 방황하는 어린이의 마음은 무엇이든 교사와 부모가 명령하고 가르쳐 주는 일에 길들여져 나쁜 습관을 가지고 있다. 나쁜 습관에 길들여진 어린이들은 교사, 부모, 환경에 순수하게 복종하지 않는 성향이 있다.

몬테소리 교실에서 관찰의 목적은 교사가 어린이들의 모든 행동을 관찰하여 항상 새로운 환경을 제공하는 것이다(조성자, 김의향, 2009). 새로운 환경 구성이 필요한 어린이들에게 새로운 환경을 디자인해 주지 않는다면 그들은 무질서하게 되고, 그들이 할 수 있는 모든 작업들은 질서를 잃어가고 환경 자체가 혼란스러워지고 파괴될 것이다. 무관심과 방임은 치료도 아니고 자유도 아니다. 교사는 교실에서 일어나는 이러한 문제를 해결하기 위해서 때로는 체벌과 보상이라는 무기를 꺼내지만 이러한 방법은 어린이들의 내재적 동기부여를 방해하는 원인이 될 수 있다고 핑크는 말한다(Pink D., 2009, 김주환 옮김, 2009).

더 중요한 문제는 처벌과 보상은 어린이들이 스스로 자연스럽게 인격을 완성하는 것을 저해하는 요인이 된다는 주장이다. 무엇인가 주어졌을 때만 행동하는 게으른 어린이로 만들 수 있다. 몬테소리 교실에서 교사의 의무는 어린이의 혼란스러운 마음을 보살펴 주고, 인지발달, 인격형성, 훌륭한 습관 들이기, 독립적으로 작업을 할 수 있도록 감각을 발달시켜 외부세계와 접촉하고, 교구를 포함한 사물과 만나고, 환경과 상호작용을 할 수 있도록, 자기 둥지에서 멀리 날아가 버린 새끼 새를 불러들이기 위해 둥지 안에 자연적인 부드러운 재료를 넣어 주고, 둥지를 꼼꼼하게 보살펴 만들어 주는 어미 새처럼 사랑을 가지고 활동하는 것이다.

몬테소리는 모든 사물과 인간은 자기의 위치와 역할이 있다고 말한다. 모든 인간은 이러한 우주적 사명감을 완성하기 위해서 지구에 생존하는 의미를 가진다. 모든 사람은 지구 안에서 생존하면서 자기의 사명감을 실천하고 있다. 어린이들의 지능과 의지는 자신의 사고 과정에서 안내자, 촉진자, 관찰자가 되어 줄 숙련된 교사를 필요로 한다. 이러한 요소들은 모두 어린이가 스스로 발달할 수 있는 내재적 동기부여를 일으키는 훌륭한 모사들이다.

교육의 역할과 위치는 무질서하고 자기통제 능력이 아직 부족한 어린이들에게 마음을 움직이는 교구와 준비된 환경을 제공하는 것이다. 어린이가 처음으로 교구를 보았을 때 마치 오랫동안 찾던 보물처럼 열정과 관심을 가지고 교구에 집중한다. 어린이는 자기 자신을 벗어나 교구가 자신의 삶 전체인 것처럼 집중하면서 인격을 정상적으로 완성해 나아간다. 오랫동안 아팠던 사람이 완쾌되기 시작하는 것처럼 보인다. 어린이는 완전한 즐거움을 나타내기 시작하고 자신의 에너지가 다시 다른 작업을 재창조하는 완전한 몰입의 상태에 도전한다(조성자 옮김, 1996). 어린이의 즐거움은 작업이 끝난 다음 자신을 지배하고, 환경을 지배하는 현상으로 어린이의 얼굴표정에 나타난다. 이러한 즐거움을 경험한 어린이들은 자신의 인격을 정상적으로 형성하는 진화 선상에 놓이게 된다.

4. 어린이들의 집중력과 자기통제기능

교사들은 어린이들에게 무엇인가를 가르치면서 산만한 교실 분위기와 정신 없는 어린이들의 행동 때문에 매번 어렵다는 말을 한다. 이런 상황을 교사는 어떻게 안정시킬 수 있을까? 교사는 주위를 집중시킬 수 있는가? 아니면 방해를 받은 상황을 그대로 유지할 것인가?

현대의 어린이들은 일상에서 집중과 자기통제 대신 스마트폰을 자기 분신처럼 생각하고, 몰입보다는 인터넷 중독, 그리고 컴퓨터와 첨단기능인 IT 매체와 뒤엉킨 세상에 살아간다.

대부분의 어린이들은 여유 없이 시간별로 짜인 하루 일과표에 떠밀려서 작은 전쟁과 같은 일과를 소화해 낸다. 이러한 디지털의 홍수 속에서 아날로그 방식은 절대로 가치가 없는 것인가? 대부분의 학부모들은 어린이의 집중력과 능력은 전혀 고려하지 않고 자녀의 미래를 위한다는 단 한 가지 희망만으로 바쁨과 혼란스러움을 견뎌 내고 모든 것을 해내야 한다는 강박관념으로 자녀와의 갈등 관계를 유지한다.

어린이들과 우연히 경험한 한 예를 이야기하려고 한다. 2012년은 유독 눈이 많이 왔다. 두 어린이가 아주 큰 눈사람을 만들고 재미있게 놀고 있었다. 그런데 두 어린이가 눈사람을 예쁘고 둥글게 만들었다면서 큰 나무 막대로 눈덩어리를 마구 때리는 것이다. 그래서 저자는 그렇게 때리지 말라고 말했다. 두 어린이는 동시에 "아니에요. 나는 이것으로 스트레스를 풀어야 해요." 놀라움에 "왜 그렇게 스트레스가 많아?"라고 되물었다. "학원 때문이에요. 방학인데 하루에 8개 학원을 다녀야 해요." 놀라운 일이다. 초등 1학년이 8개 학원 스케줄을 소화하기에 너무 힘들어 자기 스트레스를 해소하는 대상으로 눈사람을 만든 것이다. 두 어린이가 아니라도 대부분의 어린이들이 학원과 수업에 쫓기면서 스트레스를 받고 살아갈 것이다.

콜롬비아 대학의 잔 브룩스 건(Jeanne Brooks-Gunn) 교수의 연구 결과 어린이들의 집중력과 자기통제력은 지적 능력보다 중요하다고 말한다(Gallensky E., 2010).

과연 어린이들에게 집중력과 자기통제란 무엇인가? 그녀는 어린이들에게 집중력을 강화하는 요소들이 조심성과 환경의 적응능력과 통합적 관계의 결과라고 말한다. 집중력을 강화하는 이 두 가지 본능적 요소를 어린이들이 통합하여 내재적·외재적 장애물을 극복하고 환경과 자신과 문화를 지배하면서 작업을 수행해 나갈 수 있는 내적 에너지를 만든다(조성자 편저, 1996).

갤렌스키(Ellena Gallensky)는 어린이들의 집중력을 강화하는 간단한 실험을 하고 있다(Gallensky E., 2010). 그녀의 실험은 초등 저학년을 대상으로 하고 있지만, 저자는 이를 어린이 수준에 맞도록 보완하여 제시한다. 집중력 정도를 어린이들이 응답한 점수를 합하여 평균값을 내면 된다.

표 1-1 어린이들의 집중력 보유 정도

집중력에 대한 내용	그렇다	거의 그렇다	보통 이다	아니다	전혀 아니다	점수
1. 나는 오랜 시간 작업에 몰입한다. 작업하는 동안 시간 가는 줄 모른다.	5	4	3	2	1	
2. 나는 잠시 후 안정감과 집중력이 없어진다. 싫증이 자주 난다.	1	2	3	4	5	
3. 나는 한 가지 작업에 집중하는 것이 어렵다. 작업하는 동안 이것저것을 하고 싶은 생각이 든다.	1	2	3	4	5	
4. 나는 내가 필요한 작업에 집중하기 위해서 에너지를 활용하고 자기통제 기능이 가능하다.	5	4	3	2	1	
총 점						

몬테소리 교실에서 어린이들이 스스로 할 수 있는 자기 프로젝트나 자기 시간표를 만들어 집중력을 높이는 방법을 제공할 수 있다. 집중력 향상을 위한 계획표는 우선 간단한 작업부터 시작하여 좀 더 어려운 단계를 제시한다. 시간표는 오늘은 방 정리하기, 하루에 한 가지 작업해 보기, 하루에 한 권 동화책 읽기 등과 같이 단순하고 쉬운 단계로 구분하여 어린이들에게 필요한 기본적인 활동으로 구성하여 간단하고 단순하게 시작 포인트를 설정한다. 그리고 계획대로 실천해 보면서 자신의 책임감에 대한 집중력, 자신의 하루 일과에 대한 집중력, 모르는 것을 알려고 하는 관심에 집중하는 것이 초점을 맞추는 것이다.

어린이들은 자기가 구성한 계획표에 따라서 매일매일 계획한 것을 실천해 가면서 자기 스스로에게 "나는 할 수 있어, 내가 해냈어."라고 외치면서 스스로 만족감을 가지게 된다. 자신의 만족감으로 어린이들은 불안감과 압박감에서 벗어나면서 자기가 원하는 것을 하나씩 단계적으로 성취한다.

어린이들은 하루 계획표를 매일 반복한 결과가 자기에게 만족스러운 성취감, 독립심, 자동교육이라는 보답과 반응으로 다가오면서 기쁨과 만족감을 갖고 집중력 강화에 도움을 받아 내재적 동기를 유발시킨다. 어린이들이 어려운 상황을 맞이하면 처음에 하루 계획표를 실천할 때보다 더 많은 자신감, 용기, 열정, 도전 그리고 만족감으로 환경을 극복하게 될 것이다. 그러나 모든 교육자들이 중요한 것은 "집중하여 기억한 리스트가 언제까지 지속 될 것인가?"를 관찰하는 것이라고 말한다.

겔런스키는 작업기억(Working Memory)과 집중력과의 관계를 연구하였다. 어린이가 집중하여 기억 리스트에 기록된 내용들을 다시 기억해 내지 못한다면, 소위 말해서 작업한 것을 기억해 내지 못한다면 어떤 결과가 일어날 것인가? 작업기억이란 어린이들 마음속에 감금되어 있거나 기록되어 있는 기억 저장소에 저장된 정보라고 말한다. 즉, 지금 하고 있는 생각과 다른 생각을 연결하는 것, 어린이가 지금 읽고 있는 것과 조금 전에 읽은 것을 연관 짓는 것, 어린이가 지금 배우고 있는 것과 조금 전에 배운 것을 연관 짓는 것이라고 말한다(Gallensky E., 2010).

그러므로 작업기억이란 시간이 지나서야 발견되는 감각 기관으로서 어린이가 읽은 어떤 내용을 이해하거나 어린이가 들은 어떤 것을 이해하는 것을 의미한다. 예를 들면, 암산과 같은 작업을 할 때 아주 중요하다.

갤렌스키는 작업기억에 관한 몇 가지 질문을 예시하고 있다. 일반적으로 생각하는 작업기억이 무엇을 의미하는가에 대한 하나의 예이다.

어린이들에게 작업기억을 훈련하는 간단한 방법은 어린이가 처음 보는 친구들을 만났을 때 친구들의 이름을 반복하고 친구의 옷, 얼굴모양, 목소리 등 그와 관련된 것들을 찾아내 연결시키도록 하는 것이다. 그리고 연관 짓기를 통해서 기억작업을 진행할 수 있다.

표 1-2 작업기억

내용	그렇다	거의 그렇다	보통 이다	아니다	전혀 아니다	점수
1. 나는 마음속으로 두 가지 작업을 동시에 할 수 있다.	1	2	3	4	5	
2. 만약 내가 책을 읽고 있다면, 내가 좀 전에 읽었던 것을 연상하여 생각해 내는 것이 아주 어렵다.	5	4	3	2	1	
3. 나는 손가락으로 수를 계산할 수 있다.	5	4	3	2	1	
4. 나는 내가 하려고 했던 작업 계획을 다음에 기억하지 못한다.	1	2	3	4	5	
총 점						

II. 몬테소리 교실에서 무엇이 존중하는 훈육방법인가?

1. 몬테소리 교실에서 어린이들을 존중하는 훈육방법

교사가 어린이들과 큰 소리로 비명 지르기, 야단치기, 주제가 정확하지 않은 이야기를 듣도록 강요하기, 자기 혼자 흥분하여 이야기하기, 감정이 들어 있는 언어 사용하기는 대부분의 교사들이 사용하는 교육방법의 일부분일 것이다.

교사와 어린이가 상호작용을 하지 않는 훈육방법을 적용하고 있다면 지금 당장 정지 버튼을 눌러야 한다. 더욱이 어린이들에게 위협적이고, 노랑 카드와 빨강 카드를 내밀면서 어린이들의 행동과 마음을 사로잡으려고 한다면 지금 멈춰야 한다. 이러한 모든 방법들은 어린이와 교사 사이에 두려움과 공포심을 조장하여 자존감 약화, 부끄러움, 타인에 대한 불신감, 죄책감을 만들고 무능력한 어린이로 성장하도록 만든다. 어린이들이 두려워하는 것은 교사의 부적절한 행동이 야기하는 예기치 못한 결과들이다. 교사들은 다음과 같은 긍정적이고 존중적인 훈육방법을 활용하여야 한다. 어린이들은 자기들이 교육받은 방법으로 다시 다른 친구들과 관계를 맺고 그대로 행한다(Gallensky E., 2010).

- 어린이들에게 관찰한 결과를 최대한 활용하여야 한다. 어린이들과 환경을 관찰하는 목적은 다양하지만 가장 중요한 목적은 그들의 환경을 새롭게 디자인해 주기 위해서이다.
- 교사는 어린이들의 장점을 최대한 활용하면서 격려해 주어야 한다. 칭찬과 보상이 아닌 격려와 용기는 어린이들의 내재적 동기를 유발할 수 있는 최고의 선물이다.
- 자유선택의 범위를 최대한 확장하여야 한다. 선택은 어린이들이 할 수 있는 것, 좋아하는 것, 해도 되는 것을 훈련하는 방법이다.
- 어린이들에게 소속감을 정확하게 인지시켜야 한다. 어린이들에게 소속감은 자기와 가족의 역사, 자아 정체성, 자기의 존재 이유를 형성해 가는 기본적인 요소로서 몬테소리의 우주교육과 밀접하게 관계된다.
- 어린이들이 교실에서 일탈되지 않고 정상적으로 작업하기 원한다면 정상적으로 작업할 때 적극적, 정적 강화방법을 활용하여야 한다. 어린이들의 작업시간에 정적 강화라는 훌륭한 안내자가 된다.
- 교사가 원하는 것이 아닌 어린이가 원하는 것을 할 수 있도록 도와주어야 한다. 교사는 교실 전체에서 어린이들이 필요로 하고 원하는 것이 무엇인지 관찰하여 준비해 주어야 한다. 어린이들은 자기들의 원하는 것을 할 때 내재적 동기부여가 일어난다. 교사는 어린이들이 건강하고 독립적이고 자율적인 감각, 올바른 판단과 결정력을 개발할 수 있도록 격려해 줄 뿐만 아니라 협력관계를 유지하도록 노력하여야 한다.
- 자존감, 효능감, 존재감을 스스로 느끼도록 어린이들을 격려한다면, 어린이들은 교사를 신뢰할 것이고, 교사로부터 무엇인가를 배우려고 노력할 것이

다. 만약에 어린이가 교사를 신뢰한다면 교실에서 성공적인 교사의 역할을 하는 것이다. 어린이들은 이른 시기에 사랑과 존중을 충분히 받아 안전과 사랑을 조화롭게 발달시켜야 한다.

어린이들은 교사의 태도에 따라서 분노, 반항심, 복수심, 보복심, 순간을 도피하려는 마음, 낮은 자존감을 가질 수 있고 그와 반대의 상태에서 성장할 수 있을 것이다.

2. 몬테소리 학파와 다른 학파 사이의 긍정적 훈육의 관계

몬테소리 학파 이외의 다른 전문가들도 여러 가지 측면에서 어린이들을 위한 자기훈련이 어린이들에게 가능하다는 것에 동의할 수 있을까?

몬테소리의 철학에 동의하면서 그녀의 철학보다 더 진보된 전략을 제공해 주는 연구가들이 있을까? 21세기의 어린이 연구의 주된 주제에서는 자기주도적 학습방법, 민주적인 교육방법(Rudolf Dreikurs)을 강조하는데, 아이슬러(Riane Eisler)는 민주적으로 부모와 자녀의 협력관계를 다루는 어린이들이 책임감 있는 내일을 살아가는 데 필요한 덕목을 훈련하고 중요한 방법들에 대해 연구의 주제를 정하고 있다(Eisler R., 2000, 조성자 옮김, 2012).

예를 들면, 강하게 비판되는 체벌교육은 이미 교육현장에서 사라졌지만 어린이들의 자율성, 독립심, 자기주도적 학습, 민주적 교육방법, 부모-자녀, 어린이- 교사 사이의 긍정적인 훈육방법과 협력관계의 교육을 주장한다(Eisler R., 2000, 조성자 옮김, 2012).

어린이들을 위한 민주적 교육방법의 선구자인 썸머힐(Sommerhill)과 소아정신과 의사였던 루돌프 드라이커스(Rudolf Dreikurs)는 『어린이 도전』이라는 저서를 통해서 부모들은 자녀들의 잘못된 행동의 원인을 관찰하고 발견하여 이해할 것을 요구하였고, 파트너십 교육의 선구자인 아이슬러는 어려운 상황에서도 끊임없이 민주적인 교육방법과 훈육방법을 주장했다. 두 학자는 부모와 자녀들이 잘못된 행동을 하는 이유가 무엇인지 이해하고, 자연스럽고 논리적인 결과들이 발생해야 한다고 격려하면서 부모들이 어떻게 자녀들(Dreikurs G, P., 1992)과의 갈등을 완화시키고 해결할 수 있는지 제시하고 있다.

몬테소리와 같은 시대에 살았던 비엔나 정신분석 학파인 유명한 알프레드 아들러(Alfred Adler)와 프로이드 이론을 근거로 하는 드라이커스는 훈육방법을 다음과 같이 말한다.

어린이에게 자기훈련 방법을 성공적으로 적용하려면 먼저 어린이가 행하고 있는 행동의 동기를 이해해야만 한다고 강조한다(Dreikurs G, P., 1992). 드라이커스는 긍정적인 관점에서 "어린이들의 가장 강력한 동기는 소속되고 싶은 소속감에 대한 욕망이다. 어린이들이 하는 모든 행동은 자신의 위치를 확보하는 것이다."라고 주장한다.

이러한 이론은 몬테소리의 우주적 사명감과 일치되는 이론들이다. 이 또한 몬테소리의 모든 사물과 사람은 우주 안에서 자기의 위치와 역할을 강조하는 우주적 사명감은 어린이들의 자기 존재에 대한 소속감과 정체성과 일치되는 부분이다.

예를 들어, 부정적이고 부적절한 방법으로 행동하는 어린이들은 자기들의 소속감에 대한 욕구를 잘못된 방법으로 표현하고, 다른 사람들의 시선을 끌려는 이상행동, 항상 승리자가 되려는 욕구, 힘을 자랑하는 행동, 강자로 위장하려는 욕구가 강하므로 자기가 최고라는 이상행동을 보인다. 몬테소리는 부모, 교사, 양육자들에게 어린이들의 본능과 비밀을 발견할 수 있는 관찰자가 되어 비밀을 밖으로 이끌어내는 훌륭한 안내자가 되어야 한다고 말한다. 어린이의 숨겨진 비밀과 내재적 동기를 이해한다면 모든 교육자들은 성공적인 훈육방법을 적용하여 어린이의 부정적 행동에 효과적으로 대응해 줄 수 있고 긍정적인 결과를 생산해 낼 수 있다고 말한다(Dreikurs G, P., 1992).

부모-자녀 사이의 민주적 훈련을 강조하는 드라이커스도 몬테소리의 생각과 같이 어린이의 성격을 형성해 가는 것은 성인의 역할이 아니라, 어린이 스스로 만들어 나가도록 준비된 환경을 제공하는 교육자들의 역할이라고 주장한다.

드라이커스의 민주적 교육방법은 부모와 교사가 보상과 체벌에 의존하는 것이 아니라 오히려 자연적이고 논리적인 결과물 그리고 내재적 동기부여의 중요성을 주장한다.

보상과 칭찬에 의존하는 교육방법의 접근법을 비판했던 몬테소리는 어린이들을 성인들이 원하는 것에 맞추려는 맞춤형 요구를 경고했다. 그렇지만 민주적 교육 접근방법은 어린이 스스로가 선택한 작업 결과에 강조점을 두고 있어서 시간이 지날수록 어린이 스스로 책임 있는 결정과 자기주도적 학습 원리를 따르는 교육방법으로 몬테소리가 강조한 자기훈련의 방법과 자동교육이론과 일치한다.

어린이들의 작업 결과는 자유선택의 자연적인 결과라고 할 수 있다. 예를 들어, 만약 어린이가 교사가 내 준 과제를 하지 않았다면 어린이는 교사로부터 책임감에 대한 질책을 면치 못할 것이다. 당연한 자연적 결과이다.

논리적 결과에 대해서 드라이커스는 엄마가 저녁밥을 먹으라고 하는데 이를 거부한 어린이의 예를 들고 있다. 이러한 상황에서 논리적 결과는 먹지 않은 음식을 부모가 다시 제자리에 정리해서 놓아둔 다음 어린이는 저녁밥을 먹지 않은 채로 잠자리에 드는 것이다.

드라이커스의 이론은 자연적 결과와 논리적 결과의 두 가지 방법을 이야기하지만, 자연적 결과란 부모가 자녀에게 저녁밥을 억지로라도 먹이지 않는 이상 항상 같은 결과를 가져올 수 밖에 없다. 반면, 논리적 결과는 항상 부모의 태도와 결정이 개입되기를 요구된다(Dreikurs G, P., 1992). 만약에 이러한 개입이 협박이나 고통을 사용하도록 강요된다면 쉽게 벌칙으로 변화될 수 있는 가능성이 충분하다.

어린이들에게 작업의 결과물을 사용하는 목적은 어린이 스스로 훈련이 되도록 하기 위한 방법 중에 하나이다. 드라이커스는 단호하게 민주적 훈련 방법에 대해서 다음과 같이 주장한다.

결과물의 사용은 새로운 사고로의 재 전환을 요구한다. 우리는 더 이상 어린이를 통제하는 지배형, 독재형 교육방법을 사용하는 그런 사회에서 살아가는 것이 아니라 어린이들과 협력관계, 파트너십 관계로 민주 사회에 살고 있다는 것을 자각하여야 한다. 우리의 생각을 어린이들에게 강요할 것이 아니라 협력이라는 훌륭한 유전자를 부모-교사-자녀가 서로 활용하여야 한다. 교사와 부모들은 지배형 교육방법에서 협력관계, 파트너십관계로 변화된 민주적 행동으로 안내받아야만 한다(Dreikurs G, P., 1992).

어린이들의 자기훈련에 대해서 윌리엄 시얼스(William Sears)와 마르타 시얼스(Marta Sears)도 같은 내용의 전체적이고 철학적인 맥락은 자기훈련이 어린이들과의 올바른 관계를 형성하는 데 목적이 있다고 한다(Sears, William and Marta, 32).

이러한 전체적인 관점은 몬테소리 철학에서 중요하게 강조하는 "성공적인 몬테소리 교사들이 왜 관찰을 중요시하여야 하는가?"의 질문과 아주 동일한 맥락이다.

성공적인 교사와 실패하는 교사 사이의 차이점은 교사가 어린이들을 정확하게 이해해서 긍정적인 관계를 맺고, 어린이들로부터 신뢰심을 얻어 내고, 어린이들이 안전하고 지지를 받는다는 느낌을 갖게 해서 어린이들과 건강한 관계를 유지하면서 그들의 존경을 얻고 있는지 등에 달려 있다. 즉, 존경받는 교사와 존경받는 어린이의 관계인가를 생각하여야 한다.

3. 바람직한 부모의 훈육방법이란 무엇일까?

교육자의 시각에서 훈육의 문제를 열정적으로 제기하는 연구자인 제인 넬슨(Jane Nelsen) 교수는 『긍정적 훈련』(Positive discipline)라는 저서에서 어머니로서 그리고 심리 요법 의사로서 자신의 경험에서 나온 실제적인 제안들을 기술한다(Nelsen J., Erwin C., Duff A. R., 1998). 대부분의 부모와 교육자들은 유아기의 어린이들에게 무엇인가 훈육한다는 것은 무엇을 의미하는 것인지 다시 생각하고 고려해 본다. 긍정적 훈육방법의 적용은 출생부터 3세까지의 영아들에게 가장 효과적이라고 아동연구가들은 언급한다.

부모들이 자녀들의 성장과정에서 점차 알아가게 되지만 어린 자녀의 행동은 대부분 잘못된 행동이라기보다는 감정적, 신체적, 인지적인 발달과 그들 연령과 맞는 행동과 연관되어 있다는 것이 더 객관적이다.

부모들은 영아기, 유아기 자녀들에게 비난, 수치심, 명령, 비민주적 훈육보다는 그들의 성장을 촉진할 수 있는 처벌이 아닌 훈육방법을 활용하는 것이 필요하다. 대부분의 부모들은 일반적으로 영아를 훈육할 경우에 어린이가 하고 싶은 것이 무엇인지 예상하기보다 양육에 대한 기본적인 지식이 없어 부모 자신이 원하는 훈육방법을 비효율적으로 선택하고 결정한다.

긍정적인 훈육방법의 기본적인 원칙은 부모와 자녀 사이에 사랑하고 존중하는 관계를 형성하고, 자녀 양육에 발생할 수 있는 문제를 예방하고 해결하는 데 도움을 주는 것이다. 자녀를 존중하고 협력관계를 유지하는 것은 사랑을 전제로 하는 훈육이지 처벌을 의미하는 것이 아니다. 부모들이 알아야 할 것은 진정한 훈육은 가르침에 관한 방법이 중요하다는 것이다(Nelsen J., Erwin C., Duff A. R., 1998).

사실 어원학적으로 훈육은 가르침, 배움이란 의미를 가진 라틴어 'disciplina'라는 단어에서 유래했다. 긍정적인 훈련은 가르침, 이해, 격려, 의사소통에 관한 것이지 처벌이나 보상을 의미하는 것이 아니다. 그러므로 긍정적인 훈련은 어린이들의 내재적 동기유발에 초점을 맞춘다. 실제적으로 긍정적 훈련을 위해서 부모들은 다음과 같은 질문들을 생각해 볼 필요가 있다.

- 부모로서 자녀들의 마음과 생각을 어떻게 알 수 있을까?
- 자녀들에게 "안돼."라든가, 자기통제의 가르침을 어떻게 이해시킬 수 있을까?
- 부모의 가르침을 자녀들이 수용할 수 있도록 하기 위해서 어떤 방법을 적용하여야 하는가?
- 이러한 교육방법적인 문제를 해결하기 위해선 어떻게 해야 하는가?

부모들은 위와 같은 질문을 근거로 하는 긍정적 훈육방법으로 어린이와 부모와의 관계형성에 변화를 가져오도록 다음과 같은 노력을 하여야 한다.

- 부모로서 자녀의 작업을 존중하고 협력하여 자녀가 문제를 해결할 수 있는 능력을 키울 수 있도록 도움을 주어야 한다
- 자녀가 부모로부터 도움과 지지를 받고 있다는 것을 느끼도록 도와주어야 한다.
- 자녀의 세계 속으로 깊이 들어가서 그들의 본성을 발견하고, 발달과정을 이해해야 한다.
- 부모들은 어떤 방법으로든 배움의 문제를 자녀의 배움의 기회로 활용할 수 있어야 한다.
- 어린이들이 문제를 더욱 더 쉽게 해결하기 위해서는 어린이가 문제해결 과정에 참여할 수 있는 연령이 될 때까지 부모들이 확고한 지침과 철학을 가지고 있어야 한다.

위와 같은 관점들을 해결하고 도움을 받을 수 있도록 넬슨은 부모-자녀의 관계에서 긍정적 훈육방법을 구축해 가는 근거를 다음과 같이 제시하고 있다(Nelsen J., Duffy A. R., 1998).

- 상호 존중감 : 부모는 자녀들과 상황에 따라 필요한 것들을 존중함으로써 자기의 위치와 역할에 정체성을 가지고 자녀가 자기 소속물이 아니라 하나의 인격체임을 존중해야 한다. 어린이들을 존중한다는 것은 어린이를 에워싸고 있는 모든 것을 존중하는 것이라고 말한다.
- 어린이들의 행동 이면에 숨겨져 있는 신뢰심을 이해하기 : 모든 인간 행동에는 원인, 결과, 이유가 있고, 어린이들은 출산과 더불어 자기들의 인격을 형성하는 믿음들을 구축하기 시작한다. 부모들이 자녀들의 행동 이면에 있는 본능과 비밀을 관찰하여 밖으로 이끌어 내고, 안내하고, 이해하면 자녀의 행동을 훨씬 더 효과적으로 변화시킬 수 있다. 긍정적인 훈련을 위해서 부모들은 자녀들의 발달, 능력, 욕구와 요구를 이해할 필요가 있다.

어린이들의 발달과정을 이해하기 위해 효과적으로 의사소통하기, 바르고 효과적인 훈육방법을 적용하기, 문제를 발견하고 해결하는 방법 찾기, 격려하기, 자녀들의 기분 상태를 적절하기 활용하기 등을 들 수 있다. 어린이들은 자신들이 격려받고, 서로 연결되어 있고, 사랑받고 있다고 느낄 때 협력하고, 새로운 것에 도전하여 배우려 하고, 애정과 존경심에 대한 동기를 얻게 된다. 부모들은 자녀들을 효율적으로 훈육하기 위해서 피해야 할 사항들을 고려하여야 한다(Nelsen J., Erwin C., Duff A. R., 1998).

예를 들어, 비명 지르기, 큰소리로 꾸짖기, 긴 시간 설교식·명령식으로 꾸짖기, 위협하기, 경고하기, "지금이 아니라 그 전에도 그렇게 했잖아."와 같은 과거와 미래를 들추고 억측하기, 원하는 것을 다 해 주기 등이다. 이러한 환경에서 훈육된 어린이들은 분노, 반항, 복수, 회피, 무질서, 외로움과 같은 행동들을 종종 표출한다.

시얼스는 훈련 목적은 어린이들이 평생 동안 지속할 내적인 통제 능력을 발전시킬 수 있도록 돕는 것이라고 말한다(Sears, W., and Marta, 1995). 모든 아동연구가들은 어린이들의 훈련에 대해서 다양한 생각을 가지고 있기 때문에 한 가지 방법으로 제시한다는 것은 쉬운 일이 아니다.

어린이들을 훈련시킨다는 것은 그들에게 인생에 성공할 수 있는 도구들을 준비시켜 주는 것과 같다. 가장 흥미로운 도구 중의 하나는 올바른 선택을 할 수 있는 능력인데 이 능력을 위해서 어린이는 사회적 민감성을 양육하여야 하고, 자신의 행동이 다른 사람들에게 어떤 영향을 미칠 수 있는지를 고려할 줄 알아야 한다. 이것을 내재화된 가치라고도 부르고 양심의 개발이라고도 부르지만, 훈육자로서의 교사의 임무는 어린이가 최선의 선택을 하지 못할 때, 어린이 스스로가 바른 방향으로 갈 수 있는 내적인 지향 체계를 발전시킬 수 있도록 도와주는 것이다(Sears, W., and Marta, 1995).

시얼스는 주로 부모들에게 교육방법에 대해서 이야기하고 있지만 부모들에게 교육방법을 주장하는 것을 교사들에게도 동일하게 적용될 수 있다. 그들이 훈련의 목적이라고 주장하는 내용들은 몬테소리가 저서에서 서술하고 있는 중요한 내용들로서 특히 어린이가 우주적 사명감을 가지고 인류 혹은 사회적 의식을 공동체 안에 근거하여 발전시켜서 평화로운 인류공동체를 만들어 가야 한다는 강조점을 포함하고 있다. 부모와 교사들이 적절한 언어와 기술을 사용하여 어린이들이 자기훈련이라는 목적을 이룰 수 있도록 도와줄 수 있다. 기술은 다음의 내용들을 포함한다.

- 지시하기 전에 공감하기
- 어린이들에게 간단하고 명료하게 말하기
- 무조건 긍정적인 관계를 유지하기
- 자유롭게 선택할 수 있는 기회를 제공하기(Sears, W., and Marta, 1995).

아동 연구가들이 강조하고 주장하는 전략 중 하나는 선택방법 중에 선택을 무시하는 것이다. 이러한 전략은 작은 사소한 문제들은 단순하게 지나쳐 버리고 좀 더 중요하고 큰 문제에 집중하는 것이다. 다시 말하자면 대작전을 요구하는 적절한 전투지를 선택하는 방법을 배우는 것이다. 양육자들은 작은 일과 행동에 집착하지 말아야 한다. 만약 어떤 어린이의 순간 특이한 행동들이 교실 안의 다른 어린이를 방해하지 않는다면 상황에 따라서 모르는 척 지나치는 것이 더 효과적일 수도 있다.

최근 부모의 훈육이 다양한 측면에서 연구되어 제기된 긍정적 훈육방법이 몬테소리 교실에 적용되어 어린이들의 태도에 변화를 가져와야 한다는 것이다.

드라이커스의 견해를 인정하면서 넬슨은 긍정적 훈련의 목표는 '어린이들이 자기훈련과 책임감, 문제 해결 기술, 그리고 협력을 배우는 것을 돕는 것'이라고 언급하였다(Sears W., and Marta, 1995). 이러한 견해는 몬테소리가 추구하던 이론들과 일치한다. 일반적으로 교사는 가정과 학교에서 이와 비슷한 문제들에 대처하는 양육 부모와 같은 역할을 하는 것이다.

그녀는 자연적이고 논리적인 결과물, 잘못된 행동 원인 이해하기, 친절하면서 동시에 엄격할 것, 상호간의 존중, 교실에서 어린이들과 일상에 관한 규칙과 질서 개념에 대해서 이야기 나누고 격려하기를 전략방법으로 사용할 수 있다고 말한다. 그녀가 처음 두 가지는 드라이커스와 아들러에게서 바로 활용했다면, 넬슨은 교실에서 어린이들과 일상에 관한 규칙과 질서 개념에 대해서 이야기 나누기를 하나의 전략으로 활용하였다.

품격 있는 훈련과 같은 주제의 접근법은 일련의 가치 체계로 정의할 수 있다. 어린이의 결정에 개입과 전략이 이루어져서 어린이가 현명한 결정을 할 수 있도록 돕는다. 도움의 결과로 어린이들의 행동이 개선되고 교사에게도 더 긍정적인 상황으로 변화할 수 있다. 더불어 어린이들은 교사가 가르치기를 원하는 내용을 훌륭하게 배울 수 있고, 어린이들이 왜 그것을 배울 필요가 있는지 더 잘 이해하고, 그것을 어떻게 하면 건설적인 방향으로 사용해서 자신의 삶과 다른 사람들의 삶을 향상시킬 수 있는지 이해하게 된다(Nelsen J., Erwin C., Duffy A. R., 1998).

교사들이 더 훌륭한 환경을 만들어 어린이들이 교사가 가르치는 내용을 잘 배울 수 있게 한다는 부분은 몬테소리 접근법과는 그렇게 일치하지는 않지만, 어린이들이 현명한 선택을 할 수 있도록 돕는 것과 어린이들 자신의 삶을 변화시키기 위해서 사회적이고 창조적인 방법들을 사용하는 것은 몬테소리의 생각과 유사하다.

교육의 최고 덕목은 어린이들이 작업한 결과에 대해서 스스로 책임을 질 수 있고 정확하게 모든 일들을 수행하려고 노력하는 자세를 가르치기를 원하는 몬테소리 교육방법의 결과와 유사하다고 말할 수 있다.

어린이들에게 자동교육의 한 방법으로 자기훈련이 확실히 숙달하기 위해서 문제가 일어나는 것을 사전에 방지하는 예방과 잘못된 행동이 일어났을 때 더 이상 악화되지 않고 문제를 해결할 수 있는 방법으로 행동을 포함한 접근방법을 말할 수 있다.

이러한 접근방법의 첫 번째 목표는 부정적인 문제들이 발생하지 않도록 훈련에 필요한 환경을 만들어 가는 것이다. 예를 들면, 어린이들을 관찰하여 그들의 행동을 이해하고, 내재적 동기부여가 될 수 있는 교실로 만들고, 책임감과 다른 친구들과 사람들을 보살피는 마음을 가르치고, 분명한 규칙을 세우고 그 결과를 인지시키는 것이다. 이러한 견해는 몬테소리의 준비된 환경에서 요구하고 있는 관점과 매우 유사하다.

이러한 접근방법으로서 행동 요소는 부적절한 행동이 일어났을 때 그 결과에 대한 대부분의 내용들이다. 그들은 드라이커스보다 더 나아가서 자연적이고 논리적인 결과뿐만 아니라 포괄적인 결과인 다시 한 번 주지시키는 것과 언어로 경고하는 것, 관례적인 방법인 잘못한 결과로 다른 부가적인 결과인 다른 일을 행하도록 하는 것과 교육적인 결과와 상황에 대처할 수 있는 가장 훌륭한 방법을 가르치기 것까지 포함한다. 이 방법들 중의 일부는 전통적 방법인 구태의연한 벌칙의 형태이지만 몬테소리 교실은 결과로 부가되는 방법 사이에 정확한 차이점이 있다.

벌칙이란 다른 사람들에 대해 이루어지는 것이다. 벌칙의 목표는 괴로움을 당해서 다시는 그 행동이 일어나지 않도록 하는 것이다. 결과란 자신에게 행해지는 것이며, 그 목적은 권위자가 없을 때 스스로 더 훌륭한 결정을 내릴 수 있도록 돕는 것이다.

지금까지 인용한 모든 아동 연구자들은 어린이에 대한 존중감을 중요시하고 소홀하지 않는 훈련을 지지하는데 어린이가 스스로 자동적으로 훈련되어 가는 과정에 협력하여야 한다는 몬테소리의 교육목표와 아주 흡사한 방법이다. 이러한 방법들이 몬테소리 교실에서 훈련 전략으로서 효과적인 도움이 될 수 있을 것이다.

어린이들에게 자기훈련을 할 수 있는 교실 환경 없이는 작업을 성공적으로 성취하고 동기부여를 촉진하기에 어렵다. 훌륭하게 준비된 교실은 많은 어린이들의 작업을 성공적으로 이끌어 갈 수 있는 전제 조건이다.

전통적인 교사들은 이 사실을 오래 전부터 알고 있었지만 자기들의 접근방법은 교사가 교실을 통제하고 잘못된 일탈 행동이나 방해가 일어나지 않도록 조절하는 것이었다. 반면, 몬테소리는 성인이 통제하는 것을 포기하고 어린이들의 능력을 신뢰하고, 지도하고, 안내해서 어린이 스스로가 어떻게 하면 자기훈련이 될 수 있는지 배우는 것을 강조한다. 그리고 이 접근방법은 대부분의 비 몬테소리 연구가들이나 전문가들에게 인정을 받아 현재도 전 세계에서 몬테소리 방법으로 어린이들을 교육하고 있다.

몬테소리 교사에게 이러한 연구가 미치는 실질적인 효과는 교실에서 행하는 훈련을 교사의 책임이라고 생각하는 전통적인 생각을 벗어나서 다시 생각해 볼 수 있는 기회를 제공하였다. 물론 교사들에게 어린이 스스로가 자기훈련을 개발할 수 있도록 도와주는 몬테소리의 목표를 한 번 더 생각하도록 상기시키는 것이다.

몬테소리 교사들은 교실에서 자기들의 역할이 무엇인지 항상 질문해야 한다. 교사는 단지 이 과정을 지켜보기만 하는 수동적인 관찰자인가 아니면 중요한 역할을 하는 안내자인가? 이러한 질문에 교사 스스로 "나는 몬테소리 교사다."라는 확신감을 가질 때 스스로 답을 얻어 낼 수 있을 것이다.

III. 또래 친구들과 공감대형성을 위한 진단

1. 리더로서 감정을 조절하기

리더로서 한 교사가 다른 교사를 이끌어 갈 때 가장 중요한 것이 무엇일까? 즉, 리더가 된다면 정신적인 측면과 마음을 가다듬는 자세가 필요하다. 어린이들 사이에서는 많이 알고 있는 지적 파워보다는 소위 마음이 편안한 친구가 인기가 있을 수 있다. 어린이들의 감정목록에 필요한 요소를 갤렌스키는 다음의 표 1-3과 같이 언급한다. 즉, 감정목록을 어린이들이 욕구가 충족되었을 때와 충족되지 않았을 때로 구분하였다.

표 1-3 어린이들의 감정목록

감정이 충족되었을 때	감정이 충족되지 않았을 때
최고로 기분 좋은, 정신, 육체적으로 최고의 안정된 상태임, 편안함, 뿌듯함, 만족감, 걱정 없는 세상, 여유 있음, 안전함, 상쾌함, 삶의 에너지, 탐구에 대한 욕구, 서두르지 않음, 생명력 넘침, 강인함, 흥미로운, 호기심, 신바람, 반가움, 행복함, 희망이 넘침, 모든 것에 감사함, 명랑함, 강한 의지력, 평화로움, 침묵, 깨끗함, 만족스러움, 사랑하고 신뢰함, 지속적 관계, 온화하고 따뜻함, 개방적이고 열려 있음, 부드러운, 온정적, 매력적임, 고마워하고 감사하는 마음, 유머 감각이 있음, 모험심이 강한, 늘 깨어 있음, 영감을 주고, 자극을 주고, 무엇인가 항상 열망함, 비전을 가짐.	자신이 싫어짐, 불편함, 불안함, 신경질적임, 불안전함, 능력을 비하함, 슬퍼함, 무능력하다고 생각함. 매사에 슬퍼함, 당황스러워함, 피곤해 함, 삶의 에너지가 없음, 따분하게 생각함, 의지력이 없음, 약함, 막연하게 생각함, 기진맥진한 자세, 흥미와 관심이 없음, 지루해함, 기분이 안 좋음, 슬픈, 불행하게 생각함, 실망함, 모든 것을 무겁게 생각함, 외로워함, 우울함, 희망이 없음, 정서적으로 불안해함, 늘 걱정이 앞섬, 무질서하고 혼란스러워함, 긴장함, 화를 잘 냄, 상황에 당황함, 속상해함, 공격적임, 적대적임, 여유가 없음, 실망을 잘함, 두려움, 망설임, 작업하기 전에 늘 걱정부터 함, 매사에 부정적임.

몬테소리 교실에서 교사가 어린이들과 함께 실제적으로 감정목록을 증가시키는 작업이 필요하다. 감정목록을 작성하는 우선적인 목적은 감정단어를 증가시키고 어린이들의 생활을 풍요롭게 하는 것이다. 감정목록을 증가시키기 위해서는 감정이 충족되지 않았을 때 사용하는 비도덕적, 폭력적 단어를 줄이고 감정이 충족된 단어를 활용하도록 지도하여야 한다.

어린이들의 리더십을 발달시켜 주기 위해서는 감정과 욕구에 대한 연관성에 대한 이해가 필요하다. 어린이들에게 감정과 욕구는 서로 다르지만 연관되어 있다. 인간이 살아가는 데 욕구가 얼마나 중요한가를 이해하여야 한다. 인간은 연령, 문화, 인종, 종교에 상관없이, 부모든, 교사든, 자녀든 모든 인간은 욕구를 가지고 있기 때문에 중요한 연구대상이 된다. 교사들이 어린이들의 욕구에 초점을 맞춘다면 다양한 측면에서 이해와 언어적 상호작용을 할 수 있을 것이다. 교사가 어린이들의 욕구에 초점을 맞추는 것은 자기가 전달하고자 하는 내용을 표현할 때와 듣고 있을 때에도 가능하다. 몬테소리는 인간의 욕구를 물질적인 욕구와 정신적인 욕구로 구분한다(조성자 저, 2007).

몬테소리는 정신적인 욕구로서 예술에 대한 욕구, 허영심에 대한 욕구, 종교적 욕구를 들고 있다. 물질적인 욕구로는 인간이 필요로 하는 영양분, 인간이 살아가는 데 필요한 은신처, 인간의 이동을 돕는 운송수단, 인간의 안정을 책임 지는 보호 수단으로 핵, 철 등을 들고 있다.

어린이든 성인이든 인간은 이 두 가지 욕구가 충족되었을 때 정상화, 자아실현의 단계를 넘어서 새로운 목적을 가지게 된다.

어린이들이 밖으로 드러내는 감정표현은 자신의 욕구를 표현하는 데 아주 중요하고 유익한 전달 매체라고 할 수 있다. 어린이들은 욕구가 채워지는 순간 행복하고 신바람 나고, 만족스러움, 자신감과 같은 감정을 느끼게 된다. 반대로 우리들은 슬픔, 걱정, 좌절, 짜증과 무기력함 같은 감정을 통해 스스로의 욕구가 충족되지 않았다는 것을 알 수 있다.

저자는 인체 공학을 연구하지 않았지만 인간의 몸을 생각하면 아! 정말 어떻게 된 건지, 정신이 없고 신비하다. 감정이란 얼마나 신기하고 훌륭한 생물학적 시스템인가! 감정을 통해 욕구를 충족시킬 수 있는 도움을 받을 뿐만 아니라 감정을 통해 어린이들과 자녀의 욕구에도 집중할 수 있다면 감정이 우리의 정신 기능에 얼마나 중요한 역할을 하는지 알 수 있다. 이러한 관점에서 많은 아동 연구가들이 모든 감정 메시지를 유용하게 활용하는 방법을 제시한다.

감정이 욕구에 근거하고 있다는 것이 분명하다면 어린이들의 감정 역시 어린이 자신의 욕구에 깊은 뿌리를 가지고 있다. 만약에 몬테소리 교실에서 어린이들이 무엇인가 만족스럽지 못하고, 작업을 싫어하고, 무질서한 행동을 한다면 욕구가 만족스럽게 충족되지 않았다는 의미이다. 예를 들어, 한 어린이가 불안해하면서 혼자 앉아 있다면 친구들과의 사회적 상호작용과 애정 그리고 우정에 대한 욕구가 충족되지 못했다는 것이고 그와 반대로 작업에 흥미 있고 신나고 만족스러워한다면 성취에 대한 욕구가 충족되었다는 것이다. 중요한 것은 어린이들에게 감정이란 다른 친구, 부모, 교사에 의해서 일어나는 것이기 때문에 '나' 때문에 일어난 감정은 스스로 조절하여야 한다. 갤렌스키는 감정과 욕구를 다음의 표 1-4와 같이 구분한다(Gallensky E., 2005).

표 1-4 감정과 욕구의 차이점

감정	욕구
나는 지금 마음이 불편해. 나는 지금 상쾌한 기분이야. 해방된 기분이야. 친구가 나를 이해해 주었어. 걱정스러운 기분이야. 놀 수 있어 참 좋아. 맛있는 것을 먹어서 기분이 좋아. 비가 와서 어린이집에 가기 싫어. 엄마가 나에게 화를 냈어. 나는 친구가 좋아졌어. 교사를 좋아하게 되었어.	나는 지금 밖에서 놀았으면 좋겠어. 나는 …… 했으면 좋겠거든. 친구가 나를 이해해 주면 좋겠는데. 누군가가 나를 이해해 주면 좋겠다고 생각했는데 정말 나를 이해해 주었거든. 하루 종일 놀고 싶은데 놀 수 있어서 기분이 좋아. 나는 새로운 장난감을 사고 싶어. 나는 친구들과 여행을 가고 싶거든.

어린이들이 성격을 건강하게 발달시켜서 자기 생활을 주도적으로 이끌어 가고, 리더로서 자질을 갖추기 위해서는 감정을 정화하는 방법을 스스로 찾아야 한다. 그러기 위해서 자신을 만들어 가는 성격형성에 중요한 요소들인 감정과 욕구를 조화롭게 전이하고 통제하는 능력이 중요하다.

긍정적인 감정은 어린이들의 성장에 도움을 주지만 부정적인 감정이 강화되면 분노로 변화할 수 있다. 귀찮고, 짜증나고 특히 화가 해소되지 않고 잠재해 있다가 순간 치밀어 올라 강한 부정적 감정이 솟구친다면 사고에 혼란을 가져오면서 감정을 악화시키는 상황까지 일으킨다. 다른 친구들이 자신에게 이렇게 상호작용하고 있다고 생각하거나 다른 친구들이 자신에게 적어도 이렇게 대해 주어야 한다고 생각하기 때문에 혼란스러운 생각을 할 수 있게 된다. 교사는 어린이들의 분노 에너지 내지는 분노 감정을 다른 방향으로 전환시키고 분노를 일으키는 생각이 무엇인가를 알아서 분노의 이면에 어떤/무엇이 충족되지 않은 욕구가 있는지 관찰하여야 한다. 한편, 감정과 욕구가 다르듯 생각과 감정을 변별할 수 있어야 한다.

일반적으로 사람들은 감정을 간단하게 표현할 수 있다. 예를 들면, 나는 "정말 슬프거든." "나는 설레고 있어." "나는 행복해……." 이와 같은 표현은 나의 마음 상태를 나타내는 감정이다. 어린이들은 마음을 감정으로 표현하기도 하지만 머리에 들어 있는 자기 생각을 표현하기도 한다. 머리로 생각해서 말하는 언어는 걱정을 유발시킬 수도 있고 만족스러움을 표현하면서 어린이들의 마음을 집중하도록 만드는 언어이다. 다른 것은 전혀 고려하지 않고 생각과 의견, 판단에만 집중하도록 만든다. 교실에서 어린이들 사이에 일어나는 상황에서 생각, 의견, 판단과 같은 요소들이 혼란스럽게 섞여 표현되는 경우 오해와 혼란을 초래하는 것을 볼 수 있다. 예를 들어, 한 어린이가 동화 이야기를 듣고 "미운 오리새끼가 잘못했어."라고 말했을 경우, "잘못했어."라는 표현은 감정을 나타내는 단어가 아니라 어린이가 내린 판단을 표현하는 생각이다. 어린이가 어떤 감정을 느끼고 있는지 교사들은 언어를 통해서 알 수가 없지만 생각을 통해서는 알 수 있다.

때로는 감정이라고 말하는 표현들이 분노를 일으키는 경우가 있다. 분노를 일으키는 생각들을 종종 감정으로 착각하기도 한다. 예를 들어, "나는 누군가에 의해서 조종당하는 것 같은 느낌이야." 혹은 "모욕감을 느껴."라고 말하는 것을 들을 수 있다. 생각해 보면 어린이가 누군가에게 조종당하거나 모욕을 당했다는 감정을 나타내는 말이 아니라 다른 친구들이 자신에게 이렇게 대하고 있다는 자신의 생각을 표현하는 말임을 알 수 있다. "내가 너에게 조종당하고 있다고 생각해. 그리고 그런 생각이 들면 화가 나고 또 슬프고 무서워. 네가 나를 좋아한다고 믿으려고 해"라고 말하는 것이 훨씬 정확한 표현이다.

대부분 다음과 같은 말은 모두 분노를 일으키는 단어들이다.

버려졌다. 공격받았다. 비난받았다. 배신당했다. 걱정된다. 비판받았다. 비방당했다. 누가 나를 헐뜯었다. 무시당했다. 모욕당했다. 협박당했다. 무효로 돌아갔다. 혼자 남겨졌다. 실망시켰다. 조종당했다. 이해받지 못했다. 방치됐다.

누가 생색내고 있다. 누군가에게 압박받고 있다. 내 탓을 하고 있다. 거절당했다. 이용당했다. 묻히고 있다. 강요당했다. 속았다. 아무도 내 말을 듣지 않는다. 중요하지 않다. 내가 보이지 않는 것 같다.

2. 어린이들이 공감하면서 경청하기

일반적으로 공감은 다른 친구나 다른 사람들이 경험하고 있는 내용을 존중하며 이해하는 것이다(Gallensky E, 2005). 말하는 사람이 내면에서 경험하는 감정과 욕구에 온전히 집중하며, 듣는 사람 자신이 판단하고 의견을 나누고, 불안한 감정을 잠시 접어 둘 때 진심으로 공감할 수 있다. 리더로서 공감하면서 다른 사람들의 이야기를 경청하기 위해서는 훈련이 필요하다. 일반적으로 대부분의 사람들은 이야기를 듣기 전에 자기 이야기를 시작하고, 반사적으로 충고를 하고, 잔소리를 늘어놓으며, 동정하려고 하기 때문이다. 이와 같은 반응은 비록 공감하며 들어 주는 것은 아니지만 듣는 사람 모두가 나쁘다고 생각하지 않는다.

교사와 어린이들 사이의 성공적인 관계를 위해서는 공감이 이루어져야 한다. 배스톤(Baston)은 공감이란 지각된 타인의 안녕과 매우 자주 일치하는 타인 지향적 정서라고 말한다(Baston C. D., Why act for the Public Good, Four Answers. Personality and Social Psychological Bulletin, vol. 1,2, pp.281-94).

핑크는 공감이란 자신을 다른 사람의 처지와 입장에 놓고 생각하며 그 사람의 느낌을 직관적으로 이해하는 능력이라고 말한다. 다시 말하자면, 다른 사람의 입장에서 그 사람의 눈으로, 마음으로, 감정으로 느끼는 능력이다(Pink D., 2011, 김영철 옮김, 2012). 공감은 연민과 다르게 자신이 다른 사람이 되었을 때 어떤 감정을 느낄지 생각해 보는 것이며, 다른 사람을 이해하기 위해 그 사람의 감정을 느끼고 공감하는 능력을 의미한다.

다른 친구의 이야기를 공감하며 들어 주려면 우선적으로 자기 자신에게 공감하며 귀 기울여 줄 수 있어야 한다. 다른 친구들에게 공감하고자 귀 기울여 주기 위해선 자기 자신에게 먼저 귀를 기울여야 하는데 이러한 것을 자기공감이라고 말한다.

공감은 정서와 연결되어 있다. 타인을 배려하고, 관심을 가져 주고, 정직하게 대해 주고, 다른 사람과 친구들을 위해서 헌신적인 행동을 실천할 때 서로 공감하면서 감정 이입을 하게 된다. 어린이들과 공감하며 열정적으로 헌신하는 교사들은 자기관리를 철저히 하고, 모든 환경과 어린이, 일에 관심을 가지고 자기 일을 즐기면서 그들과 하나가 되어 공감대를 이끌어 낸다. 교육방법에서도 어린이들의 관심을 최대한 집중시키기 위해 학습을 즐긴다. 즉, 자기가 가르치는 것과 자기 일을 즐기는 교사이다. 어린이들에게 필요한 것은 절대적으로 제공하는 반면, 원하는 것과 필요한 것에 대한 통제 방법의 균형을 유지한다. 모든 어린이들에게 똑같은 방법을 제공하는 것이 아니라 열정을 다해서 차이점을 만들어 낸다(Day C., 2011, 박은혜 외 옮김, 2007).

예를 들어, 수빈이가 지금 엄마를 잃어버린 아픔을 겪고 있다면, 즉 슬픈 일을 겪고 있다면 더욱 자기의 아픔에 사람들이 공감하기를 원할 것이다. 우리 모두는 살아가면서 경험적으로 공감해야 할 일에 대해서 알고 있다.

몬테소리 교실에서 침묵놀이를 하고 자연활동을 즐기는 것은 단순히 조용히 앉아 있거나 숲을 걷는 것이 아니라 스스로에게 귀 기울이기 위한 자기공감(Self-Empathy) 훈련이다. 자기 자신의 내면과 외부환경에서 일어나는 일을 자주 확인하는 습관을 들이는 것이 바로 자기공감을 위한 훈련이다. 어린이들은 아직 많은 경험이 없기 때문에 순간순간 감정과 욕구가 변화하는 것을 부모와 교사는 이해하고 깨달아야 한다(Gallensky E., 2005).

자기공감은 자기소통(self-connection)과 자아존중에 대한 욕구를 충족시키는데 도움을 준다. 자신의 자아소통을 통해서 또래 친구들과 함께하고 있다는 것을 느끼고 교실에서 즐겁게 생활할 수 있다. 작업과정에서도 자신과의 소통은 생산적이고 생명력 있는 에너지로 행동을 촉진함으로써 내면의 욕구를 건강하게 충족시킬 수 있을 것이다.

오프라 윈프리(Oprah Winfrey)는 리더십은 공감하는 능력과 깊은 관계가 있다고 말한다. 공감은 타인을 격려하고 그들의 삶에 활력을 불어넣어 주기 위해서 타인과 관계를 맺고 연대하는 능력이라고 말한다(Pink D., 2011 김영철 옮김, 2012). 훌륭한 리더는 자기가 원하는 사람들을 원하는 목적과 방향으로 이끌어 갈 수 있는 능력을 가진다. 리더로서 공감을 이루어 낼 수 있는 사람은 주변 환경을 파악한 후 그 환경에 맞는 관계를 통해서 얻어 내는 결과로 공감대를 형성한다. 몬테소리 교실에서 어린이들이 원 구성원들과 친구와 공감대를 이끌어 갈 수 있는 능력을 키우기 위해서는 다음과 같은 훈련을 하여야 한다.

- 몬테소리 교실 안에 있는 환경인 교사 어린이, 교구, 모든 생명체들을 서로 연결시켜 조화를 이룰 수 있어야 한다.
- 모든 친구의 상황과 입장 중심부에 자기를 놓고 그들의 눈높이로 생각하는 훈련을 한다. 내가 다른 사람의 내가 되어 보는 것이다.
- 자기 만족감과 편리함 그리고 이해관계보다는 너그러움, 객관적, 후한 대접, 일방적으로 협력하는 모성적 리더십을 발휘하여야 한다.
- 손, 머리, 마음이 함께 움직이는 조화로움을 다른 사람들과 함께 나누어야 한다. 조화로움은 한 가지에만 집중하는 것이 아닌 전인적 발달을 위해 몸과 정신의 균형 잡힌 발달을 의미한다.

3. 어린이들의 요청을 들어 주기와 들어 줄 수 있는 것을 요청하기

가장 훌륭한 리더는 어떤 자세를 갖고 있으며 누구일까? 나는 친구들이 요청하고 원하는 것을 얼마나 들어 줄 수 있는가? 친구들이 나에게 요청하는 것은 무엇인가?

우선 나 자신의 욕구가 무엇인지 알고, 나의 욕구를 표현할 수 있다면, 그 욕구를 충족시키기 위해 다른 사람들이 무엇을 도와 줄 수 있는지 명확히 알릴 수 있을 것이다. 다른 친구들에게 자신을 돕기 위해 이러한 행동을 해 달라고 말할 수 있게 된다. 다시 말하자면 공감을 요청하는 것이다. 그러나 요청은 반드시 상대가 수행할 수 있는 요청이어야 한다. 다음 3가지 예시는 수행 가능한 요청으로서 정해진 시간 내에 특별한 행동을 취해 줄 것을 요구한다.

예시 1 : 10분 정도 시간을 내서 작업한 교구들을 정리해 주겠어?

예시 2 : 밥 먹기 전에 손 씻기를 잊지 않게 함께 아이디어를 내 볼까?

예시 3 : 교사가 방문객과 이야기를 나누어야 하는데 잠시 조용히 해 줄 수 있을까?

할 수 있는 것을 요청할 때는 어린이들의 심리상태, 능력, 분위기 등을 모두 고려하여야 한다. 예시 1은 어린이들에게 불가능한 것이다. 10분의 개념을 가지고 있지 않기 때문이다. 예시 2는 함께 생각한다는 것은 가능하므로 즐거워할 수 있다. 예시 3은 어린이들에게 잠시라는 시간에 대한 개념이 문제이다.

요청과 강요에는 차이점이 있다. 리더를 수행하는 어린이가 다른 친구들에게 요청을 하고 있는지 강요를 하고 있는지 알고자 한다면 다음을 생각하여야 한다.

- 자신의 욕구를 표현할 때 지금 즉시 들어 줄 수 있는 요청이라면 다른 친구가 욕구 충족에 협력할 가능성이 높아진다.
- 하지만 다른 친구가 원하는 욕구가 다른 것이라면 친구는 요청을 거절할 것이다.
- 그 다음 자신이 느끼는 감정과 리더로서 친구에게 전달하는 말을 통해 자신이 요청하고 있는지 아니면 강요를 하고 있는지 파악할 수 있다. 다른 친구가 거절할 때 화를 내면서 싫어한다면 강요를 하고 있을 가능성이 높고, 만약에 친구가 거절을 소통하기 위해 다른 방법으로 받아들인다면 요청하는 것이다.

몬테소리 교실에서 어린이들의 요청을 들어 주고 들어 줄 것을 요청하는 것은 공감대를 형성하면서 서로 리더가 되는 과정을 훈련하는 것이다. 몬테소리 교실에서 리더는 강요하는 리더가 아니라 스스로 할 수 있는 환경 속에서 각자가 리더가 되도록 협력하는 것이다.

4. 친구들에게 관심 가지기와 공감하기

몬테소리 교실에서 어린이들이 교사에게 무엇보다 간절히 원하는 것은 누군가 자신의 이야기에 귀 기울여 주는 것이다. 교사가 어린이들의 감정과 욕구에 집중하고 관심을 가지는 것과 그 이야기를 적극적으로 경청하는 것은 공감대 형성에 있어서 필수 요소이며 조건이다. 공감대 형성은 예리한 판단, 분석, 감동, 다른 이야기, 듣는 사람을 변화시키려는 의도와는 전혀 상관없이 순수하게 줄 수 있는 귀중한 선물이다. 교사가 어린이들에게, 어린이가 자기 친구의 이야기에 적극적으로 공감해 줄 때 어린이는 친구의 감정과 욕구에 귀 기울이는 데 동참할 수 있다.

그러나 훌륭한 리더들은 말로만 공감을 형성하지 않는다. 어느 면에서는 침묵으로 공감하는 경우가 더 깊은 공감을 이끌어 낼 수 있다. 침묵은 때로 자아를 발견하기도 하지만 무서울 때도 있다. 그럼에도 불구하고 공감을 말로 표현하는 것이 더 효과적일 경우에도 어린이들과 친구들의 감정과 욕구가 무엇일까 깊이 있게 생각하고 추측해 보는 것이 훨씬 가치 있다. 몬테소리 교실에서 어린이가 다른 친구의 마음을 추측해 보는 것은 본인이 상대의 감정과 욕구를 확실하게 알지 못한다는 사실을 이해하고 상대를 존중한다는 것을 진심으로 보여 주는 방법이라고 할 수 있다. 교사와 어린이, 어린이와 친구 사이에 존중하는 추측의 예를 생각해 볼 수 있다.

- 힘들지만 이 작업이 좀 더 쉬운 방법이 없을까?
- 힘들지만 네가 완성하리라고 믿어.

- 난 네가 한 번도 작업을 중지하는 것을 본 적이 없어.
- 네가 항상 최선을 다해서 작업하는 것을 늘 봐 왔어.

공감한다는 것은 다른 친구들이 수행하고 있는 작업을 존중하며 이해하는 것이다. 그러나 교사들은 공감하려는 대신에 충고해 주고, 안심시키고, 어린이를 강하게 설득하고, 자기주장을 강하게 표현하려는 성향이 있다. 교사 자신의 입장이나 감정이 지금 어떤지 최선을 다해서 설득하려고 한다. 그러나 마셜 로젠버그(Marshall B. Rosenberg)는 공감해 주기 위해선 마음에서 우러나야 하고 우리의 모든 방법을 동원해서 상대방의 이야기를 적극적으로 경청해야 한다고 말한다(Marshall B. Rosenberg, 2005).

5. 살아가며 함께 배우는 어린이 리더

어린이들은 우주 환경 속에서 상호작용하며 모든 작업을 발견하고, 창조하고, 생산하고, 탐구하는 지속적인 과정을 통해서 인격을 형성해 간다. 성장 과정에 필요한 것을 효과적인 방법으로 창조하기 위해서 비록 작은 존재여도 자기 삶을 위한 시간, 노력, 작은 물질을 투자하여야 한다. 무엇이든 대가 없이 얻어지는 것은 없다.

교사들은 하루 종일 해결하여야 할 문제들 때문에 자기들의 역할에서 벗어날 때도 있지만 결국 해결책을 찾아낸다. 어린이들에게 작업에 집중하도록 환경을 준비하는 것, 간식과 점심을 규칙적인 시간에 제공하는 것, 어린이들을 낮잠 재우는 것……. 이런 일들은 어린이들이 정상화로 진화하게 되면 큰 즐거움으로 되돌아온다. 어린이들에게 적절한 양육방법을 제공하여야 하지만 발달단계에 따라서 모든 양육방법이 차이점이 있기 때문에 교사 역시 어려운 점이 많다. 교사들은 항상 새로운 문제를 해결한 다음 새로운 양육방법 기술을 배워야 한다.

영아기, 유아기, 아동 전기·후기에 도달하기까지 어린이들의 모든 발달단계마다 새로운 습관을 들이고, 새로운 규칙을 제시하고, 어린이들의 작업과 발달, 성장을 위한 교육적 전략, 어린이들의 미래를 위한 전략을 계획하는 것이 교사의 책임이다. 몬테소리 교실에서 작업하는 어린이들의 수 비례와는 상관없이 교육전략을 세우는 것은 여전히 교사의 역할이다.

특히 유아기 이전의 영아들은 발달과 성장 속도가 아주 빠르게 진행되기 때문에 교사의 새로운 교육기술을 충분히 학습할 때까지 기다려 주지 않고 다음 단계의 발달이론을 적용해야 하는 순간도 있을 수 있다.

어린이들은 계속해서 변화해 가고 변화할 때마다 크고 작은 문제들이 기다린다. 교사들에게는 어린이들에게 적용하고 가르쳐 주어야 할 과제를 완전히 제공하지 못했다는 아쉬움을 갖게 된다. 교사들은 어린이들이 계속 변화하는 성장과 발달 과정에 대처하지 못한다는 사실에 자책하고 망설이는 것보다는 자신 있게 어린이들과 함께 살아가며 배우는 학습방법을 취할 수 있다.

어린이들을 돕고, 문제가 있을 때 슬기로운 판단과 결정을 내리고, 문제를 해결할 때 그들과 협력관계를 가지는 것이 더 효과적일 수 있다. 교사는 문제가 발생할 때 해결할 수 있는 능력을 기르고, 무엇이든 결정하고 문제를 해결하기 위해서 어린이들과 협력관계를 유지하는 것이 중요하다. 어린이들의 욕구를 충족시키는 다양한 방법을 탐색하고, 교사 자신이 어린이들의 문제를 성공적으로 해결했다면 스스로 기뻐하고, 해결과정에서 실패했다면 실패의 원인을 찾아서 교훈을 얻어야 한다.

교사가 어린이들과 함께 생활해 가면서 배운다는 것은 어떤, 무슨 일이 여러 상황에서 나타난다 할지라도, 교사와 어린이의 협력관계를 통해서 해결할 수 있는 능력이 있다는 신념과 방법을 배우는 것이다. 한편, 모든 상황에서 발생하는 문제들을 원활하게 해결할 수 있는 신뢰의 방법을 배우는 것이다. 살아가며 배운다는 것은 어린이와 마찬가지로 교사 자신도 그들과 생활하는 삶의 방법을 배우는 과정에서 터득하게 될 것이다.

몬테소리 교실에서 교사와 어린이들 사이에 벌어지는 상황에서 일하는 방법이한 가지가 아니라 여러 가지가 있다는 것을 인식하게 되면 더 많은 도움을 받을 수 있다. 살아가며 배운다는 것은 몬테소리 교실에서 일어나는 작은 일들을 지나치지 않고 관찰하고, 새로운 것을 알아 가려고 노력하는 것이다. 어린이들의 삶을 받아들여 수용하고, 배려하는 것이다.

몬테소리 교실에서 어린이들이 자유롭게 선택한 교구를 가지고 작업을 할 때 교사의 제시 방법 이외는 다른 방법이 없다고 생각하는 것, 이 작업을 할 때는 반드시 한 가지 방법만을 적용해야 한다는 것, 갑돌이가 잘한다면 갑순이는 잘할 수 없다는 일방적인 방법으로 안내할 것이 아니라 하나가 아닌 여러 가지, 실패와 성공이 공존한다는 것, 모든 어린이들이 함께 살아간다는 것, 모든 어린이들은 몬테소리 교실이라는 공동체 속에서 살아가면서 협력관계를 배우고, 살면서 배운다는 것을 강조해야 한다.

교사들이 알아야 할 것은 살아가면서 함께 배운다는 의미의 전제는 몬테소리 교실에서 일상생활에 영향을 미치는 하루 일과 계획을 실천하는 것, 소그룹·대그룹 활동을 위한 의사 결정, 어떤 상황에서 문제 해결을 위해 교사와 어린이 모두가 참가자가 될 수 있는 장점을 가진 프로그램이라는 것이다.

어린이들은 다양한 아이디어를 갖고 있을 뿐만 아니라 아이디어를 공유하기를 원하고 좋아한다. 어린이들은 명랑하고, 즐겁고, 엉뚱하고, 개방적이고, 상호 작용을 즐기고, 틀에 박히지 않은 열린 마음으로 순수하게 생각한다. 어린이들은 몬테소리 교실에서 일어나는 일을 결정하는 데 동참하여 함께하기를 원한다.

살아가면서 함께 배운다는 것은 함께할 때 모든 행동들이 자연스럽게 드러난다는 것이다. 교사가 항상 어린이들과 함께할 때 그들의 잠재력은 결과로 모두를 만족시킬 수 있는 훌륭한 장점을 가지고 있는 것을 발견할 수 있다.

교사와 어린이가 협력해서 문제를 해결할 때 동반하는 어려움 중 하나는 어린이들의 삶에 영향을 미칠 만한 일을 통제하고 관리하려는 갈등과 충동을 내려놓기가 쉽지가 않다는 것이다. 교사가 일방적으로 문제를 해결하려는 숫자보다 문제 해결 방법의 숫자의 양이 더 많다는 것을 인식할 때 좀 더 편안하게 갈등과 충동을 내려놓을 수 있다. 몬테소리 교실에서 흔히 일어나는 일이지만 실제적으로 욕구의 숫자보다는 욕구충족 방법의 숫자 양이 더 많다.

교사는 살아가면서 해결방법, 규칙, 전략을 어린이들과 함께 점검해 보면서, 자신의 선택들이 얼마나 근시안적 상황 인식과 경험이었는지, 사실과 거리가 먼 단지 생각과 상상으로 제한하였던 선택이었다는 것을 인식하게 될 것이다.

교사는 문제점과 전략과 운영 그리고 관리에만 초점을 맞추어 접근하기보다 교육을 다중적인 관점으로 어린이들을 대하는 것이 상호작용을 즐겁게 할 수 있는 접근 방법이 될 것이다.

교사가 교실에서 모든 어린이들의 욕구를 충족시키기란 쉬운 일이 아니다. 그렇지만 21세기에 유아기부터 노년기까지 모든 교육 분야에서 협력이라는 교육매체를 제외할 수 없다. 협력만이 우리들의 미래를 책임질 수 있다. 어린이들의 욕구를 채우기 위해 협력하고, 협력에 대한 전략을 세우고, 협력의 가치를 강조하여, 어린이들이 협력하는 공동체에 참여할 때 자신감을 가질 수 있는 기회를 제공하는 것이다.

몬테소리 교실은 이미 혼합연령 그룹에서 형, 동생들과 함께 결정하는 기술을 훈련하고, 함께 성공적인 전략을 세우는 기술을 훈련하고 있다. 이러한 훈련들은 우선 함께 생활하면서 아주 작은 것부터, 단순한 것부터, 우선 필요한 것부터 시작하여 단계적으로 확산해 나가야 한다. 예를 들면, 아침에 교실에 도착하면 서로 인사 나누기, 교구선택을 위한 이야기 나누기, 친구를 도와주기, 교사에게 집에서 있었던 일을 이야기하기 등과 같이 일상적이고 단순한 일들이다.

어린이들이 교실에서 자기들의 능력을 최대한으로 발휘하고 그리하여 모든 어린이들이 리더가 되어 자기주도적 학습방법을 찾아가기 위해서 함께 살아가면서 배우는 공동체적 전략은 훌륭한 기회가 될 것이다.

CHAPTER 02 몬테소리 교사 역할의 재개념으로서 리더십

I. 열정적으로 준비하는 교사

몬테소리 교사로서 열정적인 교사는 무엇이고, 겸손한 교사는 무엇을 의미하는가? 열정적인 교사란 누구인가?

1. 열정적으로 가르칠 수 있는 교사

요즈음에는 지식을 팔아먹고 살아가는 사람들을 일컬어 지식 근로자라는 용어를 사용한다(Pink D., 2011, 김영철 옮김, 2012). 소크라테스 역시 교육자는 지식을 팔아먹고 살아가는 고급 상인이라고 말했다. 지식을 상품화하여 거래하되 도덕적인 고급지식을 팔아야 한다는 것이다. 그러면 지식을 거래하는 도덕적인 교사란 무엇을 의미하는가? 교사로서 존경받는 교사와 존경받는 어린이의 관계를 유지하는 요인은 두 사람 사이에 열정적인 가르침의 관계가 유지되지 않으면 불가능할 것이다.

일반적으로 열정이란 인간 정신에 강하게 영향력을 발휘하거나 움직이는 정서의 일종을 의미한다(Day C., 2004, 박은혜 외 옮김, 2011). 다시 말하자면 강한 정서에서 우러나오는 동기화된 힘이나 추진력 그리고 지식 노동을 즐겨서 그것을 창의성과 생산성으로 연결시키는 것을 의미한다. 한편, 열정적인 교사란 자기가 수행하고 있는 일에 직업의식과 더불어 자기 일을 진심으로 사랑하는 것은 물론 가르치는 목적, 내용, 방법을 숙달해 가면서 어린이들에게 최대한의 작업 효과를 향상시키도록 노력하는 교사일 것이다. 이러한 열정적인 교사들은 세계관에 대한 열린 마음, 너 자신을 알라는 금언에 충실하고, 교사 자신은 물론 어린이들을 긍정적인 측면으로 변화시키려고 노력할 것이다.

일반적으로 다른 교사들보다 몬테소리 교사들은 열정이 있다고 말한다. 몬테소리 교사들의 열정을 한번 분석할 필요가 있다. 열정은 하루의 일과 업무가 많은 것과는 다른 문제이다. 어린이들을 가르칠 때 이미 제작된 교구 이외에 응용편을 위해서, 필요한 교구를 제작하기 위해서, 근무 시간 외에 일하는 교사가 열정적인 교사는 아니다. 교사가 교육을 위해서 하는 모든 업무는 교사 고유의 사명감이다. 자기 사명감과 의무감을 성실하게 열심히 그리고 진심으로 업무를 수행하는 것을 열정적이라고 말한다.

리버만(Lieberman A.)은 교사의 열정이란 가르치려는 에너지가 있어야 하고, 확실한 신념이 있어야 하고, 헌신적이어야 하고, 훌륭한 교수방법이 있어야 하고, 창의성이 있어야 하고, 사랑으로 가르쳐야 하고, 어린이들의 본성을 발견하려고 노력하는 자세를 의미한다고 말한다. 열정적인 교사가 업무가 많은 것은 자연스러운 것이다. 열정적으로 가르치는 교사는 자신의 직업에 대한 성공을 예측할 수 있다. 리버만은 교사의 리더십이 어린이들의 리더십을 만들어 준다고 말한다(Lieberman A., & Mille L., 2008).

열정은 성실함, 배려, 헌신과 봉사 정신과 전문지식의 질적 수준과 밀접한 관계를 가지고 있다. 열정적인 교사는 자신은 물론 어린이들에게 비전을 줄 수 있는 교사다. 존중받는 교사와 존중받는 어린이는 가르침과 작업에 열정적이라는 공통점을 가지고 있다. 존경받고 존경하는 두 사람은 몬테소리가 말하는 인간화의 과정에서 인간됨을 삶의 중심에 놓고 살아간다. 어린이들이 인간됨으로 존중받을 때 내재적 학습 동기를 이끌어 낼 수 있다(Montessori M., 1992, 조성자 옮김, 2000).

열정적인 교사의 특성은 다음과 같다. 어린이들의 말에 귀 기울이면서 그들 곁에서 항상 관찰하고 그들의 활동을 안내해 주고, 긍정적인 자세로 명랑하고, 유머 감각이 있고, 멀티 교수방법을 제공하고, 어린이들을 격려하면서 내재적 동기를 이끌어 내고, 교실에서 배운 것을 경험과 연결하여 실생활에 적용하고 활용하도록 만들어 주고, 몬테소리 교실 구성원 전체가 책임감을 가지고 자기 일에 몰입하도록 만들고, 준비된 환경을 제공하고 유지하도록 만들고, 몬테소리 철학과 어린이들의 발달이론에 대한 전문 지식을 가지고 있으며, 어린이들의 흥미, 동기, 관심을 이끌어 낼 수 있다(조성자 저, 1998).

몬테소리는 교사는 천리안의 눈을 가져야 한다고 권고한다(조성자 저, 1996). 교사는 몸과 정신만이 아니라, 탐색하는 손, 어린이들의 세계를 볼 수 있는 눈, 가르치는 모든 지혜를 만들어 내는 머리도 가지고 있어야 한다. 교사도 몬테소리가 우주교육에서 강조하는, 나는 누구인지, 나는 어디에서 왔는지, 나의 사명감은 무엇인지에 대한 반성적 사고를 가져야 열정적으로 가르칠 수 있고, 열정의 힘이 교사의 질을 높일 수 있을 것이다.

몬테소리 교사들이 열정적으로 가르치는 데 필요한 기본적인 요소로서 몬테소리 교사 인식에 관계되는 요인을 탐색할 수 있다(조성자 저, 1998).

표 2-1 몬테소리 교사의 자기인식 평가

몬테소리 교사의 자아상	• 몬테소리 교사로서 나는 누구인가? • 몬테소리 교사로서 나는 만족하는가? • 몬테소리 교사로서 나의 사명감을 인지하고 있는가? • 한 인간으로서 나는 몬테소리 교사와 어떤 관계를 가지고 있는가? • 몬테소리 전문 교사로서 얼마나 많은 전문적인 지식을 가지고 있는가?
몬테소리 교사로서 자존감	• 몬테소리 교사로서 나는 나의 직업을 얼마만큼 훌륭하게 수행할 수 있는 능력이 있는가? • 몬테소리 교사로서 나는 나의 직업에 대해서 어떻게 느끼는가? • 몬테소리 교사로서 나 자신에 대해서 만족하고 있는가? • 몬테소리 교사로서 즐거움과 기쁨의 원천은 무엇인가? • 몬테소리 교사로서 무엇이 나 자신의 개인적 그리고 직업적 자질들을 의심하게 만드는가? • 누구에게나 나는 몬테소리 교사라고 자신감을 가지고 말할 수 있는가?
몬테소리 교사로서 직업적 동기	• 왜 몬테소리 교사가 되려고 했는가? • 몬테소리 교사로 계속 남아 있는 이유는 무엇인가? • 몬테소리 교사로서 나의 동기를 강화하거나 유지시키기 위해 무엇을 할 수 있는가? • 내가 가장 좋아하는 직업이 몬테소리 교사인가? • 몬테소리 교사로서 다른 교사들을 도울 수 있는 것은 무엇인가? • 나는 준비된 몬테소리 교사인가? • 몬테소리 교사로서 어느 정도 만족감을 가지는가?

〈표 계속〉

몬테소리 교사로서 과업 인지	• 훌륭한 몬테소리 교사가 되려면 무엇을 우선적으로 하여야 하는가? • 몬테소리 교사로서 자신의 어린이들의 정신적인, 관계적인 문제들이 나의 관심사인 동시에 책임감이라고 느끼는가? 어느 정도 느끼는가? • 몬테소리 교사로서 모든 어린이들이 작업에 몰입할 수 있도록 충분히 협력하고 있는가? • 몬테소리 교사로서 나의 개인적, 전문적 성장 프로그램은 무엇인가? • 몬테소리 교사로서 나의 삶에 미치는 기쁨은 얼마만큼인가? • 몬테소리 교사로서 그렇지 않은 것은 무엇인가? • 몬테소리 교사로서 나 자신을 개혁하려면 어떤 행동을 변화시킬 수 있는가?
몬테소리 교사로서 관찰에 대한 인식	• 몬테소리를 교사가 관찰하고, 관찰의 목적은 어린이들의 정상적인 발달을 안내하기 위한 것이라고 언급했다. 나에게 이것은 무엇을 의미하는가? • 몬테소리 교사로서 어린이를 바라보는 중요 부분은 무엇인가? • 내가 원하는 최고의 몬테소리 교사의 특징은 무엇인가? • 몬테소리 교사로서 관찰에 대해 무엇, 어떤 것을 배우려고 하는가? • 교실에서 어린이-교사 사이에 무엇을 가장 많이 이해하여야 하는가?
몬테소리 교사로서 미래에 대한 나의 관점	• 몬테소리 교사로서 미래의 나의 비전은 무엇이며, 비전에 대해 어떻게 느끼는가? • 몬테소리 교사로서 나의 직장 생활을 어떻게 전망하는가? • 몬테소리 교사로서 밝은 미래를 보장하기 위해 나는 어떤 행동을 하여야 하는가? • 내가 교육한 어린이들이 성장한 다음 한 성인으로 만났을 때 어떠한 관계가 형성될까? • 나는 과거도, 현재도, 미래도 몬테소리 교사로 만족할 수 있을까? • 몬테소리 교사로서 미래를 위한 가장 우선적인 계획은 무엇인가?

몬테소리가 강조하는 준비된 교사들은 다음과 같은 특징에 충실하여야 한다(Montessori M., 1952, 조성자 옮김, 1994).

표 2-2 준비된 교사의 특징

몬테소리 교사로서 가치관 정도	몬테소리 교사로서 자기인식, 관찰에 관한 의식, 성실함, 공평함, 지혜로움, 자기 직업에 대한 만족감, 가르침에 대한 사명감, 자기 직업에 대한 열정, 직업의식에 대한 강한 인식, 직업에 관한 전문 지식, 겸손, 진실함
몬테소리 교사로서 정체성 정도	몬테소리 교사로서 나는 누구인가? 몬테소리 교사로서 나는 왜 지금 어린이들과 함께 있는가? 나는 머리, 가슴, 손으로 어린이들을 가르치는가? 어린이들에게 비추어진 나의 모습은 어떠할까? 나는 '정말 몬테소리 교사다'라고 자신 있게 말할 수 있는가?

〈표 계속〉

몬테소리 교사로서 호기심과 관심의 정도	전문 지식에 관한 관심, 학문에 대한 호기심의 정도, 나의 역량에 대한 확장, 알고자 하는 욕구, 사물에 관한 통찰력, 창조적 능력, 새로움에 대한 호기심, 비전, 희망, 꿈이 많음, 자연을 사랑함, 다중 문화에 대한 관심
몬테소리 교사로서 어린이들에 대한 희망사항	훌륭한 교사로서 자아상, 실제적으로 어린이들에게 영향력을 미칠 수 있는 교사, 어린이들의 변화되어 가는 과정에 참여하는 것, 교사로서 성공과 어린이들의 성공적인 삶의 주기가 함께 진행되는 것, 교육내용과 실제생활이 서로 연결되는 것, 어린이들에게 희망, 영감, 신념을 주는 교사
몬테소리 교사로서 헌신적 태도	교사로서 책임감, 관찰에 관한 사명감, 우주적 사명감, 몬테소리 교사로서 직업의식, 자기 직업을 사랑하고 만족하는 교사, 자기 효능감이 높은 교사, 진지하게 교사직을 수행하는 교사, 직업에 관한 정체성이 강한 교사, 직무 만족도가 높으면서 교사로서 헌신적 태도를 보임, 일에 대한 열정, 지식에 대한 도전·마음·정신·몸을 교사직에 완전히 봉사하는 교사, 어린이들에게 영감을 주는 교사
몬테소리 교사로서 도덕적인 덕목	겸손한 교사, 영성적인 교사, 공적인 사랑과 개인적인 사랑을 변별할 수 있는 교사, 어린이들을 공평하게 대하기, 어린이들을 존중하기, 어린이들을 섬기기, 어린이들을 따르기, 정의로움을 가르치기, 직업과 개인에 대한 윤리 의식 가지기, 다방면에 관심 가지기, 긍정적 대인관계, 자기 자신을 귀중한 존재로 생각하는 교사, 용기를 주기, 존경받는 교사

2. 왜 몬테소리 교사는 관찰을 중요시하여야 하는가?

평가하는 것과 객관적이고 정확한 관찰이 중요하다. 몬테소리 교실에서 리더로 양육하기 위해서 다른 사람과 친구들의 공감대를 이끌어 내어야 한다. 공감대를 이끌어 내기 위해서, 내가 이끌어야 할 대상들이 누구인가를 알아야 하가 때문에 관찰이 필요하다. 분명하고 정확하게 관찰하되, 평가하는 기술을 훈련하여야 한다. 교사들은 마음의 렌즈를 통해서 세상을 보고 관찰할 수 있는 능력이 있는 어린이로 양육해야 한다.

에프스타인은(Epstein) 교사는 관찰을 통해서 자신이 훈련되어진다고 말한다. 교사 자신이 훈련되기 위해서 관찰은 필수적이다. 관찰은 과학에 접근하는 진실하고 정확한 방법이다. 마치 현상이 보이지 않아서 사실이 존재하지 않는 것처럼 보일지라도, 과학자의 정신을 완전히 사로잡는 것은 과학자 눈에 보이는 사실에 대한 열정적인 관심이다. 잘 볼 수 있는 자세는 '훈련된' 교사로서 흥미를 느끼기 시작하며, 자신이 느끼는 흥미는 과학자의 정신을 생산해 내는 원동력이다(Epstein P., 2012). 어린이들의 결정화의 핵심 요소는 내적 공동질서(internal co-ordination)이다. 공동질서를 에워싸고 있는 전체적인 것들은 신체를 통합적으로 형성해 주는 것처럼 교사의 새로운 인간성이 완전히 자연스럽게 형성되는 중심에는 관찰된 현상에 대한 교사의 관심이 있다.

교사의 사명감은 모든 어린이들이 자유롭고 재미있게 작업할 수 있도록 환경을 디자인하는 것이다. 모든 어린이들은 내면의 규칙에 반응하면서 각자 다양한 욕구를 가지게 된다. 한편, 어린이 각자에게 맞는 발달과정의 시기가 있다. 그러한 관점에서 교사가 어린이의 행동 내면에 존재하는 다양성과 특성을 외면한다면 효율적인 교육을 할 수 없을 것이다. 몬테소리는 관찰할 수 없는 교사는 어린이를 가르칠 수 있는 능력이 없다고 언급하였다(Montessori M., 1970, 조성자 옮김, 1996).

교사는 어린이들에게서 다음과 같은 것을 관찰할 수 있어야 한다.

- 어린이들은 무엇을 정확하게 보고 있는가?
- 어린이들은 무엇을, 어떤 것을 듣거나, 기억하는가?
- 어린이들이 지금 무엇을 하려고 하는가?
- 어린이들의 행동은 자발적으로 일어나는가?

훌륭한 교사의 임무는 어린이들의 내면에 숨겨져 있는 보물을 발견하는 것이고, 그 보물을 밖으로 드러내어 빛나게 만들어 주는 것이다. 인간은 누구나 자기만의 특성과 재능이라는 보물을 가지고 태어났다. 특성은 유전적인 요인을 포함하고 있고, 재능은 교육과 훈련을 통해서 개발할 수 있다. 교사가 평가하지 않고 관찰한 다음, 그들의 욕구에 맞도록 환경을 새롭게 디자인해 준다면 부모가 어린이들과 상호작용을 시작하는 첫 발을 내딛을 것이고 가장 자유롭게 대화를 나눌 수 있는 출발선에 서게 될 것이다. 교사는 자기 자신을 탐색할 수 있는 능력이 있어야 한다. 예를 들어, 자기 목소리를 한번 생각할 수 있다. 몬테소리 교실에서 모든 어린이들에게 수업이나 이야기 나누기 시간을 담당할 수 있도록 한 시간이라도 교실을 운영할 수 있는 책임감을 주는 것이다. 교사는 어린이의 목소리 강약, 자세, 표현 능력, 집중하도록 만드는 기술, 말하는 내용의 의미를 정확하게 전달하는 것 등을 검토해 볼 필요가 있다. 교사들은 다음과 같은 한 장면에서 평가하는 것과 관찰하는 것의 차이점을 볼 수 있다.

- 갑돌이는 선생님이 말하는 것을 전혀 듣지 않는구나 : 평가하는 것이다.
- 갑돌이는 선생님이 말을 하고 있는데 계속해서 책만 보고 있구나 : 분명하게 관찰하는 것이다.
- 갑돌이는 여전히 게으름을 피우고 있구나 : 평가하는 것이다.
- 어린이집에 갈 시간이 되었는데도 아직 침대에서 뒹굴고 있구나 : 분명하게 관찰하는 것이다.
- 그런 행동은 아주 무책임한 거야 : 평가하는 것이다.
- 오늘 갑돌이가 선생님과 함께 산보를 한다고 했는데. 아직 산보할 아무런 준비를 하지 않았구나 : 분명하게 관찰하는 것이다.

어린이들을 전통적인 방법으로 평가하고, 그 평가 결과로 보상과 칭찬을 결정하는 것을 몬테소리는 거부한다. 관찰한다는 것은 어린이의 활동에 관심을 가지고 존중한다는 것이다. 존중한다는 것은 어린이와 협력하는 것이고, 정확하게 보는 것이다. 몬테소리 교실에서 새로운 전략은 교사와 어린이 모두가 자발적으로 교실을 이끌어 가는 리더로 성장하도록 돕고 안내해 주는 것이다.

몬테소리 교실에서 어린이들을 리더로 양육하기를 원한다면 자신에 대한 강한 의지와 정직함 그리고 자기 분석이 필요하다.

- 몬테소리 교실의 모든 어린이들에게 필요한 사항 : 즐거움, 놀이, 자유작업, 자유선택, 신체적 보살핌과 안전, 신선한 공기, 운동, 신체 단련, 걷기 운동, 음식 습관, 보호, 휴식, 거주지, 심리 운동장, 상호작용, 상호관계, 물, 정신적, 육체적 편안함, 학습 재료, 교구·교재, 신뢰, 사랑
- 각자 자신과의 관계 : 성취욕, 인지발달, 진실성, 도전의식, 정확성, 능숙함, 창조적 능력, 자신의 능력을 인지하는 것, 의미, 개인생활, 자기발전, 자기표현, 자존감, 목적의식, 인내심
- 다른 친구들과의 관계 : 감사, 소속감, 삶의 기쁨과 슬픔을 나누는 것, 고립, 사회, 숙고, 정서적 안전, 감정이입, 감정전달, 정직, 상호 의존, 친절함, 사랑, 힘, 재확인, 겸손함, 재능을 나누는 것, 지지해 주는 것, 누군가에게 중요한 것, 신뢰, 이해, 온정
- 세상과의 관계 : 아름다움, 자연과의 관계, 조화, 영감, 질서, 몬테소리 평화운동, 세계 어린이들과 공동체 만들기, 세계 어린이들과 함께하는 몬테소리 평화소리 단체 운동 벌리기, 다문화 수용, 세계 어린이들과 나누는 메시지 전달하기

위에서 언급하고 있는 목록들은 완전한 것도 완성된 것도 아니다. 몬테소리 교실에서 어린이들과 함께 지속적으로 만들어 가는 연결고리들이다. 어린이들을 리더로 만들기 위해서 위의 4가지 요소들을 지속적으로 훈련하고, 의식화하고, 증진하여야 한다. 몬테소리의 관찰에 대한 중요점은 다음과 같다(Epstein P., 2012).

- 관찰은 그냥 앉아서 관찰만 하고 무엇인가 새로운 행동이 일어나길 바라는 데 그치는 것이 아니다.

관찰자는 의미를 만들어 내고, 의미를 서로 공유하고 나누는 행위에 참여하여야 한다. 그러기 위해선 전문적인 헌신이 필요하고 개인적인 준비가 필요하다.

- 몬테소리 교사로서 참여한 방법은 모든 일에 완벽해야 한다는 생각을 버리고 즐거운 관찰자가 되어야 한다는 개념을 가져야 한다.
- 교사가 관찰할 때, 개인적으로 내면의 과정에 참여하게 되고, 인내와 포용력, 공감 능력을 발전시켜야 한다. 그들을 완전하게 수용하여야 한다.
- 교사들은 순간순간 연결되는 질문(connecting questions)을 던지려면 교사 자신이 관찰에 완전히 몰입하여야 한다.
- 교사 자신의 생각, 정서, 기억, 지식, 편견, 인식, 정신 상태, 감각, 비전, 조망, 가치, 정체성, 목적, 의도, 동기를 가지고 참여하여야 한다.
- 관찰 경험은 개인의 행동을 내면 상태와 연결하기도 한다. 또는 관찰자 및 관찰 대상인 어린이들이 참여하고 있는 사회적 환경과 관찰 대상자들을 연결하여야 한다.
- 모든 교사가 공통적으로 가지고 있는 문화적 정보를 가지고 관찰하여야 한다.
- 상황에 따라서는 동료교사와 함께 관찰에 임함으로써 교사 자신과 교사가 관찰하는 대상 모두를 완전하고 깊이 있게 이해할 수 있다.

교사가 관찰하는 가장 중요한 이유는 어린이로부터 자신이 배움을 얻기 위해서다. 몬테소리의 "어린이는 인간의 어버이이고, 인간의 스승이다."라는 말의 진의를 생각하고 이해한다면 관찰 속에, 그 모든 질문에 답이 숨겨져 있다. 교사는 어린이들의 삶의 과정에서 그들의 내면에 숨겨져 있는 비밀을 인지하여야 하고 경험하여 밖으로 끄집어내 주어야 한다.

교사들은 관찰을 통해 어린이들에 대한 깊은 지식과 그들을 진실하게 알아 가는 과정에 도달하고 그들이 새로운 생활을 할 수 있는 사랑의 에너지를 제공해 줄 수 있다. 교사는 한 개인 어린이들을 사랑할 뿐만 아니라 그들 내면에 숨겨져 있는 비밀에 대한 어두운 그림자까지도 사랑할 수 있어야 한다.

어린이들이 교사에게 자기의 진실을 보여 줄 때, 한순간에 가능하지 않지만 교사는 진실한 사랑이 무엇인지 이해할 수 있는 에너지를 얻게 된다. 교사 자신의 진실한 사랑을 통해서 어린이를 대하는 태도에 변화를 가져올 수 있다. 교사의 변화는 자기 마음에 다가오는 감동이며, 이러한 감동이 사람을 조금씩 변화시킨다. 교사들에게 변화가 일어난다면, 변화된 사람들의 정신이 만들어 내는 영향력과 정신력으로 형성되는 사랑은 그 어떤 것과 비교할 수 없는 거대하고 열정적인 에너지가 된다(Montessori M., 1952, 조성자 옮김, 1994).

일반적으로 알려진 것처럼 교육자들은 교과서 위주로 지식 전달에 초점을 맞추지만 몬테소리는 실제적으로 교사의 과업은 사물과 교구를 인지발달과 연결시키고, 어린이의 영성 발달 지도에 초점을 맞추어야 한다고 말한다(Montessori M., 1952, 조성자 옮김 1994). 어린이들의 영성 지도를 돕기 위해서 어린이 관찰이 필요하며 관찰은 결국 어린이를 돕는 교사의 능력을 향상시킨다. 몬테소리 교육은 관찰을 활용하는 방법이다. 몬테소리는 1907년 어린이집에서 관찰을 통해서 과학적 교육방법을 발견하였다. 몬테소리는 관찰방법을 통해서 기존에 알려지지 않았던 어린이들의 집중력과 자율성을 발견하였다(Montessori M., 1970, 조성자 옮김, 1996).

몬테소리가 관찰을 통해서 발견한 집중력은 어린이에 대한 발견이자 개인을 변화시키는 원동력이다. 몬테소리는 평생 연구한 자기의 고정관념을 바꾸고 어린이로부터 배움의 길을 선택했다. 어린이집의 교육방법과 목적을 개혁하여 21세기의 어린이교육을 위한 개혁자가 되었다. 1923년 로마에서 처음으로 국제몬테소리양성과정을 위한 훈련 프로그램을 만들어, 교육개혁을 이끌어 갈 교사의 위치와 역할의 새로운 명칭으로 사랑을 베푸는 목자이자, 안내자, 구성자로 새롭게 정의하였다. 의사의 학문적 배경을 근거로 몬테소리는 관찰을 통해서 분석하고, 치료하여야 한다는 과학적 교육학을 탄생시켰다(조성자 저 2006). 그녀의 이러한 노력은 어린이들의 영성적 태아의 씨앗을 발아시켜 영성을 일깨우고 수용력을 확장시켜 주는 실천적, 과학적 교육방법을 성공적으로 이루어 냈다. 몬테소리는 자신의 과학적 교육방법을 실천하는 과정에서 유아기에만 발현하는 어린이들의 비밀을 발견한 것이다.

신 학파인 에프스타인은 관찰을 위해서 연결(Connect), 성취(Obtain), 반영(Reflect),

참여(Engage)의 의미에 대해서 서술하고 있다. 관찰할 때 이 4가지 과정을 통해서 교사들은 관찰능력을 교사 생활에서 익숙하게 실천하게 될 것이다. 일반적으로 관찰이란 단순하게 기록한 것을 축적하는 수준이 아닌 교사가 가르치는 동안 삶의 방식이 된다(Epstein P., 2012). 몬테소리 유아교육기관에서 동료교사와 구성원들과 함께함으로써 서로의 관심사와 질문을 공유하고, 개발하고, 나누면서 교사와 어린이 사이를 연결하는 것이다.

연결 질문을 할 때 하나 이상의 다양한 기록 방법을 사용할 수 있으며 정보를 획득할 수 있다. 그리고 획득한 정보를 반영함으로써 이해할 수 있는 정점에 도달하게 된다. 교사들은 이해에 기초해서 더 나아가 질문을 할 수 있고, 더 많은 질문을 통해 새로운 정보를 획득할 수 있다. 혹은 어린이와 교사는 학습 및 발달에 참여할 수 있다. 이러한 상황에서 단순히 어린이만 학습과 발달에 참여하는 것이 아니라 교사도 참여하여 동시에 자기발달을 이끌어 갈 수 있다. 즉, 새로운 훈련과 환경 그리고 교구를 통해 이루어질 수 있다.

몬테소리는 유아들을 위해서 교구의 크기(sizes), 형태(shapes), 색(colors), 소리(sounds), 질감(textures)을 통합할 필요가 있다고 생각하였다. 몬테소리는 교구를 만들고 수업 환경을 준비하였고, 어린이들이 하는 일련의 신체적 반응을 통해서 작업 환경을 구성하였다. 몬테소리의 새로운 교사들은 자기가 어린이집에서 실천했던 것처럼, 자기가 어린이로부터 배웠던 것처럼, 교사들이 어린이로부터 배워야 된다고 강조한다. 몬테소리 교사들은 몬테소리 교육방법과 철학을 따르기 위해, 그녀가 실천했던 행동과 사고를 수용하고, 질문하고, 정보를 모으고, 이해하고, 교사 자신의 반응을 깨닫고, 새로 이해한 부분을 현장에서 어린이들의 작업에 적용시키고, 교사 자신이 발견한 새로운 정보를 다른 동료 교사들과 나누어야 했다.

3. 훈련된 몬테소리 교사란 무엇을 의미하는가?

몬테소리는 관찰을 교사 자신의 삶에서 실천하여야 한다고 말한다. 관찰은 단순하게 어린이들의 현상학적으로 보인 모습만을 기록하여 포트폴리오를 만들어 보관하는 수준이 아니고, 관찰은 교사 삶에서 교육방법을 만들어 갈 수 있는 내용을 담은 가르침에 대한 안내서이다. 즉, 관찰은 하나의 교과서와 같은 기능을 한다. 어린이들과 함께함으로써 그들의 관심사와 질문을 개발하고 공유할 수 있으며 어린이들을 교사 자신과 연결할 수 있는 유일한 매체가 관찰이다.

교사가 관찰한 내용들을 실천적 교육방법으로 적용하고, 경험하고 관찰하며 알게 된 사실을 이야기할 때, 관찰은 교사들에게 역동적이고 환영할 만한 경험이 될 것이다.

몬테소리는 교사들이 관찰한 결과를 가지고 어린이들과 동료교사들과 이야기를 공유한다면 영성을 효율적으로 지도할 수 있는 진정으로 준비된 교사로 변화하는 데 많은 도움을 받을 것이라고 말한다(Montessori M., 1992, 조성자 옮김 2001). 교사가 어린이를 관찰하면서 그들로부터 배우는 것도 있지만 어린이들이 교사들에게 관찰방법을 가르치는 경우도 있다. 그래서 어린이들은 인간의 어버이고 스승이다.

어린이들은 각자 자기들만의 다양한 방식과 특성을 가지고 몬테소리 교실에 들어온다. 교사들은 이렇게 다양한 어린이들로부터 배우려고 노력한다. 또한 어린이들의 에너지, 그들만의 특별한 창조적 능력, 학습 방식, 인격을 이해하려고 노력해야 하며, 몬테소리가 백 년 전에 실시한 교육방법을 터득하기 위해서, 그녀가 실시한 관찰을 통해 배우고 관찰의 힘을 활용하여야 한다.

교사들이 훈련되기 위해서 관찰은 필수다. 왜냐하면 관찰은 과학적 방법에 접근하는 완전한 방법이 될 수 있기 때문이다. 교사들의 눈에 보이지 않는 현상이라서, 그것이 존재하지 않는 것처럼 생각할 수 있지만 과학자의 정신을 완전히 매료시키는 것은 과학자 눈으로 보려고 하는 열정적인 관심이다. 정확하고, 세심하고,

확실하고, 진심으로 사물과 사람을 볼 수 있도록 '훈련된' 사람은 사물과 사람에 대한 관심과 흥미를 진심으로 느끼기 시작할 것이다. 진정한 관심과 흥미가 바로 과학자의 정신을 만들어 내는 원동력, 에너지가 된다. 과학자의 눈을 가진 교사는 갓 태어난 신생아부터 모든 어린이들의 결정화, 결정체(crystallization)의 가장 중요한 핵심인 내적 정돈(internal coordination) 내지는 내적 질서를 들여다볼 수 있다. 훈련된 교사의 새로운 인간성 내지는 인격이 자연스럽게 형성되는 가장 중요한 중심에 관찰된 현상에 대한 교사의 관심이 있다(Epstein P., 2012).

어렵지만 몬테소리 교사는 관찰을 위한 시간을 만들 수 있는 능력이 있어야 한다. 교사가 과학적이고 영적 교사로서 어린이들을 관찰하고 그들과 더불어 진심으로 생활하기를 원한다 할지라도 어려움이 항상 도사리고 있는 것만은 사실이다. 왜냐하면 교사들은 우선적으로 몬테소리 교육방법, 철학, 발달을 이해하여야 하고, 그에 대한 절대적 필요성을 수용하여야 하기 때문이다.

교사는 어린이로부터 배우고자 하는 목적이 분명하여야 하는데, 관찰과정에서 가장 어려운 관점 중 하나는 언제 관찰할 것인가의 문제이다. 몬테소리 교사들은 항상 여러 가지 일 때문에 관찰할 시간이 없다는 공통점을 가지고 있다. 아침에 어린이들이 도착하기 전, 교사들 수업을 위한 준비, 교실 환경 준비, 하루 일과에 필요한 모든 물건들과 교구를 정리하는 것 모두가 교사의 일과 속에 포함되어 있기 때문에 관찰 시간에 대한 불만과 소홀함을 이해할 수 있다. 작업 시간 동안 교사들 역시 시간을 다투는 역겨운 작업이 진행된다. 하루, 일주일, 한 달, 한 학기 동안 교사가 자기의 능력을 초월할 정도로 놀라운 일과를 소화해 내야 하는 일과 속에 관찰이 포함되어 있다. 몬테소리 교사들은 일반적으로 작업 시간 동안 관찰을 한다.

대부분의 교사들이 규칙적이고 체계적으로 관찰하지 못하고 자기 반 모든 어린이들의 특성과 개성을 아주 잘 알고 있다고 말할 수 있을까?

몬테소리는 교사가 교육에 최선을 다하는 헌신적인 행동으로 관찰하라고 말한다(Montessori M., 1952, 조성자 옮김, 1994). 그녀가 생각했던 헌신은 몬테소리 교사로서 관찰이 물리적, 인적 환경에서 어렵다는 것을 충분히 알고 있었지만 그래도 어린이들의 교육을 위해서 관찰은 피할 수 없는 최선의 방법이라고 생각했기 때문에 교사에게 조심스럽게 완전한 희생에 가까운 헌신적 관찰이라는 단어를 사용하였다. 관찰을 위한 시간이 현실적으로 부족하지만 필요성은 절대적이기 때문에 시간을 내는 것을 헌신적 문제로 보았을 것이다. 아무리 시간이 없어도 우리 자신에게 헌신하기 위해서라면 어떠한 방법으로든 시간을 내야 하는 사명감을 가지게 된다. 우리는 몬테소리 교사로서 관찰에 헌신해야 한다는 관점이다. 교사들은 헌신적인 관점에서 관찰하려면 어떻게 해야 하는지 자신에게 질문할 수 있을 것이다(Epstein P., 2012).

- 지금 교사로서 나는 어린이들의 작업과정에 어떻게 헌신하고 있는가?
- 몬테소리 교사로서 관찰보다 더 중요하다고 생각한 것은 무엇일까?
- 교사들은 어린이들이 독립적이고 자율적으로 활동할 수 있도록 지원하고 있는가?
- 어린이들의 "나 스스로 할 수 있도록 나를 도와주세요."라는 요구에 응답하고 있는가?
- 준비된 환경과 어린이들이 자유롭게 작업할 수 있도록 돕기 위해서 교사가 교실에서 무엇, 어떤 역할을 해야 하는가?

위와 같은 질문에 응답하기 위해서 몬테소리는 어린이집을 운영하면서 어린이들이 자유롭게 자신의 능력을 계발할 수 있도록 배려하였고 가르치는 교사에서 관찰자의 역할과 위치에 있는 교사로 변화시켰다. 어린이가 자기의 잠재능력을 최대한으로 발달시켜 밖으로 드러낸다면 교사의 역할은 더욱 더 숙련된 관찰자의 역할을 수행한 것이다.

교사의 과업은 모든 어린이가 자유롭게 작업할 수 있도록 환경을 준비해 주는 것이고 그들의 내적 법칙에 반응해 가면서 다양한 욕구를 충족시키는 것이다. 모든 어린이들은 자기만의 발달스케줄을 가지고 있기 때문에 교사는 어린이의 내면에 존재하는 다양성, 개별성, 특수성을 계발해 주어야 하는데, 관찰 없이는 이 모든 것들이 불가능하다. 교사는 관찰을 위해서 다음과 같은 사항을 주의하여야 한다(Epstein P., 2012).

- 어린이의 관심사를 기록하기
- 관심사를 충족시키기 위한 준비된 환경이 적절한지?
- 어린이의 성장과 학습 발달 과정을 기록하기
- 교실에서 어린이들의 집중도를 관찰하기
- 교실 전체에서 어린이들의 움직임 관찰하기
- 어린이들이 무엇 / 어떤 것을 선택하는지?
- 어린이들이 어떤 친구를 선택하는지?
- 일반 어린이나 특별한 어린이가 가지고 있는 문제점은 무엇인지?

몬테소리 교사로서 잊지 말아야 하는 것은 관찰하는 과정에서도 "어린이를 따르십시오."라는 몬테소리의 교훈을 지켜야 하는 것이다. 몬테소리는 항상 교구는 단순한 방법일 뿐 교육을 대신하는 것이 아니라고 말한다. 교구에 대한 개념을 항상 논증함에도 불구하고 교구가 교육을 대신하는 단순한 방법이라고 대부분 알고 있다. 몬테소리의 신념은 완전히 다르다. 교구가 어린이의 삶에 있어 중요한 역할을 하는 것은 분명하지만 교사의 주요 역할은 어린이를 자각시키고, 행동을 관찰하는 것이다(Montessori M., 1970, 조성자 옮김, 1996).

교사는 어린이의 영혼 내부, 휴면기에 있는 사람을 어떻게 일깨워야 할지 분명하게, 정확하게 알아야 한다. 어린이가 자각하도록 만드는 것은 어린이를 가르치려는 교구가 아니라 내면의 사람을 부르는 교사의 목소리라는 것을 직관적으로 알고 있다. 또한 교사는 어린이를 격려해서 교구를 활용하게 하고, 작업과정에서 어린이들을 교육하는 것이 교사의 목소리라는 것을 직관적으로 안다(Montessori M., 1921).

교사는 관찰 과정에서 어린이 자신으로부터 모든 행동은 개별적이고 독립적으로 발생한다는 지배적인 가정을 수용하여야 하다. 그러므로 훌륭한 관찰자라면 객관적인 관찰자가 되어야 한다. 더욱이 교실에 대해서 어떻게 생각하는지 동료 교사와 진심으로 이야기를 나누지만 전문적인 대화와 개인적인 관점을 분리시켜야 한다. 다시 말하자면 개인적인 부분은 '주관적으로' 간주해야 하고, 전문적인 부분을 '객관적으로' 간주해야 한다.

몬테소리 교실에서 교사와 어린이가 힘을 합할 때, 관찰을 실천으로 옮긴 경험에 대해 서로 나눌 때, 관찰하는 동안 알게 된 사실에 대해 나눌 때, 관찰은 역동적이고 환영할 만한 경험이 될 것이다. 관찰에 대한 대화를 나누면 어린이들의 영성을 효율적으로 지도할 수 있는 좀 더 고차원적인 준비된 교사가 되는 데 도움이 될 수 있을 것이다. 관찰 대상인 어린이들은 종종 관찰자인 교사를 가르치기도 한다. 몬테소리가 개인적으로 경험했듯이 어린이는 교사의 교사가 되기도 한다.

교사가 세심한 관찰을 경험했을 때 어린이들로부터 많은 것을 배우게 된다. 이러한 현상은 교사가 더 정밀하고 세밀하게 관찰할 결과라 할 수 있다. 교사는 어린이들을 위한 배움을 위해서 스스로 성장할 시간을 지속적으로 필요로 할 것이다.

관찰한다는 것은 어린이를 순간순간 정확하게 보는 것이고, 관찰은 배움의 수단이다. 우리들은 종종 다문화를 통해서 어린이들의 자기표현이나 문화적 가치, 사회적인 관습들을 표현하는 모습에 매료되고 신기함을 느낄 때가 있다. 무엇을 관찰해야 할지 알게 된다.

대부분의 교사들이 관찰은 총체적으로 어렵고, 즐거우며, 자극이 되는 경험이라고 말하지만 관찰은 쉬지 않고 진행하는 어려운 교육과정임에는 틀림없다. 가장 큰 이유는 한국적인 상황으로 관찰할 시간적 여유가 없다는 것이다. 몬테소리 교사들은 마치 전쟁과 같이 시간과 싸우면서 어린이들과 함께 하루일과를 마친다.

더 중요한 것은 어린이들이 다양한 문화와 지식과 놀이 그리고 교사의 관심을 필요로 하기 때문에 만약, 몬테소리 교실의 본질을 이해한다면 관찰을 최우선 사항으로 설정해야 한다. 에프스타인(Epstein P., 2012)은 관찰은 시간의 흐름에 따라 기록하는 것이 아니라고 말한다. 다시 말하자면, 관찰은 흐르는 시간 속에서 역동적인 활동을 기록하는 것이다. 교사들은 관찰하는 대상인 어린이들과 긴밀한 관계를 맺게 된다. 교실에서 어린이들과의 관계를 통해 관찰 대상에 대해 배울 뿐 아니라 교사 자신에 대해서도 배운다. 이러한 측면에서 교사가 단순히 객관적인 관찰자가 아닌 것은 분명하다. 잰더(Zander R. S., & Zander B., 2000)는 다음과 같이 말한다.

> 우리들에게 보이는 세계는 잘 정돈되고 포장된 세계다. …… 이 세계를 상당히 다채롭게 하는 것은 우리가 살아가는 문화, 학습, 의미들이다. 이것들은 우리들 중 한 사람, 한 사람이 걸어간 독자적인 행로를 통해 형성된다.

때로는 어린이들이 지혜로운 방법으로 가르침을 전달하는 경우가 있다. 몬테소리 말대로 어린이들은 본인이 뛰어난 천부적인 관찰자라고 신뢰하기 때문일 것이다. 어린이들의 감각 능력은 초자연적, 초월적 개념을 가진다. 어린이들은 놀라운 천리안의 눈을 가지고 있고 눈치의 속도는 대단하다. 부모가 싸운 날, 교사가 아침에 기분 나쁜 날을 점쟁이처럼 알아낸다. 어린이가 "선생님 아프세요?"라고 묻는다면 "그래. 감기가 너무 심해. 약을 먹어서 곧 나을 거야. 걱정해 주어서 고마워."라고 성의 있게 대답해 주자.

몬테소리의 교훈 중에 가장 중요한 것은 교사의 겸손이다. 무엇보다 교사에게 필수적인 것은 겸손해지는 것이다. 교사는 반드시 어린이들의 내면에 강력한 힘이 있다는 것을 깨달아야 한다. 어린이는 지속적으로 자기의 힘에 의존한다. 교사는 어린이 곁에 있는 창조자가 아니라 어린이의 뛰어난 생명력의 표현을 겸손하게 섬기는 존재가 되어야 한다. 교사는 지속적으로 겸손한 자세를 스스로 유지하도록 자신을 격려해야 한다. 겸손함은 결국 어린이에 대한 사랑이다. 교사가 겸손한 자세로 어린이들이 자유로워지도록 만들고, 그들의 자율적 활동을 돕고, 그들을 보호한다면 평화의 씨앗이 세상에서 발아하는는 것을 보게 될 것이다(Rambusch N., 1978).

교사들은 다음과 같은 질문에 대해 생각해 볼 수 있다. 질문을 통해서 어린이와 얼마나 많은 시간을 보내는지, 얼마나 어린이들에게 헌신적으로 봉사하고 있는지 생각할 수 있다. 다음 질문들에 교사가 답을 써 볼 수 있다.

✔ 교사들은 자신이 어린이들과 함께 생활하는 직업을 가질 것이라고 언제 결정하였는가?

✔ 어린이와 함께 생활하면서 교사 자신에게 좋았던 점은 어떤 것들인가?

✔ 유치원에서 생활하면서 교사의 마음에 감동을 준 특별한 어린이가 있었는가?

✔ 어떤 점에서 그 '감동'이 의미 있게 다가왔는가? 지금도 그 감동이 영향을 미치고 있는가?

✔ 어린이들이 교사인 나에게 무엇을 가르쳐 주었는가?

✔ 어린이들이 가르쳐 준 것이 어린이 지도에 어떤 영향을 미치는가?

에프스타인은 어린이들이 주는 사랑이, 그들에게 더 많은 사랑을 주고 싶고, 돌봐 주고 싶고, 보살펴 주고 싶은 욕구를 불러온다고 말한다. 어린이들이 종종 교사들에게 많은 것을 되돌려 줌에도 불구하고 그들에게 감사한 마음을 표현하지 못하는 경우도 있다(Epstein P., 2012).

- 교사가 달리면, 웃으면, 먹으면 어린이는 그대로 모방한다. 교사들은 어린이들과 관계유지, 상호작용을 함께하기 위해서 그들과 함께 있는 것이다. 교사가 어린이들에게 가르치기를 원하는 것이 있다면 그들은 자기들에게 적절한 방식으로, 자기들에게 적절한 시간이라고 생각할 때 배움에 대한 열정이 일어난다. 교사는 어린이들의 방식을 따르려고 지금 이 자리에 있다.
- 교사가 친절하고 사랑을 베풀면 그들은 마음껏 좋아한다. 온 교실이 떠나갈 듯 좋아한다. 교사는 어린이들과 함께 행복을 나누기 위해서 지금 이 자리에 있다.
- 교사가 불안해하고 걱정스러운 표정을 지으면 어린이들은 곁으로 와서 따뜻하게 안아 주며 "아파? 속상해."라고 다독여 준다. 교사들은 어린이들에게 위로를 받고 소중하게 섬김을 받기 위해서 그들과 함께 지금 이 자리에 있다.
- 교사가 정말로 진실한 마음으로 어린이들에게 다가간다면 어린이들은 자기 마음속에 있는 생각들을 전부 말해 줄 것이다. 교사들은 어린이들과 친밀해지기 위해 지금 이 자리에 있다.
- 교사가 계속해서 "잘했어."라고 말해 준다면, 어린이들은 독립적인 행동보다 다른 사람의 평가에 의존하게 될 것이다. 교사는 어린이들의 자율성, 독립심을 양육하기 위해서 지금 이 자리에 함께 있다.
- 교사가 어린이의 욕구를 충분히 채워 준다면 어린이들이 교사의 볼에 입을 맞추면서 "선생님 사랑해요."라고 말할 것이다. 교사는 감사의 마음을 나누기 위해서 그들과 함께 지금 이 자리에 있다.
- 교사가 사랑과 기쁨을 만족스럽게 표현한다면 어린이들은 신뢰심을 가질 것

이다. 교사는 어린이들을 신뢰하고 용기를 주기 위해서 함께 지금 이 자리에 있다.

- 교사는 어린이들과 함께 속도를 늦추고 아주 조용히 고요함을 함께할 때 그리고 진심으로 귀 기울여 들어 줄 때 어린이들이 자기 자신을 완전히 보여 주는 것을 보게 될 것이다. 교사들은 비밀을 간직하기 위해서 그들과 함께 있는 것이 아니라 소통하고 나누기 위해서 있는 것이다. 교사의 모든 지식이 관찰을 통해서 얻어졌다면 그 지식을 과학적 교육방법으로 활용할 수 있다.

4. 과학적 지식을 가진 교사

몬테소리는 과학적 지식을 가진 교사가 과학적인 교육방법으로 가르칠 수 있다(Montessori M., 1970, 조성자 옮김, 1995)고 말한다.

몬테소리 교사들은 과학적인 교육방법을 터득하기 위해 자신을 훈련하고 자기 자신의 개인적인 분야에 관련된 전문지식을 확장하기 위해서 마음의 문을 열어 과학적인 정신으로 발전시켜야 한다. 몬테소리는 교사가 자연을 진심으로 사랑할 정도로 자연 현상에 대한 관심과 마음과 정신을 일깨우길 바랐다. 또한 실험결과로부터 예상치 않았던 뜻밖의 발견을 경험한 실험자의 정신을 가져야 한다고 말한다.

정신치료를 위한 한 방법으로서 관찰은 몬테소리가 시도한 처음 목적은 아니었다. 산 로렌조(San Lorenzo)의 어린이집에서 근무하기 전 거의 10년 이상을 그녀는 어린이들을 위한 정신병동에서 근무했으며 또한 몇 년 동안은 로마의 장애우들과 함께 병원에서 일했다.

몬테소리가 장애우들과 지내면서 얻어 낸 결과는 그들은 정상아보다 절대적으로 감각적인 자극이 필요함을 알게 되었다. 즉, 5가지 감각기관을 어떠한 방법으로든 발달시켜야만 인지발달을 자극할 수 있다고 생각하였다.

몬테소리는 프랑스 교육의 개혁자인 하트(Jean Marc Hard)와 그의 제자 세강

(Edouard Seguin)이 사용했던 교구에서 장애우 개개인의 감각교육을 위한 영감을 얻었다. 몬테소리는 어린이들의 감각인지와 운동신경 기술을 발전시킬 수 있도록 돕기 위해서 프랑스에서 이미 세강이 제작하여 사용하였던 교구들을 사용했다.

몬테소리는 1898년에 이탈리아와 터키에 있는 국제의료학회에서 어린이들을 위해 준비한 환경들과 감각교구가 어린이들의 성장과 발전을 향상시킬 수 있을 것이라고 발표했다. 몬테소리는 확신감을 가지고, 이탈리아 장애자 특별학교(State Orthoophrenic School)에 다니는 어린이가 성공적으로 초등학교 입학 평가시험에 문제없이 합격한 선례를 증거로 제시하였다.

물론 그 당시 어린이들의 교육과정에 관한 철학적이고 이론적인 이해들은 대부분 신학자들과 철학자들의 연구결과였다. 몬테소리는 1904~1908년 사이에 특강이나 교사들을 위한 강의들을 통해서 자기의 교육이론들은 이미 연구하고 있었던 학자들의 이론에 근거하여 과학적인 영역으로 변화되어야 한다고 생각하고 결정을 내렸다. 몬테소리는 자기가 말하는 교육자는 다른 모든 과학자들에 의해 사용되고 증명된 것처럼 과학적인 과정과 과학적 증명에 근거하여야 한다고 생각하였다. 몬테소리는 과학의 배움을 다음과 같이 말한다. "자연이라는 책을 통해 진실을 읽는 방법을 배우는 것은 모든 인간의 의무이다(Montessori M., 1910)."

(1) 자연 속에 흩어져 있는 모든 진리들을 모아서 과학적이고 객관적인 방법으로 가르치고 배우기
(2) 관찰-분석-치료에서부터 진행과정을 통해서 전체적이고 통합적이고 과학적 방법론으로 어린이들을 정상화로 안내하기

몬테소리는 이러한 과정을 인간화, 육화, 정상화, 현실화라는 용어로 대신하였다(조성자 저 2006). 몬테소리는 과학적 교육방법이 교육자의 전문지식과 능력을 발달시키고, 교사의 사명감 중의 하나이고 사회 개혁에 공헌할 수 있을 방법이라고 확신했다.

교육학적인 측면에서 인류학은 인체 측정학에 기초를 두고 있다(Montessori M., 1910). 인체 측정학은 이미 50년 동안 범죄자와 정신 이상자를 연구하기 위해서 사용되었다. 인체 측정학자들은 환경적, 유전적인 요인 사이가 상당한 차이점을 유발한다고 믿었다. 새로운 다윈의 진화론 관점과 더불어 어린이들의 신체 변화를 측정하고 기록하게 했다.

몬테소리 이전에 이미 독일에서는 실험 심리학과 실증교육학이 발달하여 모든 이론들을 실험적인 기초에 의해 확실한 원리를 제시하였고 그에 따른 분명한 교육방식도 실시하고 있었다. 실증적인 교육방법은 사실적이었으며 현재 우리들이 말하는 소위 과학적 교육방법에 알맞은 내용들이었다. 실증 교육방법과 실증 심리학에 근거한 이론들이 과학적 방법을 위한 연구를 이끌어 왔다.

몬테소리가 산 로렌조에서 어린이들의 관심을 집중시키기 위해서 그녀가 사용하였던 교육학적인 인체 측정학의 원리를 활용할 것을 옹호하였다.

한편, 교육학적인 측면에서 인체학에 대해서 반기를 드는 이유 중의 하나는 인체학 자체가 아직 인체조직과 체계에 대한 정확한 해석과 설명이 신뢰할 수 있는 규칙에 기초한 분명한 내용을 가지고 있지 않았다는 점이다. 그러나 몬테소리를 연구하는 사람들 입장에서는 인체학에 대해서 반기를 드는 사람, 즉 이러한 비난에 맞서면서 인체학의 보호에 관해 이론적이고 생물학적인 근거로 가능성이 있다는 것을 언급했다.

몬테소리는 어린이집을 운영하면서 과학적 교육학의 원리를 다음과 같이 상상하였다(Montessori M., 1910).

> 교사들이 어린이집에 다니는 어린이들의 관찰과 실험적 원리에 의해 얻어진 다양한 결과를 교육학적으로 인체학의 내용물로 상상할 수 있겠는가? 교사들이 학교 밖에서 이루어지는 작업들을 과학적 실험실이라고 상상할 수 있겠는가?

이러한 질문들은 몬테소리가 신념을 가지고 과학자로서의 교사와 과학적인 교육학으로서 자기 원리를 다시 정의했다. 몬테소리는 어떻게든지 과학적인 교사, 과학적인 경험, 과학적 관찰에 대한 행동을 배울 수 있는 것이 몬테소리 교실 안에서 준비되어야 한다고 서술한다.

몬테소리가 준비한 것은 교육과 작업의 내용이 아니라 교육방법을 의미하는 것이었다. 교육방법의 특성은 관찰의 힘을 의미한다(Montessori M., 1910). 그녀에게 가장 중요한 성질은 과학적 관찰이라고 언급하는 실증적 과학이다.

소위 몬테소리가 언급하는 실증적 과학이나 관찰의 과학은 인류학, 생물학, 화학, 그리고 심리학을 전체적이고 통합적으로 포함한다. 몬테소리는 자기의 교육개혁을 통해서 교실을 작업실이자, 과학실험실이자, 교사가 어린이들을 진심으로 알아가는 작업실이라고 정의했다(Montessori M., 1970). 이러한 실증적 과학이나 관찰 과학의 발견을 그녀는 원했고 필요했던 것이다. 왜냐하면 현재까지 어린이들을 가르치는 개념에서 출발하였지 어린이를 정확하게 이해하는 개념에서 출발하지 않았기 때문이다.

몬테소리는 1890년대를 걸쳐서 새로운 20세기에 과학적 교육을 전 세계에 보급할 것이고, 어린이들을 그 방법으로 교육할 것이라는 확신과 믿음이 있었다. 어린이들은 성인의 축소물이다. 그녀는 관찰을 통해서 어린이들이 비록 작은 신체를 가졌지만 생각하고, 창조하고, 탐색하는 능력은 성인과 같다고 말한다.

분명한 것은 몬테소리가 자신의 교육학적 인간학 연구를 통해서 과학적 교육방법과 어린이들을 과학적으로 이해할 수 있는 새로운 방법을 교육학적인 측면에서 발달시킨 것은 대단한 개혁이고 어린이 교육의 새로운 지평선을 열어가는 데 중요한 기여를 한 것이다.

과학적 교육방법은 정확하게 과학이라는 이름 아래 새로운 교육적 발전을 이끌어 낸 것이다. 어린이들을 교육하기 위해서 교육자가 과학적 지식을 필수적으로 인지하고 교육되어야 한다는 것을 알려 준 것이다. 교육학 분야에서 과학적 방법은 개별적인 교육방법으로 학습하는 것이고 개별적인 방법으로 서술되도록 이끌어 준다.

과학적 교육으로서 교사는 어린이들의 경험을 관찰하고 발전시켜야 한다. 몬테소리는 경험적인 과학은 조심스럽게 관찰된 경험에서 일어나는 현상을 항상 과학적인 방법으로 관찰하는 것이라고 말한다(Montessori M., 1910). 몬테소리는 개인의 특성과 성격과 같은 생명의 본질을 정확하게 관찰하기 위해서 방해받지 않으려는 시도가 있고 어린이들 스스로 자기들의 활동거리를 선택할 수 있는 교실을 과학 실험실과 같은 장소라고 말했다(Montessori M., 1910).

몬테소리는 어린이들에게 과학적 교육방법을 적용하기 위해서 자유가 허락되어야하고, 어린이집에서 과학적인 교육방법으로 교육을 실시할 수 있는 곳이면 언제나 교육이 가능하다. 어린이집의 미래를 위해서 그녀는 '개인적으로 개혁'을 선언했다. 만약 과학적 교사들이 어린이들의 내면세계에서 그들의 본능을 발견하여 밖으로 이끌어 내어 준다면 어린이들은 분명히 자유를 얻을 수 있을 것이라고 확신하였다.

만약에 어린이집에서 교육시스템이 과학적으로 발달한다면, 그것은 오로지 교사의 능력이라고 할 수 있다. 몬테소리 교실에서 관찰자인 교사가 실험적인 방법을 발달시킬 수 있다면 우리들은 어린이들이 관찰과 다양한 경험을 할 수 있는 개혁 학교를 만들 수 있을 것이다.

과학적 교육의 기본적인 원리는 무엇보다도 어린이들에게 완전한 자유가 보장되고 확보되어야 한다. 자유가 전제되었을 때 어린이들의 개별적 발달은 자연스러운 특성으로 표출된다. 몬테소리의 과학적 교육학은 교사들이 어린이 개인에 대한 연구를 가능하도록 만든다. 즉, 교사가 자유롭게 활동하는 어린이들을 관찰하는 연구방법을 개발할 수 있도록 만든다.

과학적인 교사는 많은 시간과 인내심을 가지고 자기 사명감을 수행한다. 과학적 교사는 과학적으로 훈련된 교사를 의미한다. 관찰과 연구는 꾸준히 장기적 계획을 세워서 실행하고, 예리한 눈으로 움직이면서, 어린이들의 행동을 보고 관찰하는 내용에 만족스러운 결과가 주어질 때까지 서두르지 않고 인내하면서 기다린다. 과학적 교사는 다양한 정보를 수집하고, 정확한 눈으로 나타나는 사실과 현상을 관찰하고, 깊이 있고 완전한 이해가 될 때까지 어린이를 기다려 주어야 한다. 과학적 교사의 진실된 관찰은 사실적이고 현상학적인 재료와 정보를 모으면서 시작된다. 몬테소리는 과학적 교사들이 관찰할 때와 정보를 모을 때 객관적으로 행동하는 것을 보았다.

교사들은 어린이들이 교구와 작업을 할 때, 사실적인 요소들을 객관적으로 기록하기 위해 스스로의 개인적 특성이나 선입견에서 벗어나야 한다. 몬테소리 교사의 목적은 어린이로부터 새로운 사실을 발견하고 자연적인 요소를 수집하는 것이다. 만약 교사 스스로가 관찰에 대한 혹은 과학에 관한 선입견을 가지고 있다면 교사는 사실적인 관찰 요소들을 지나쳐 버릴 수 있다. 즉, 본질을 벗어나는 오류를 범하게 된다. 교사는 정보를 수집할 때 교사의 유능한 능력보다 객관적이고 정확하게 정보를 모으는 방법이 우선해야 한다. 과학자의 눈으로 볼 수 있는 것이 과학적 교사의 본질적인 자세이다.

교사는 처음 단계에서 행동으로 나타나는 사실들을 수집하는 것이 필요하다. 몬테소리는 두 번째 단계에 관해서는 단지 떠맡겨지는 사실들을 모으는 것과 목록을 만드는 것은 과학적으로 증명될 수 없을 뿐더러 그런 작업은 마음을 메마르게 한다고 강의 시간에 경고했다. 반영, 분석, 통합, 관찰된 사실들에 대한 평가 없이는 새로운 사실들을 발견할 수 없었다. 몬테소리는 과학적인 실험, 즉 진실을 연구할 때 관찰과 분석 모두가 필요하다는 것을 이해했다.

5. 영성적인 몬테소리 교사

몬테소리가 산 로렌조에 도착했을 때 모든 교사들에게 인체를 측정할 수 있도록 교사교육을 하는 데 많은 어려움이 있었다. 몬테소리 자신이 모든 교사들을 실험적인 과학자들로 훈련시키는 것이 쉬운 일이 아니라는 것을 스스로 인정하게 되었다. 산 로렌조의 어린이집에서 그녀 자신이 교사들을 인체학이나 심리학에 대해서 교육하였을 때, 그들이 교사 역할을 무난하게 수행할 수 있도록 가르친 것이 아니라 '부적절하고 단순한 기계로 만든 것이 아닐까' 하는 의심을 몬테소리 자신이 깨달았다고 말한다(Montessori M., 1910).

결과적으로 몬테소리 자신도 잘못된 방법임을 인지했을 것이고, 만약 그 당시의 방법으로 교사들이 과학을 공부했다면 교사들은 실증적 방법으로 추론하는 방법과 이론적으로 생각하려는 경향이 있었을 것이다. 한편, 만약에 교사들이 인체측정 방법만 교육받았다면 그들 역시 기계론적인 기술자가 되었을 것이다. 이 두 가지 방법들은 그녀가 생각했던 유동적으로 경험에 집중하는 방법과 차이점이 있다. 몬테소리는 이 두 가지 방법에 대해서 다음과 같은 생각을 하였다.

> "나는 단지 실험적인 과학자였고, 냉철한 심리학자였다. 한마디로 나는 깊이 없는 얄팍한 사람이었다."(Montessori M., 1910)

그러면서 몬테소리는 로마대학교에서 모든 어린이들을 개인적으로 인체학적·심리학적인 방법으로 양육해야 한다고 가르쳤던 것을 기억하였다. 교사들은 어린이들이 성장하는 동안 그들이 정상적으로 성장하는지를 측정하는 방법을 가르쳤다. 한편, 가르치는 동시에 심리적 특성들을 측정했고, 교사들은 모든 것들을 연구하려고 노력했다.

몬테소리는 교사들은 자기들의 업무를 종교처럼 이해해야만 한다고 생각했었다. 종교적인 가르침으로서 교사가 교사의 사명감을 실천으로 옮기는 것이 바로 사회를 개혁하는 것이다. 교사의 사명감을 실천하는 과정에서 교사는 과학의 정신을 같이 발휘해야만 한다고 생각했다(Montessori M., 1910, 조성자 옮김 1994). 몬테소리의 다음과 같은 사고를 통해서 과학과 내면을 통합하려는 그녀의 개념을 이해할 수 있다.

> 과학적 정신은 교사의 사명감 중에서 가장 소중한 부분이다. 과학적 정신은 교사들에게 미래의 것을 구체화시켰지만 개인을 초월하여 인생의 근원과 접촉하

는 모든 교사들에게 전해져 왔다. 고귀한 위엄의 구상, 인생이 긍정적인 철학으로 향하는 데 있어 분석적인 데이터 수집은 무미건조하고 심신을 지치게 할 수도 있다. 그리고 존재의 어떤 비밀이 밝혀지고 그것이 우리들에게 인생에 있어서 도덕적인 표준을 가르쳐 준다(Montessori M., 1910).

몬테소리의 과학적 교육학의 탄생과 더불어 오랜 세월 동안 어린이 교육에 영향력을 미쳤던 전통적 교육방법들은 100년 전에 유행한 교육 관습을 과학적인 교육학으로 개혁하였다. 인간 발달을 과학적으로 측정하여 교육과 접목하는 혁신적인 방법이었다. 역사적인 관점에서 그녀 이전의 전문직 종사자는 과학과 인간 발달을 전혀 다른 별개의 영역으로 간주했다. 그리고 그들은 별개의 방법론으로 자기들의 영역에서 관찰하고 배웠다.

몬테소리는 산 로렌조에서 그녀 자신이 새롭게 개혁한 교육방법과 직접 어린이들과 생활하면서 경험한 것을 적용하면서 자기만의 특별한 관찰방법을 재구성하였다. 몬테소리는 자기가 운영하는 모든 어린이집에서 어린이들의 비슷한 현상으로 집중하는 태도를 관찰했다. 몬테소리는 어린이들을 직접 관찰한 다음 인체 측정학 방법을 더 이상 활용하지 않고 인체 측정학에 대한 방법의 목적과 가치가 없다는 것을 발견했다.

몬테소리는 어린이의 발달과정에서 내적 발달에 필요한 치료방법을 발견하는 정도가 되는 방향으로 교육방법을 대체하려고 하였다. 몬테소리는 단순한 배움만으로는 어린이들의 집중력에 대한 현상을 이해할 수 없었는데, 그녀는 어린이들이 사물을 통해서 집중한다고 생각하였다. 직접적인 경험을 통해서 그녀는 연구의 새로운 목적을 발표하였다.

어린이들의 내면을 측정하는 방법은 없다. 따라서 새로운 방법이 필요하다.

그리고 몬테소리는 새로운 방법을 연구하는 데 많은 시간을 보냈다(Montessori

M., 1950, 조성자 옮김, 1991).

몬테소리는 인간의 영적인 삶은 단지 어린이들과 함께 연구의 목적이 이루어질 때 과학과 행동이 통합하여 진행된다는 사실을 알아 가게 되었다. 과학은 지식을 꽃 피우는 '봄'이 되었고, 진실하고 긍정적인 과학은 진실하고 성실한 연구가의 지식이 되었다. 과학과 인간에 대한 행동과 학문을 사랑하는 연구가들이 연구한 결과 사이에 실제적인 사실에 대한 답의 메커니즘이 존재한다(Montessori M., 1970, 조성자 옮김, 1996).

과학자들은 자기 자신이 겸손과 인내의 방법으로 물질세계와 접촉하고, 진실한 연구가들은 자신의 정신세계와 접촉하는 것을 겸손과 인내의 방법으로 즐긴다. 그러한 현상과 결과는 과학을 연구하는 사람들에게 나타난다.

몬테소리는 어린이의 집중력은 자기들이 자기 작업을 통해서 영혼에 응답하는 근거라고 믿었다. 몬테소리는 어린이가 사물에 집중할 때 그들의 내면세계를 가장 진실하게 교사에게 '보여 주게' 된다고 확신했다.

몬테소리는 수학 영역에서 사용하는 세강판을 정신적 반응의 관점에서 평가하였다. 세강판이 집중력을 강화하든 아니든 몬테소리는 더욱이 집중력이 정신적인 발전 과정의 첫 번째 단계에 지나지 않는다고 이해했다. 어린이들이 사물에 집중하기 시작할 때, 몬테소리는 첫 번째, 관심을 집중할 수 있는 사물이 새롭고 더 복잡한 형식이기를 선호했다. 두 번째, 어린이가 가지고 있는 정신적 에너지가 끊임없이 발산되어 정신을 자극하면서 완성되어 인지발달을 촉진하는 것을 경험하였다(Montessori M., 1970).

이러한 어린이들은 응용활동에 관한 지속적인 현상이 융통성, 정신적 안정감, 추상성, 자율적, 친구와의 사회적 관계, 독립적으로 창조 작업에 대한 능력이 더 증가되어 인내심으로 나타나는 것을 관찰했다. 몬테소리는 모든 어린이들의 이러한 특성을 그들 내면의 정신적이고 영적인 삶의 상징 또는 징표로 이해했다(Montessori M., 1996).

몬테소리는 개혁 교육학의 측면에서 그녀의 새로운 교사들이 어린이들의 영혼을 표현하는 의미로 사물을 활용하는 것을 관찰하고 이해하도록 준비할 것을 요구했다. 다시 말해서 교사가 과학적인 절차가 요구되는 관찰 기록을 배우고, 기록 내용을 이해하는 것이 바로 그들이 내적 준비를 하는 것이다.

이러한 관점에서 몬테소리 교사들은 도덕성이 필요하다. 교사들은 자기들의 관찰 임무를 자연적인 과제로 이해하여야 한다. 몬테소리 교사는 관찰할 때, 무엇을 어떻게 기록하는지에 대한 정확한 개념을 가져야 한다. 만약에 교사가 관찰하지 않는다면 어린이들이 드러내는 활동이 무엇인지 알 수 없기 때문이다. 그렇기 때문에 교사들의 정신에 관심이 집중되는 것이다. 몬테소리는 교사 자신이 어린이들의 예기치 않은 발견을 관찰하기 위해서 어떻게 준비해야 하는지 교사들에게 안내해 주었다. 몬테소리가 늘 교사들에게 강조하는 것처럼 관찰은 자기 시험인 동시에 가르치는 데 필요한 지식을 얻기 위한 정신적 준비를 포함하고 있다.

교사들이 우선적으로 인지하여야 할 사항은 모든 어린이들의 내면에 존재하는 본성이나 정신을 관찰하기 위해서 만족하지 않고 항상 열정적인 도전 정신에서 시작하여야 한다는 것이다. 영성적 교사들은 자기 내면의 삶의 현상을 열정으로 증명하고 가르침으로 증명하여야 한다.

몬테소리가 언급하는 과학 연구실 혹은 작업 실험실에서 교사들이 어린이들의 내면세계의 현상 관찰을 시작할 수 있는 자연분야는 자기발전을 스스로 창조적으로 이끌어 갈 수 있도록 준비된 환경으로 구성하여 그 속에서 관심을 집중시킬 수 있고, 도움을 줄 수 있는 작업에 필요한 사물과 교구가 준비되어 자유롭게 활동할 수 있는 어린이들의 심리 운동장이 되어야 한다(Montessori M., 1970).

교사들이 자기 관심 영역에서 집중하고 열심히 작업한다고 느꼈을 때, 어린이의 정신적인 현상을 '보는 것'은 진정한 관찰자로서 경이로움과 만족스러운 기쁨을 경험한 것이고, 자기들의 사명감에 무엇보다도 관찰을 위한 끊임없는 노력과 만족할 줄 모르는 열망을 가지는 것이다. 이러한 열정은 자기가 지금부터 교사로 새로 태어나는 출발점이 된다는 것을 느끼고, 비로소 교사로서 다시 태어나 영성적인 교사가 되기 시작한다(Montessori M., 1910). 몬테소리는 영적 교사가 된다는 것을 영적 교사를 새로 시작하는 것으로 보았다.

일반적인 교사와 몬테소리 교사의 차이점은 몬테소리 교사가 되기 위해서는 새롭게 창조되어야만 하고 그 전에 가지고 있던 일반적인 교육학적 편견을 버리는 것이다. 몬테소리 교사는 아직 준비되지 않은 어린이들의 눈을 뜨게 만들어 세상을 볼 수 있도록 작업을 통해서 어린이들의 내적 비밀을 자발적으로 밖으로 드러낼 수 있도록 그들의 정신과 영성을 안내하는 정신적 지주가 되어야 한다.

정상화에서 일탈되는 어린이들은 사물에 대한 집중력이 부족하고 정신적인 혼란을 초래하는 행동을 한다. 작업으로 정신력을 이끌어 갈 때 어린이들은 최고의 집중력과 안정감을 가지고 영적인 존재가 된다. 이때 어린이들이 교사의 행동을 신뢰하게 되고 서로 활동에 대한 에너지를 충분이 표현하게 된다. 어린이들이 작업을 통하여 그들의 내면세계를 적절히 드러내는 것을 볼 수 있는 눈을 가진 교사를 일컬어 영적 교사라고 말한다(Montessori M., 1910).

어린이들은 내적세계와 정신세계에서 자유로워질 때, 작업을 통해서 영적 에너지를 발산한다. 어린이들이 준비된 환경 속에서, 자연 속에서, 사물과 사람과 더불어 자신을 자유롭게 만들어 가면서 자율적이고 독립적으로 삶의 에너지를 충족시키며 살아가는 삶의 형태를 영성적 삶이라고 말한다(Montessori M., 1970, 조성자 옮김, 1996).

어린이들을 자유롭게 해방시키기 위해서는 교사 자신이 먼저 자유롭고 열린 마음을 가지고 자신의 몸과 정신세계에서 스스로를 해방시켜야 한다. 몬테소리 교사는 심리 치료를 인위적으로 하기보다는 자연 치유, 즉 자기반성과 성찰을 스스로 하여야 한다. 교사는 불필요한 것을 피하고 필요한 것을 잊어서는 안 된다(Montessori M., 1970, 조성자 옮김, 1996).

몬테소리 교사에게 요구되는 첫 번째 사항은 어렵지만 희생정신으로 어린이들을 관찰하고, 교과서적인 가르침이 아니라 관찰결과에 의한 실증적 지식을 가지고 그들의 마음과 몸 가까이에 다가가는 것이다. 몬테소리는 인쇄된 교과서를 가지고 교실에 들어갈 것이 아니라 자연의 책을 가지고 들어가라고 말한다(Montessori M., 1970, 조성자 옮김, 1996).

몬테소리는 교사란 어린이들이 즐겁게, 그리고 호기심을 가득히 가지고 놀이하는 장난감과 같은 존재이어야 함을 강조한다. 때론 교사 자신도 모르는 사이에 어린이들에게 장애물이 될 때도 있고, 그들과의 관계에 부정적인 인상을 줄 수 있다. 다시 말하자면 어린이들 마음에 상처를 주어 평생 동안 아픈 기억으로 남아 있을 수 있다. 몬테소리는 교사에게 연중 피정을 할 기회를 주어야 한다고 주장한다. 교사는 정기적인 방법으로 자신을 검증하고 자신의 내적 관리를 준비해야 한다고 주장한다. 교사에게 주관적 자아성찰도 필요하지만 객관적 자아성찰과 절대적 자아성찰도 필요한 것이다(Montessori M., 1910).

교사는 자신의 결점과 자신의 부정적 성향을 겸손하게 받아들여야 한다. 몬테소리 교사가 완벽을 추구한다는 것은 불가능하다. 교사는 자기의 약점과 무능함에서 절대적으로 자유로워질 수 없다. 교사도 정상화의 반열에 올라서서 정상화로 걸어가도록 최선의 노력을 하는 것이다. 교사 자신도 훌륭한 관찰자가 되고 영성적인 교사가 되기 위해서 끊임없는 자기성찰과 지도를 받을 필요가 있다. 거울 속에 자화상을 비추어 필요한 부분을 훈련하는 것이다.

몬테소리는 구체적으로 교사 자신의 자부심과 욕심을 버릴 것, 분노를 진정시키고, 편견을 극복하고, 느슨한 행동을 제어하고, 질투심을 극복하기 위해서 최선의 노력을 하여야 한다고 말한다(Montessori M., 1950, 조성자 옮김, 1991). 몬테소리는 이러한 요소들 때문에 교사직을 수행한다는 것이 얼마나 어려운 직업인가를 인정하였다. 하지만 교사들은 자기들의 잘못을 다른 사람들에게 쉽게 이야기 거리로 허용하지 말아야 한다. 결과적으로 영성적인 교사란 평화롭고 안정된 마음에서 우러나오는 자발적인 에너지로 어린이를 안내해 줄 수 있어야 한다.

몬테소리는 교육의 구성 요소에서 준비된 환경, 준비된 어린이, 준비된 교사, 준비된 교구, 준비된 부모의 중요성에 대해서 강조하였다. 한편, 몬테소리는 준비된 환경 자체를 넓은 의미에서 우주 환경 속에 포함하고 있다(조성자 저, 2006).

준비된 교사의 태도는 영성적 태도를 포함한다. 또한 교사의 윤리적 태도와 영성적 태도가 가르침에 대한 열정을 확장시킨다. 반면, 교사의 영성적 태도는 어린이들과 유아교육기관의 모든 구성원들의 질적인 삶과 기본적인 생활 그리고 그들의 미래에 대한 가치관에 영향력을 미칠 것이다. 교사들의 태도에 영성이 미치는 영향력을 살펴보면 다음과 같은 덕목을 지원하고 있다(Montessori M., 1992, 조성자 옮김, 2000).

- 몬테소리 교사의 영성에서 가장 중요한 것은 자기성찰, 즉 자신에 대해서 알아가는 것이다.
  - 교사 자신의 가치관, 신념, 장점, 단점, 게으름, 습관에 대해서 얼마나 진지하게 생각했는가를 자신에게 질문한다. 그리스 철학자들은 왜 "너 자신을 알라"라고 경고했을까? 몬테소리는 자아를 연구하고, 자신을 철저히 관리할 것을 요구하고 있다. 그녀는 영성적 관리를 위해서 교사에게 스승이 필요하다고 말한다(조성자 옮김, 2000).
- 영성적인 교사는 자기 특성을 찾아내는 교사다.
  - 인간의 본성, 소중한 희망, 자기들의 욕망, 자아 만족감, 평화, 생명보존성, 감사하는 마음, 열린 마음, 우주적 과업, 직업의식을 통해서 자기 가치관을 높이는 것이고 기여하는 것이다.
- 영성적인 교사는 자기와 다른 사람의 세계와 세계에 대한 열린 마음을 가져야 한다. 우주에 존재하는 모든 생명체들은 신성한 연결, 협력관계, 존중하는 자세로 서로의 존재적 가치를 인정하여야 한다(조성자 저, 2011). 교사가 자신을 사랑하고 존중한다는 것은 다른 사람을 존중하고 사랑할 수 있는 영성을 배우면서 열린 마음을 가지는 것이다.
  - 올프는(Wolf) 우주가 지속적으로 발전하고, 진화하고, 운동한다는 사실을 인식하는 것 자체가 우리에게 새로운 가능성이 열린다는 것을 일깨워 주는 것이라고 말한다. 새로운 가능성을 열린 마음으로 수용할 수 있어야 한다(Wolf A. D., 1996, 조성자 옮김, 2000).

- 영성은 교사 공동체로서 구성원들 사이의 영적 완전성을 존중하고, 서로 열린 마음으로 신뢰하고, 교사들의 나약함을 공유함으로써 열린 마음을 가지도록 만든다.
- 영성은 모든 교사들에게 창의성을 촉진한다.
  - 영성은 감각작용을 초월하여 어린이들에게 정신적으로 열린 자세, 미래에 대한 비전, 용기, 정의, 신뢰, 현재 생활의 중요성, 타인을 배려하는 마음 기르기, 나와 다른 친구들과 세계와의 관계와 연결을 중요시한다.
- 영성은 교사들의 마음과 영혼을 깨우치고, 자극하고, 정화하는 역할을 한다.
  - 영성은 교사들이 마음을 들여다 볼 수 있는 망원경 같은 역할을 하면서 자신 전체를 직관하여 정직하게 들여다 볼 수 있는 마음의 눈이다. 영성이 없는 교사는 마음과 영혼을 보고, 측정할 수 있는 영혼의 지능 척도를 가지고 있지 않다.

II. 몬테소리 교사로서 리더의 자세

몬테소리 교사로서, 교실 운영자로서, 리더로서 열정적인 교사가 되기 위해서는 다음과 같은 덕목을 갖추어야 한다(조성자 저 , 2012).

1. 몬테소리 교사로서 리더의 특성

1) 리더로서 몬테소리 교사가 가져야 할 철학적 관점은 무엇인가?

- 몬테소리 교사로서 몬테소리 교실의 어린이들을 위한 비전, 꿈, 사명감, 책임감을 가지고 있는가?

- 몬테소리 교사로서 가지고 있는 열정으로 무엇이 있는가? : 일의 열정, 생각의 열정, 전문지식에 대한 열정, 자신의 발전시키기 위한 열정, 몬테소리 교실 공동체 운영을 위한 열정
- 몬테소리 교사로서 어린이들을 향한 열정은 어디쯤인가? 열정은 희망하고 원하는 결과를 획득하도록 만들어 주는 힘이고, 꿈과 희망을 현실로 만들어 가는 힘이다.
- 몬테소리 교실을 효율적으로 운영하기 위해서 새로운 교사, 새로운 방법, 새로운 환경, 새로운 어린이에 대한 개념을 가지고 있는가?
- 몬테소리 교사로서 몬테소리 철학과 교실운영 철학을 따르려고 노력하는가?
- 몬테소리 교사로서, 리더로서, 원 운영자로서 자신을 어떻게 관리하고 있는가? 전문지식, 직업의식, 자기의 몸, 정신적인 자기관리가 몬테소리 철학에 근거하고 있는가?
- 몬테소리 교사로서 가장 정상화된 교실, 준비된 교실은 어떤 환경일까?
- 몬테소리 교실과 어린이들을 위해서 교사로서 해야 할 일은 무엇이라고 생각하는가?

2) 몬테소리 리더로서 전문지식과 새로운 지식을 어떻게 배우는가?

- 몬테소리 교사로서 배움에 대한 프로젝트를 가지고 있는가?
- 재교육을 통한 지식이 나와 동료 교사들에게 도움이 되는가?
- 몬테소리 교사로서 가르침을 위해, 모든 영역에서 전문가가 되기 위해 새로운 준비를 하는가?
- 몬테소리 교사들에게 전문적이고 새로운 지식을 위해서 어떤 교육이 필요하다고 생각하는가?
- 몬테소리 교사로서 장·단기적으로 배울 수 있는 교육프로그램을 어떻게 기획하고 있는가?
- 몬테소리 교사로서 자세, 생각, 교수방법, 영성은 어린이들에게 많은 영향력

을 미친다. 이러한 요소들이 어린이들에게 반영된다면 어떠한 변화를 가져와야 하는가?

- 몬테소리 교사로서 어떤 형태로 교육을 지원받고 있으며, 자기계발을 위해서 현재 하고 있는 일은 무엇인가?
- 몬테소리 교사로서 전문직 발전을 위해서 스스로 시간, 노력, 물질을 투자하고 있는가?
- 몬테소리 교사로서 꿈, 열정, 도전, 노력을 미래를 위해 계획하고 실천하는가?
- 몬테소리 교사로서 자기의 잠재능력을 최대한으로 활용하는가?
- 나 자신을 사랑하고, 희망을 갖고, 능력을 인정하고, 무엇이든 할 수 있다는 확신을 가지고 있는가?
- 몬테소리 교사로서 새로운 지식을 얻기 위해서 얼마만큼 노력하는가?(새로운 정보를 위해서 관계를 맺는 사람, 새로운 지식습득과 새로운 정보를 얻기 위한 적극적인 참여 등)

배움은 종점이 있는 것이 아니다. 필요할 때 언제든지 어디서든지 배움에 열정을 가져야 한다. 배움은 기다리면 주어지는 것이 아니라 열정적으로 도전할 때 새롭게 얻게 되는 것이다.

3) 몬테소리 교사로서 누구 / 어떤 것과 관계를 가지고 있는가?

- 몬테소리 교사로서 자신을 위한 교육 파트너는 누구이고 무엇일까?
- 몬테소리 교실과 원에서 자신의 발전을 위해서 절대적으로 훌륭한 교육 파트너가 필요한가?
- 나의 파트너는 나에게 항상 유익한 정보를 제공하는가? 나의 파트너로부터 배울 것이 있는가?
- 나의 발전이 동료교사, 다른 사람, 사물과의 관계를 통해서 이루어진다고 생각하는가?

- 몬테소리 교실에서 나에게 동기부여, 자극, 바르게 생각하는 데 도움을 준 사람은 누구인가?
- 몬테소리 교사로서 현재 우리 어린이집, 유치원과의 관계망은 어떠한가?
- 몬테소리 원에서 교사와 임직원들 사이의 관계망을 통해서 얻는 장점과 단점은 무엇인가?
- 몬테소리 원의 구성원들은 인간적이고 진실한 마음으로 관계를 형성하고 있는가?
- 몬테소리 원의 구성원들 사이의 관계는 형식적인가, 절대적으로 필요한 관계인? 동료 간의 의견 수용도와 반영률은 어떠한가? 구성원들 사이의 신뢰도는 어떠한가?
- 몬테소리 원 구성원들 사이의 관계를 통해서 가장 많이 받은 혜택이 무엇인가?
- 몬테소리 교사로서 나와 동료의 관계, 나와 사물과의 관계, 나와 자연과의 관계에 대해서 생각한 경험이 있는가?
- 몬테소리 교사로서 내가 맺고 있는 관계에서 가장 소중한 관계는 누구이고 무엇일까?

4) 몬테소리 교사로서 구성원들과의 의사소통을 중요시하는가?

- 몬테소리 원에서 모든 구성원과의 의사소통은 잘 이루어지는가?
- 몬테소리 교사로서 구성원들과 특히 동료교사와 의사소통에 장애를 일으키는 요인은 무엇인가?
- 몬테소리 교사로서 의사소통에서 가장 중요한 점과 어려운 점이 무엇이라고 생각하는가?
- 몬테소리 교사로서 구성원들과 어린이들과 의사소통을 할 때 형식적인가, 아니면 진심으로 하는가?
- 몬테소리 교사로서 원의 구성원들과 의사소통을 통해서 시너지 효과, 서로의 거울, 상호보완적인 효과를 얻는가?

- 원장, 임직원, 동료들 사이의 의사소통과 의견수렴은 자유로운가? 구성원들이 말의 소통, 행동의 소통, 느낌의 소통 , 나눔의 소통에서 자유롭게 자기의 생각과 의견을 말할 수 있는 분위기인가?
- 모든 구성원들에게 서로 격려하고, 아끼고, 신뢰하고 용기를 주는 대화의 통로가 열려 있는가? 그 이유는 무엇일까?
- 우리 원의 문화는 어떠한가? 격려하고, 지지하고, 용기를 주고, 희망을 주는 열린 문화인가, 왕따, 끼리끼리, 네 탓이요, 할 수 없어 등의 극단적인 문화로 만들어 가는가? 무엇이든 다 말할 수 있는 개방적인 문화인가?

5) 몬테소리 교육기관의 운영관리는 어디에 초점을 맞추어야 하는가?

- 가장 아름다운 몬테소리 기관은 가장 아름다운 몬테소리인들이 모인 곳이다. 우리 몬테소리 원의 얼굴은 바로 지금 여기에 있는 교사의 얼굴이고 교사의 자화상이다.
- 몬테소리 교사로서 구성원들과 협력관계와 일체감을 형성하려고 노력하는가?
- 교사들의 적극적인 참여의식, 희생적이고 봉사적인 정신이 있고, 몬테소리 원 공동체가 서로 하나가 되어 위해 서로 협력하는가?
- 몬테소리 교사로서 역할과 권한을 가지고 운영하려고 노력하는가?
- 몬테소리 교실 운영을 효율적으로 향상시키기 위해서 원의 운영철학과 가치관을 항상 중요시하는가?
- 몬테소리 원의 건강한 조직운영을 위한 조건이 무엇이라고 생각하는가?(어린이들과 구성원에 대한 존중감, 신뢰성, 긍정적인 태도, 건강한 생각, 창의적인 생각, 블루오션 만들어 가는 일)
- 몬테소리 교사로서 나는 성공적으로 시간을 관리하는가?(자신을 위한 시간계획, 시간을 가장 적절하고 효율적으로 사용하는 기술, 24시간을 관리하는 기술, 일일·일주일·한 달·일 년 계획 목표)
- 몬테소리 교사로서 업무와 역할 구분은 분명한가?

- 우리 원 교사들의 각자 자기위치, 자기 역할분담, 권한분담은 잘 이루어져 있는가?
- 몬테소리 교육기관은 운영을 위해서 무엇이 우선적으로 변화하여야 한다고 생각하는가? 권력과 권한이 구분되어 있는가? 교사들에게 권한을 주었을 때 권한을 권력으로 바꾸어서 행동하지 않았는가?
- 몬테소리 교실에서 교사들은 창의적이고, 자율적이며 독립적으로 자기 일을 수행하고 있는가?
- 우리 원의 물리적, 인적 건강상태는 어느 정도인가?
- 구성원들의 불만상태는 무엇이고, 개선의 요지는 있는가? 원장은 모든 구성원들과 교사들에게 권한을 분배하는가?
- 몬테소리 교사들의 경제적인 면, 시간적인 면, 인간적인 면, 업무측면에서 직무만족도는 어떠한가?

6) 몬테소리 교사로서 전문직에 대한 인식을 가지고 있는가?

- 몬테소리 교사로서 몬테소리에 대한 전문 지식의 양은 얼마 정도인가?
- 전문직에 대한 권한, 전문직에 대한 자심감, 전문직에 대한 만족도는 어느 정도인가?
- 몬테소리 교사로서 나의 모든 외적 자세에서 몬테소리 교사의 이미지를 느낄까?
- 몬테소리 교사로서 자부심과 만족도가 높은가?(일의 주도자가 나인가? 아니면 일이 나를 주도하는가? 나는 전문직으로부터 자유로운가? 나는 일을 즐기면서 하는가? 아니면 의무감으로 하는가?
- 몬테소리 교사로서 질적인 교육 프로그램으로 운영하는가? 예를 들면, 전문직에 대한 교육을 실시하는가? 교사교육, 리더십교육 등 다양한 교육 서비스를 전달받는가?
- 몬테소리 교사로서 교실에서 무엇을 변화시키고, 새롭게 디자인하고 개혁하여야 하는가? 나는 구성원들과 상호작용을 잘하고 있는가? 환경을 새롭게 디

자인하기 위해서 관찰을 하고 있는가?

- 우리 어린이집, 유치원은 인사관리를 합리적이고 객관적인 방법으로 행하고 있는가? 예를 들면, 직원의 경험 정도, 학력 정도, 근무 연한 정도를 고려하는가?

7) 몬테소리 교육기관을 어떻게 디자인할 것인가?

- 몬테소리 교육에서 관찰은 환경을 새롭게 디자인하기 위해서이다.
- 교사는 관찰한 다음 어린이들을 위한 환경을 관찰 결과에 따라서 어떻게 새롭게 디자인할 것인가?
- 몬테소리 교실을 처음 본 사람들이 환경을 어떻게 판단하고 평가할 것인가?
- 몬테소리 교실의 어린이들을 모두 예술가로 만들 수 있는 능력이 있는가?
- 몬테소리 교실이 어린이들의 예술적인 감수성을 훈련할 수 있는 환경인가?
- 몬테소리의 준비된 환경을 어떤/무엇으로 디자인하고 있는가? 아름답고 훌륭한 디자인, 어린이들의 필요에 걸맞은 디자인, 학습활동에 의미를 부여하는 디자인, 어린이들의 감수성을 개발할 수 있는 디자인, 다중문화와 다중지능을 창조할 수 있는 하이테크닉 디자인은 몬테소리의 준비된 환경 속에서 서로 다른 것을 통합해서 창의성을 키울 수 있는 능력을 개발하여야 한다.
- 우리 몬테소리 교육기관은 무엇/어떤 것으로 외부 인사와 학부모, 그리고 어린이들이 매력과 만족을 느끼도록 할 것인가?
- 몬테소리 교실의 디자인은 무엇/어떤 정체성을 가졌는가? 전체적인 디자인, 미적 감각, 전체적인 조화, 전체적인 연결, 전체적인 이미지, 미학적 디자인이어야 하며 유용가치가 높아야 한다.

8) 몬테소리 교육기관의 사회적 매력 포인트는 무엇인가?

- 학부모들이 몬테소리 교육기관을 선호하는 이유는 무엇인가?
- 우리 원의 구성원들은 배움의 열정, 일의 열정, 가르침의 열정을 갖고 용기와 지혜를 사랑하는 교사들이 모인 곳인가?

- 우리 원의 가장 귀중한 보물로 생각하는 것은 무엇인가? 보물이 없다면 어떤 보물을 찾아야 하는가?
- 우리 원에서 가장 자랑스러운 매력 포인트는 무엇인가?
- 우리 원의 구성원들은 서로 만족하고 있는가?
- 우리 원이 가장 원칙으로 생각하는 것은 무엇인가?
- 우리 원의 구성원들이 우리 원에서 일하기 원하는 이유는 무엇인가?
- 교사가 우리 원의 매력 포인트 3가지를 예시할 수 있다면?

  ①________ ②________ ③________
- 교사들의 도전정신과 열정이 우리 원을 밖으로 드러내는 중요한 포인트가 된다는 것을 생각해 본 적이 있는가?

9) 몬테소리 교사로서 정체성을 가지고 있는가?

- 나는 자랑스러운 몬테소리 교육기관의 교사이다.

  예__ 아니오__
- 나는 최고의 몬테소리 교사가 되고 싶다.

  예__ 아니오__
- 나는 몬테소리 교사가 된 것을 천직으로 알고 살아간다.

  예__ 아니오__
- 나는 훌륭한 몬테소리 교사가 되기 위해서 ①________ ②________ ③________ 만큼은 최선을 다한다.
- 몬테소리 교사로서 나의 최종 목표는 ____________________이 되는 것이다.
- 몬테소리 교사로서 5년 후, 10년 후에 ______ 이것만은 반드시 성취하고 싶다.
- 몬테소리 교사로서 나의 전문직을 위해서 지금부터 10년까지는 무조건 시간, 경제력, 노력을 투자하겠다.
- 몬테소리 교사로서 나는 지금 ________________________이 제일 하고 싶다.
- 몬테소리 교사로서 나의 마지막 꿈과 희망은 ______________________이다.

- 몬테소리 교사로서 나의 인생에서 가장 중요한 사람은 ①___ ②___ ③___이다.
- 몬테소리 교사의 책임으로서 나의 신념은 ______________________이다.
- 나의 인생에 영향력을 가장 많이 준 사람은 ①_______ ②_______이다.
- 몬테소리 교사로서, 책임자로서, 리더로서 도덕적이고 윤리적 개념이 중요하다고 생각하는가?

10) 몬테소리 교사로서 리더십에 관한 정신을 알고 있는가?

- 몬테소리 교사로서 몬테소리인답게 구성원들에게 만족감을 주는가?
- 몬테소리 교사로서 나는 어린이들에게 창의적인 활동을 추구하며 교육하고 있는가? 창의적 리더십의 역량은 얼마나 되는가?
- 몬테소리 교육이 국제적이라면, 나는 글로벌 마인드를 가지고 있는가? 세계 어린이들을 대상으로 교육전략을 구성해 보려는 생각을 하였는가?
- 몬테소리 교사로서 구성원들에게 도덕적이고, 영성적이고, 인간적이고, 가장 행복하고, 편안한 자세로 다가가는 리더인가? 예를 들면, 간디의 비폭력운동, 만델라의 인종차별철폐운동, 폭력 없는 어린이 세상 만들기 등
- 몬테소리 리더로서 원의 변화를 예측하고 감지할 수 있는 능력이 있다고 생각하는가?
- 몬테소리 리더로서 원에서 변화와 개혁이 필요하다고 생각하는가? 변화와 개혁을 필요로 하는 것은 무엇이고, 어떤 이유에서 필요한가?
- 리더로서 자신을 진단하는 기준은 무엇인가?
- 현재 나의 자화상, 지적, 신체적, 정신적, 사회적, 문화적, 영성적, 가정적, 직업적, 재정적, 교수능력에 대한 점수를 얼마를 줄 것인가?
- 리드하는 교사로서 다른 직원들에게 얼마나 많은 영향력을 주고 있는가?
- 몬테소리 교사 자신이 셀프 리더라고 생각해 본 경험이 있는가?
- 나 자신이 경쟁력 있는 교사라고 생각하는가?

2. 몬테소리 교실 안에서의 리더십

앞에서 설명한 어린이들의 자기-훈련은 실제 몬테소리 교육방법과 정적 에너지와 기술이 동행하여야 한다는 것을 인지하여야 한다. 몬테소리 교육은 스스로 통제하고 관리하는 분위기 속에서 작업에 참관하는 것이다. 작업을 통제하고 억압하는 분위기 속에서 이루어지는 수업이 아니다.

교사들은 어린이들이 교실에서 무엇을, 어떤 것을 하고 있는지에 대해서 계속적으로 인지하면서 혹시 어린이들이 자신의 시간을 낭비하고 있거나 다른 어린이들의 활동을 방해하고 있는 경우에 개입하게 된다.

대부분의 교육현장에서 종종 접하고 있는 이러한 개입을 우리는 교실운영이라고 부르고 있다. 하지만 이런 개입에 대해서 다시 한 번 잘 관찰해 보면 우리의 전통교육은 너무 억압적인 부분이 많아 몬테소리의 훈육원칙과 잘 어울리지 않는 면이 많다. 더욱이 몬테소리 교육방법에서 교사의 역할은 교실의 리더로서 어린이들에게 스스로 학습할 수 있는 리더십을 양육해 주기를 희망한다.

이러한 리더십은 간단한 방법으로 형성되는 것이 아니다. 어린이들은 스스로의 자기훈육방식에 따라 자연스럽게 발달시켜 나갈 수 있는 능력을 충분히 본능적으로 가지고 있기 때문에 어린이들의 이런 능력을 키워 줄 수 있는 환경이 만들어질 수 있도록 안내해 주고 도와주는 것이 의식적으로 필요하다. 어린이들을 강압하고 통제하는 것은 교사의 중요한 사명이 아니다. 교사의 원래 사명은 더불어 사는 모든 사람과 사물과 협력관계를 유지하면서 사회공동체의 가치를 향상시켜 주는 교실환경의 리더로서 어린이들을 지원하고 응원해 주는 것이다.

이러한 협력활동을 통해서 어린이들은 미래의 성인으로서 공존의 삶을 살아가야 하는 글로벌 세계와 소극적인 측면에서는 지역사회 단체에 대해 인식하게 되며 그 속에서 자신의 행동과 역할 그리고 위치에 대해서 미래 지향적인 학습을 배우게 된다. 교사들은 어린이들이 이런 지역 단체 속에서 생활하는 그들의 선택과 행동들을 인지할 수 있도록 도와주는 역할을 하여야 한다. 유아교육기관이 지역

사회기관들과 함께 연계적으로 활동할 때 서로에게 이익을 줄 수 있는 기회를 얻게 된다.

교사들이 어린이들에게 기여할 수 있는 것은 어린이 자신이 원리원칙을 세우고 내재적 동기를 유발하여 자율적이고 독립적인 작업자로서 행동할 수 있게 도와주는 것이다.

3. 몬테소리 교실 안에서 유능한 관찰자로서 리더십

전통 학교에서 교사는 학생들의 일거수일투족을 모두 관리·감독하며 자기가 가르쳐야 하는 과목들에 대해서 어린이들도 반드시 인지하고 있어야 한다고 생각했다. 그러나 몬테소리 교육에서는 교사들이 선두에 서서 자기주도적으로 이끌어 나가는 것이 아니라, 간접적으로 어린이들의 행동 패턴을 관찰하면서 어린이들의 부족한 부분 혹은 제외되어 있는 부분이 있는지 살피면서 관찰하는 것을 주된 역할로 생각하고 있다. 또한 어린이들 스스로가 자신의 과제에 대한 문제점을 해결할 수 있는 능력을 기르도록 지원하는 것을 교사의 가장 중요한 사명감으로 이야기하고 있다(Montessori M., 1970, 조성자 옮김, 1996).

몬테소리는 교사의 역할에 대해서 이미 기존에 우리가 알고 있는 교사의 역할과는 다르게 설명하고 있다. 강압적으로 어린이들의 일거수일투족을 통제하던 수업 방식에서 벗어나, 앞에서 이미 설명한 것처럼 어린이들이 스스로의 원칙을 세우고 독립적으로 생활할 수 있게 정확하게 관찰하면서 그들을 돌봐 주는 것이 교사의 역할이다. 우리에게 필요한 것은 어린이들이 스스로의 의지로 보다 의미 있는 일을 통해 자신의 행동을 발달시킬 때까지 기다려 주는 것이다. 몬테소리는 교사와 학생 간의 관계를 다음과 같이 비교한 바 있다.

> "교사는 마치 주인의 말을 잘 듣는 너그러운 하인과 같은 행동들을 올바른 방법이라 생각하고 그 방법을 따르는 훌륭한 모델을 찾아 나선다"라고 비유한다 (Montessori M., 1970, 조성자 옮김, 1996).

이러한 현상은 현대 전통적인 교실 수업에서 안내자, 촉진자, 관리자, 관찰자로서 교사가 수행해야 하는 역할과는 분명히 거리가 있다고 볼 수 있다.

몬테소리 교사로서 우리가 지향하고자 하는 목표는 항상 교사의 통제와 제한 속에서 생활하는 어린이들이 아니라 마치 교사가 교실에 존재하지 않는 듯한 교실에서 생활하는 어린이가 학교생활을 스스로 자율적으로 극복하는 것이라고 말할 수 있는 교사가 되는 것이다(Montessori M., 1970, 조성자 옮김, 1996).

몬테소리는 『어린이 신비』라는 저서에서 교사의 영적준비라는 용어를 사용하면서, 어린이들이 만약 실수를 하는 경우에 어린이들의 잘못을 바르게 수정해 주기 위함이라 할지라도 어린이들의 생각까지 억압적으로 변화시키려고 강요하는 것을 피하도록 권고한다. 어린이들에게 자기들의 오류를 스스로 발견하여 자동 수정할 수 있도록 돕는 것이 중요하다고 언급한다((Montessori M., 1950, 조성자 옮김, 1991).

다른 측면에서 어린이들과 함께하는 교실에서 교사 자신이 인내하지 못하고 화를 내는 순간을 상상해 볼 수 있다. 아무런 이유 없이 화를 내고 있는 자신의 모습에 당황스럽고, 이러한 자신의 모습으로 표현할 수 없는 부끄러움을 느끼게 되는 경우가 있다. 때로는 교사가 성인임에도 불구하고 어린이들처럼 무책임하고 경솔하게 화를 내는 경우가 종종 있다. 이러한 행동은 교사의 위치와 교사의 역할을 벗어난 무모한 행동이다.

어린이들은 교사가 이렇게 화를 내게 되면 그 어떤 방어도 할 수 없으며, 어린이들은 교사가 화가 나서 자기감정을 마음대로 이야기하는 말들을 여과 없이 직선적으로 받아들이고 들어야만 하는 약자일 뿐이다. 어린이들은 이런 교사들의 원시적 언어와 태도를 그대로 수용할 수밖에 없을 뿐만 아니라 교사들이 어린이들을 강하게 비난할 때마다 그들은 그저 죄책감과 수치심을 느껴야 하는 입장이 된다(Montessori M., 1970, 조성자 옮김, 1996).

교사는 어린이를 존경해야 하고, 교사들은 어린이들의 행동을 올바르게 지도해야 할 의무와 권리가 있다. 교사들은 자신의 안이함과 편안함을 위해서 어린이들에게 직접적으로 명령을 하거나 심지어 어린이들이 필요로 하는 것들을 무질서하다는 이유 하나만으로 금지하는 경우도 있다. 때로는 어린이들이 이에 맞서 반항하고 거부하는 것을 자신의 권위에 대한 도전으로 생각하고 아주 위험한 행동이라 여기면서 참을 수 없는 굴욕을 경험하기도 한다(Montessori M., 1970, 조성자 옮김, 1996). 몬테소리는 전통적 방식의 생각대로 익숙해진 교사와 부모들이 예전에 그래 왔듯 어린이들에게 무모한 태도로 대하는 것을 강하게 비판하고 있다.

몬테소리는 "교사의 역할은 마치 과학자처럼 되는 것이다"라고 언급하였다. 어린이들에게 무엇인가를 가르치기보다는 침묵의 힘과 한번 심호흡을 길게 내쉬고 운동을 시작하면서 그들에게 모든 것을 가르치려고 하기보다는 우선적으로 어린이들의 행동과 감정을 관찰하려는 마음가짐과 자세가 필요하다. 이미 화가 나 있는 상태의 어린이들에게 결코 들리지도 않는 언어적 훈육으로 그들의 용기를 저하시켜 권위적 태도를 보이기보다는 인간적인 따스함과 온화함, 그리고 협력관계를 보여 주는 것이 더 효과적일 수 있다.

몬테소리는 교사가 '과학자의 영혼'을 인지하고 관찰할 수 있는 능력을 개발할 것을 계속해서 이야기한다. 과학자들은 그 어떤 결과물을 성취하기 위해서 의무적인 행위를 강요하지 않는다. 과학자들은 새로운 발견과 탐색을 위해서 준비되지 않은 상태에서도 인내심과 탐구심, 그리고 열정을 가지고 끊임없이 주변의 사물을 관찰한다(Montessori M., 1973).

몬테소리 교실에서 과학이 하늘의 별을 연구하는 천문학과 다른 점, 암석의 구성에 대해 연구하는 지질학자와 다른 점, 혹은 살아있는 생물체에 대해 연구하는 생물학자와 다른 점은 교사의 과학적 연구는 인간들의 정신을 교육하기 때문에 교사가 연구하고자 하는 대상을 따로 분리하여 구분 짓지 않는다는 것이다. 이런 사고에서부터 교사는 교사로서의 사명감을 갖고 교사로서의 역할에 혼을 불어넣는데, 자신의 직업에 혼신의 힘을 다하여 자기임무와 책임감을 완성할 때야 말로 진정한 교사로서의 자기 전문직을 충실히 이행하고 있다고 볼 수 있다. 교사는 어린이들의 영혼과 영성, 그리고 정신을 움직일 수 있는 과학자의 눈을 가진 사람이 되어야 한다. 어린이들에게 우주의 질서, 우주에서 자기위치와 역할 수행하기, 생태계의 변화, 모든 생명체와 무 생명체들의 전-관계, 진화의 역사 등을 설명할 수 있는 과학적 지식을 교사에게 요구한다(조성자 저, 2010).

> "교사의 비전은 마치 과학자의 비전과도 같으며 성자와 같은 혼을 불어넣는 것과도 같다"라고 몬테소리는 언급하고 있다(조성자 저, 2010).

교사는 과학자의 눈을 가져야 한다는 것이다. 어린이들의 행동을 관리하고 교실을 통제하기 위한 교사를 양성하기보다 어린이들을 돌보면서 어린이들의 행동을 보다 높은 차원으로 발달시켜 주기 위해 수동적인 교사로서의 역할을 충실히 수행해 나갈 수 있는 교사를 양성해야 한다고 몬테소리는 주장하고 있다(Montessori M., 1952, 조성자 옮김 1994). 교사가 교육의 질을 향상시켜야 한다.

몬테소리는 교사와 부모들이 어린이들을 무관심하게 돌봐 주는 환경에 방치해 두어서는 안 된다고 지적했다. 때로는 절대적인 자유가 어린이들에게 관리나 통제 없이 주어지게 되면 순간 더욱 위험해질 수 있기 때문이다. 어느 사회든 무질서한 혼동에 빠질 위험은 얼마든지 존재한다. 그래서 교사는 어린이 개인의 자유를 적절하게 관리할 수 있는 법적 조치를 필요로 한다(Rambusch N. M., 2013). 교실에서 함께 생활하는 경우에도 마찬가지라 생각한다. 어린이들에게 주어지는 자유는 어린이들의 관심을 모으기 위해 적절한 제약이 필요하다고 몬테소리는 주장했다.

자유는 어린이들이 어떻게 스스로가 자신을 통제하고 관리하는지에 대해서 그들에게 새로운 생각을 상상할 수 있는 기회를 제공하고 문제와 결과 혹은 원인을 해결하는 열쇠가 될 수 있다. 자유는 몬테소리 교육개념의 가장 중요한 핵심 개념이다. 어린이들에게 주어진 자유는 교실에서 일어나는 그들의 생활을 통해서 어린이들이 서로가 지켜야 할 윤리적, 도덕적 개념에 대해서 알아가게 한다.

어린이들에게 주어진 자유를 통해서 교사가 더욱 활동적으로 자신의 위치에서 어린이가 알맞은 역할을 수행할 수 있도록 배려하는 것이다.

교사는 어린이들에게 자유롭게 활동할 수 있는 환경을 제공했을 때 자신들이 그들을 더욱 정확하게 관찰하여야 하기 때문에 원에서 일반적인 업무가 더욱 힘들어진다고 불평을 늘어놓기도 한다. 어린이들에게 자유로운 환경이 주어지면 어린이들은 무엇이든 재미있기만 하면 아무 생각 없이 무조건 반복하는 습관이 있다. 종종 어린이들이 교사가 자유를 허락했다는 이유만으로 잘못된 습관으로 신발을 신고 탁자에 올라가고, 손가락으로 코를 후비고, 마구 던지고, 큰 소리로 고함을 지르는 행동들을 목격하게 된다. 어린이들이 이런 행동을 반복하는 이유는 그 누구도 통제를 가하지 않기 때문이다. 단순히 자신의 임무를 다른 동료들에게 책임감을 전가하거나 혹은 못 본 척 넘어가는 등 교사가 해야 할 관리와 통제를 하지 않았기 때문에 이런 일들이 종종 발생된다(조성자 저, 1998).

이러한 상황이 교실 내에서 가끔 벌어지면 교사는 어린이들에게 공동체 생활에서 지켜야 할 기본적인 규칙에 대해서 이야기해 주면서 그 규칙을 따를 수 있는 행동을 지켜줄 것을 강요한다. 몬테소리가 이런 교사들을 관찰하면서, 실제로 훌륭하고 열심인 교사로 평판이 자자한 교실에서도 이런 상황들이 자주 발생하는 것을 경험했다고 말한다. 교사들이 저지르는 지나칠 수 없는 실수들 중에 하나는 어린이들에게 공포심으로 위협하면서 규율이 무서워서 지키도록 만드는 것이다. 그런 상황을 경험한 어린이들은 때때로 자유에 대해서 혼란을 경험하게 되며 무엇이 자유의 의미인지 이해하지 못하고 혼란스러움을 초래한다. 몬테소리의 철학에 의하면 이런 상황이 더 악화되면 어린이들은 일반적인 개념도 생각하지 않는 채 공포심까지 경험하게 되는 상황에 도달한다. 교실에서 공동생활을 위해서 적당한 통제 기능이 필요하지만 교실에서 어린이 한명 한명의 인격과 자기관리를 존중하는 것이 무엇보다 더 중요한 기능들이다.

공동생활을 존중하면서 어린이들의 내재적인 동기부여를 자극하고 재능을 발달시켜 주기 위해서 교사는 그들의 적당한 역할을 알려 주어야 한다. 공동생활에서는 한번에 다양한 요소들이 일괄적으로 고려되어지기 때문이다. 어린이들은 공동생활을 통해서 자기의 권리와 책임감, 그리고 질서와 규칙을 우선적으로 배워 간다. 어린이들의 행동에 동반되는 권리 속에 함축되어 있는 요소들 역시 감각적으로 발달할 수 있도록 도와주어야 한다.

교사가 어린이들의 권리까지 존중해 주는 교실환경을 인지하기 시작하면 더 나아가 교실 안에 존재하는 다른 어린이들과의 긍정적인 교류와 상호작용 방식에 대해서 혹은 다른 또래 친구들과 상호작용하는 방법까지도 고려하고 인지하기 시작할 것이다. 그럼에도 불구하고 교사와 함께 생활하는 다른 교사와 보조교사 혹은 학교 관계자를 비롯한 학부모들과 함께 모여 더불어 살아가는 공동협력에서 준수되어야 할 중요한 사항들을 실제적으로 실천하지 않는 경우가 있다.

어린이들은 다른 사람들과 상호작용하는 데 필요한 방법에 대한 모델링과 기술을 필요로 한다. 일반적으로 어린이들은 교사와 부모들의 세상에 대해서 반항하려는 심리현상을 가지고 있으며, 매일 일상적으로 벌어지는 작업에 대해서 설명한 내용을 인지하고 수용하기보다는 자신의 권리를 주장하고 보다 더 많은 권리 행사와 원하는 것, 그리고 자기 욕구와 자유를 만끽하기를 원하는 심리를 강하게 표현한다.

교사와 어린이들이 공동체 생활에서 함께 행동할 때 자기들의 행동이나 선택에 있어서 자기 개인의 요구보다 공동체를 고려하고 배려하는 것이 얼마나 중요한지 인지할 수 있도록 교사 자신의 행동을 올바르게 하려는 노력이 중요하다. 교사의 행동을 보고 배우는 어린이들이 교사의 행동을 따라 할 수 있도록 모범을 보여야 한다.

교실과 같은 공동생활 환경 속에서 함께 살아가기 위해 자신의 행동에 어느 정도의 적절한 통제가 필요하다는 것을 어린이들이 스스로 인지할 수 있도록 도와주고, 교사들의 이런 요구를 관철시키기 위해 다른 방법을 찾으려고 애쓰기 보다는 오히려 어린이들 스스로가 공동 환경을 진심으로 수용하고 다른 사람들을 배려하여 스스로의 행동을 올바르게 실천하고 노력할 수 있는 용기를 주는 것이 필요할 것이다. 이것은 교사로서 갖추어야 할 리더십이며, 반드시 갖추어야 할 근본적인 인격이다.

4. 공동체 리더십에 대한 비-몬테소리의 견해

콘(Alfie Kohn)의 저서에서 몬테소리의 철학과 동일하고 비교할 만한 내용들을 서술하고 있는데, 사회 공동체란 출처가 제한적이지 않는 무한한 요소들로 구성된 규칙들이 나열되어 있는 집합체라고 정의하였다(Kohn A., 2001, 김달효 외 옮김, 2005). 이런 접근 방식은 스스로가 규칙을 정하여 지켜 나아가고 스스로의 도덕적 감각을 발전시키는 데 도움이 된다고 생각하였다.

콘이 주장한 '새로운 훈련(new disciplines)'의 관점은 어린이들이 올바르게 행동하기 위한 원래의 비밀로 어린이들의 내재적인 도덕성과 윤리성을 발달시켜 줌으로써 특정 장소에 걸맞은 적절한 행동을 할 수 있는 어린이로 양육해 낼 수 있는 것이다(Kohn, A., 1992, 이영노 옮김, 2009). 그는 다른 측면에서 배움에 대한 구조적 이론에 근거하여 구성론자적인 관점에서 행동하는 것이 가장 이상적이라고 주장했다.

단순하게 보고 들은 대로 행동하는 어린이들을 윤리적인 사람으로 양육해 나아가기 위한 유일한 방법은 어린이들에게 도덕적 의미를 지속적으로 상기시켜 주는 것이다. 따라서 어린이들을 돕기 위한 명확한 방법은 "어린이들이 어떻게 행동해야 하는지에 대한 올바른 인식을 양육해 주는 것이다"라고 주장한다(Kohn A, 1992, 이영노 옮김, 2009).

어린이들과의 전쟁을 종전하고 보다 능동적인 참가자로서 어린이들의 활동에 동참하여 어린이들이 또래 친구들과 더불어 살아가는 친사회적 활동과 도덕적 가르침인 윤리성을 함께 키워 나갈 수 있도록 도와주는 것을 의미한다(Kohn, A, 1992, 이영노 옮김, 2009).

이러한 이론은 몬테소리 교육에서 지속적으로 강조하는 부분으로 어린이들 스스로가 자신의 행동에 책임감을 느끼고, 책임감을 가지도록 하는 것이 중요하다고 주장하고 있다.

완전하고 질서 있게 구성된 교실 분위기를 만들기 위해서는 어린이들이 교실

환경의 요구에 보다 민감하게 대처할 수 있어야 하며, 어린이들 스스로가 질서와 규칙과 도덕적 책임감을 가지도록 지도하고, 그 책임감을 지속적으로 발달시켜 나갈 수 있도록 도와주어야 한다.

몬테소리 교실이나 가정을 작은 사회라고 말하는 것은 교실이라는 환경에서도 어린이들은 사회에서와 마찬가지로 다른 친구들과 상호작용하면서 다른 친구들과 함께 공존한다는 느낌으로 서로에 대한 존중감을 가지고 생활하는 장소이기 때문이다. 교실 공동체 속에서 어린이들이 서로를 존중하면서 서로가 존중 받고 있다는 느낌에 대한 경험을 할 때 건강한 인성을 발달시킬 수 있다.

어린이들은 자기와 다른 친구의 관계는 물론, 교사와의 관계에서 존중한다는 것이 무엇인가, 자신이 처해 있는 환경을 존중한다는 것이 무엇인가를 실제적으로 경험을 하게 된다. 몬테소리가 어린이에 대한 존중감을 강조하는 것은 단지 어린이 자체만을 존중한다는 것이 아니라 그들을 에워싸고 있는 환경 자체도 존중하여야 한다는 의미를 포함하고 있다. 교사들은 어린이들을 가르치는 것이 교실에서 자기 혼자만이 아니라 단수에서 차츰 차츰 복수의 개념, 개인 활동에서 소그룹, 대그룹으로 구성되어 간다는 것을 인지해 나가기 시작한다. 어린이들은 교실에서 이미 다른 친구들과 교구, 그리고 사물들과 연결되어 있는 관계에 대해서 이해하게 되면서 자기 스스로가 우리 교실에 있는 전체의 일부라는 생각을 하기 시작한다(Kohn A., 1992, 이영노 옮김, 2009).

어린이들은 이러한 사람과 사물의 관계를 통해서 우주와의 전-관계를 이해하게 되고 우주에 존재하는 모든 것들은 모든 것과 관계되어 서로 돕는 협력관계를 유지한다는 범우주론적 기초와 우주에 대한 이해와 호기심을 가지게 된다. 그러므로 어린이들은 인간이 우주의 지배자가 아니라 우주와 더불어 서로 관계를 맺고 우주 생태를 이끌어 가는 우주의 리더자로서 살아가는 존재임을 차츰차츰 알아 가게 된다(조성자 저, 2010).

몬테소리가 평화교육에서 인류 공동체를 주장하는 것은 콘이 주장하는 리더십에 관한 전략들과 유사한데, 보다 다양한 연령의 어린이들이 함께 교실 공동체에서 어울릴 수 있는 다양한 연령층이 함께 어우러진 형태의 혼합 연령 활동을 이야기하고 있다(Kohn, A 1992, 이영노 옮김, 2009). 몬테소리 교실은 이미 이러한 구조로 운영되고 있다.

교사들에게 1년 이상 같은 또래의 어린이들과 함께 작업할 수 있는 기회를 제공하거나 혹은 교실에서 성인 집단에 속해 있는 교사는 어린이들에게 존중받는 사람으로 인식되어 어린이들에게 교사가 어린이들을 돌보고 있다는 느낌을 받을 수 있는 위치에 있기를 격려하고 있다. 또한 교사는 어린이들이 서로 상호작용을 통해서 서로가 시너지 효과를 얻고 발달할 수 있도록 분위기를 촉진해 주어야 한다고 주장한다. 교사는 어린이들에게 도덕성 발달과 사회적 지원이 무엇인지에 대해서 보여 주는 롤 모델로서 어린이들에게 인식되어야 하고, 모델링 역할에 영향력을 미칠 수 있어야 한다.

콘의 교사에 대한 개념과 몬테소리의 교사상은 유사성이 있다. 콘의 새로운 훈련(new discipline)에 대한 여러 가지 프로그램들의 설명은 몬테소리 교사들이 교실에서 리더십을 발휘하기 위한 효과적인 전략을 구성하는 데 다각적인 측면에서 도움을 받을 수 있다. 콘의 접근법과 몬테소리의 접근방식의 유사성이라 볼 수 있다. 콘은 교사들에게 몬테소리 철학에 있어 가장 중요한 두 가지 요소를 상기시킨다.

- 교사의 궁극적인 목표는 어린이들의 요구를 수용하는 것이 아니라 어린이들의 내면에 내재되어 있는 윤리성과 도덕성을 이끌어 내어 양육해 주는 것이며, 양육을 통해 어린이들이 성인들의 통제와 관리로부터 벗어나 독립적으로 성장할 수 있게 돕는 것이다. 몬테소리는 사회적 활동과 작업 활동 양면 모두에서 교육적으로 준비된 환경을 제공해 주는 것이 궁극적인 목표로서 내재적 발달을 이끌어 갈 수 있다고 강조했다.
- 도덕적 혹은 윤리적 행동인지 아닌지에 대한 판단을 결정하는 기준은 사회 공동체에도 영향을 미친다. 진정한 의미에서 제한된 자유는 사회를 존중하는 것

에서부터 발생한다. 제한된 자유는 교사가 교실에서 어린이들을 조용하게 만드는 권리가 있음을 인지하고 그에 합당한 리더십을 발휘하여 교실을 이끌어 나아가야만 하는 것을 어린이들의 작업에서 제외하지 않는 중요한 과제로 생각하여야 한다. 나와 타인, 즉 나와 또래 친구들과 함께 하는 공동체를 존중하는 행위는 더욱 더 기능적이고 안정된 몬테소리 교실로 이끌어 가는 데 중요한 역할을 한다.

교사들은 몬테소리가 지향하는 교실환경에 대한 충분한 이해를 필요로 한다. 앞에서 언급한 내용들이 어린이들을 자기훈련(self-discipline), 자동교육으로 이끌어 가고 정상화된 준비된 교실 운영을 하는 데 도움이 되어야 한다.

몬테소리 교실 공동체를 이끌어 가는 데 교사의 리더십이 중요한 역할을 할 수 있어야 하다. 이러한 기본적인 생각들이 어린이들에게 보다 훌륭하고 건강한 인성과 인격을 양육해 나가기 위한 동기부여가 됨은 물론, 동기를 불러일으킬 수 있는 준비된 환경적 조건들을 만들어가는 데에도 중요한 요소로 작용할 것이다.

이런 기본적인 요소들이 형성될 때 내재적 동기부여라고 하는 새로운 이슈가 몬테소리 교실에 등장하게 될 것이다. 이러한 이론은 지금까지 몬테소리 교육이 마치 교구만으로 어린이들의 변화를 이끌어 갈 수 있다고 믿었던 신화 같은 구태의연한 방법을 초월하여 어린이들의 마음을 움직일 수 있는 교구 이외에 다른 요소들을 어린이들과 연결하여 연구할 필요성이 있는 것을 경고하는 것이다.

CHAPTER 03 몬테소리 교육방법의 원리 안에서 자동교육의 원리

I. 몬테소리 교실에서 어린이들의 자유로워지기와 내재적 동기부여의 의미

1. 몬테소리에서 집중화 현상과 내재적 동기부여

몬테소리 교실에서 어린이들의 집중력은 학습결과와 연결되기 때문에 작업을 통해서 강화될 수도 있고, 약화될 수도 있다. 몬테소리가 어린이집에서 관찰한 예로서, 한 어린이가 꼭지 원기둥을 넣고 빼는 데 굉장히 몰입하여 놀라움을 표현한 기록은 유명하다. 몬테소리가 안락의자를 들고 어린이의 옆으로 가서 약간 방해를 하면서 앉아 있어도 어린이는 전혀 알아차리지 못하고 꼭지 원기둥 작업에 즐거움과 더불어 완전히 몰입하고 열중하였다. 44번이나 작업을 반복한 다음, 어린이는 기분 좋게 낮잠을 자고 일어난 것처럼 대단히 평화스럽고 만족한 표정으로 고개를 들어 주위를 살펴보았다(Montessori, 1917/1965). 몬테소리는 어린이들이 활동을 30~40번 지속적으로 반복한 이후에 자기들의 에너지를 회복하고 활기를 되찾는 것으로 보인다는 사실에 주목하였다.

새롭게 시작하는 작업에서 교사가 어린이들이 수업에 집중할 때까지 기다리는 것은 많은 인내심을 필요로 한다. 교사는 어린이들에게 교구방법을 반복적으로 제시하고, 교구가 어린이들이 주의와 관심 그리고 흥미를 자극하도록 기다리면서 어린이들이 오류를 범하는 행동들을 관찰한다. 어린이들은 준비단계와 주작업 단계를 거쳐서 교구작업에 몰입하고 집중하게 된다.

몬테소리 교실에서 어린이에게서 나타난 집중력의 수준은 칙첸트미하이(Csilkszent-mihalyi, 1997)의 몰입 이론에 대한 개념과 일치되는 부분이 많다. 몬테소리 교실은 어린이들이 작업하는 바쁜 순간과 시간 가는 줄 모르며 작업하는 조용한 상태가 진행된다. 어린이들이 작업에 완전히 집중하여 몰입하는 시간이다. 어린이들은 작업을 수행하면서 사회적 활동, 친사회적 행동, 서로 대화를 나누는, 소위 말해서 작업의 긍정적 후유증이 나타난다. 어린이들은 편안하고 안정된 모습으로 자신을 배려하고, 다른 사람을 배려하고, 환경을 배려하는 긍정적 마음을 나타낸다. 그렇다면 어린이들이 자유선택한 활동이 학습과 인지에 어떠한 영향력을 미치는가?

몬테소리 교사들이 바르게 인식하여야 할 것 중에 하나는 활동을 활동 자체로만 생각하고, 활동으로 인해 발생하는 인간의 탁월한 기능과 밀접하게 관계되어 있다는 것을 인지하지 못하고 무시해 버린 것이다.

몬테소리는 정신발달이 활동과 밀접하게 연결되어 있고, 활동에 의지하는 것은 정확한 사실이라고 한다. 몬테소리 교육의 이론과 실제는 활동 이론에 의해 재조명되어야 한다(조성자 역, 1996).

몬테소리 교육에서 활동, 학습, 작업은 쇠사슬처럼 긴밀하고 중요하게 서로 연결되어 있다. 예를 들면, 가정 영유아보육기관에서 심지어 영아들이 바닥에서 잠을 잔 후에 온 방을 기어 다니면서 탐색하고 물건을 잡을 수 있게 환경을 제공해 주는 이유는 무엇인가? 영유아보육기관에서 어린이들이 돌아다니면서 테이블을 닦고 글자판 위에 그림을 그리고, 퍼즐판에 퍼즐을 맞추고, 벽거울에 자기 모습을 비추어 보고, 음감벨을 가지고 소리를 들어보고 영아 나름대로 작곡·작사를 한다. 수 교구 교재들은 손으로 조작해 가면서, 어떻게 면적을 구하는지 알아 간다. 몬테소리 교실에서 학습은 활동을 통해서 이루어진다.

이와 반대로 비 몬테소리 교실에서 대부분의 작업과 학습방법은 듣고, 읽고, 낭송하고 쓰면서 배우는 형태다. 어린이들은 하루 동안 의자에 앉아서 수업을 듣고, 지필로 연습하고 교과목만 바꾸면서 수업시간을 보낸다. 몸을 움직여서 배우는 것이 거의 없다. 예를 들어, 어린이들은 동사가 무엇인지를 알기 위해서 동사를 활용해서 배우지 않고, 문장을 읽고 동사를 찾아서 동사가 무엇인지 배운다. 또 세제곱하는 것을 배울 때는 큐브를 만들어서 떼어 내지 않고, 교사가 칠판에 세제곱 문제를 적는 것을 보면서 배운다. 전통 수업은 몸을 움직이는 것을 제한하고 대부분 추상적인 의미인 숫자나 문자를 읽고 쓰면서 배운다.

록크 학파들은 어린이들이 새로운 정보를 받아들여서 기억할 때 학습이 일어나는데 고정 자세로 가만이 앉아 있는 것보다 움직이고 활동적일 때 학습이 활성화 된고 말한다. 전통적인 교육 방법이 비활동적인 공장 모델이라고 말하는 이유가 모든 어린이들이 공장에서 똑같은 것을 찍어 내듯이 동일하게 한 가지 수업만을 받기 때문이다.

움직임과 생각은 매우 밀접하게 연결되어 있기 때문에 몬테소리는 움직이지 않고 가만히 앉아 있는 어린이들이 문제가 있다고 보았다. 그래서 활동은 몬테소리가 개발한 교육 프로그램에 융합하여 진행하고 있다. 최근의 심리학 연구와 이론은 몬테소리 논리를 지지하는 편인데 대부분 이론가들은 인지 이론이 학문적으로 체화되었다고 보는 경향이 있다. 체화된 인지란 복잡하고 다양한 여러 가지 의견을 포함한다. 인지기능은 인간의 몸이 어떻게 이루어지고 기능하는가를 보여 준다는 생각에서부터, 유기체 기능이 자신의 환경에 적응하고 발전하는 역동적인 시스템이라는 의견까지 광범위하다.

몸의 움직임이 발달과 사고 그리고 학습에 긴밀한 관계가 있다고 주장하는 연구들과 몬테소리 교육에 활동이 어떻게 포함되는지를 알아야 한다. 유아기에 움직임을 격려하고 촉진하는 것은 몬테소리 방식이 반드시 필요하다. 스스로 동기부여된 움직임을 통해서 어린이들에게 심리 발달이 일어난다. 발달과 움직임이 밀접하게 연관되어 있다는 몬테소리의 주장과 발달 심리학의 대가인 피아제의 이론은 일치한다. 피아제도 유아기의 지능이란 행동이라고 주장하고 있다. 대부분의 발달심리학자와 유아교육학자들은 움직임과 근육조직은 호흡이나 순환을 돕는 보조 역할을 하고 몸의 힘을 기르는 수단으로만 여겨 왔다.

몬테소리는 항상 어린이들에게 일어나는 모든 행동들은 정신적 움직임과 연결되어 있다고 생각하는데, 즉 움직임이란 정신 발달에 큰 역할을 하고 있다는 것이다. 어린이들을 자세히 관찰하다 보면 그들의 정신 발달이 움직임으로부터 이루어진다는 것이 분명히 알 수 있다. 정신과 활동은 같은 범주의 일부분일 뿐이라고 말한다(Montessori M., 1971).

영아전담 몬테소리 교실에서 영아들이 물건을 잡는 행위는 정신발달과 어떤 상관관계가 있는가? 영아들이 물건을 잡는 것을 배우는 것은 영아들의 세상에 대한 관심과 지식에 상당한 영향을 미친다. 먼저, 손으로 주변 환경을 더 적극적으로 탐구하려는 영아는 한 물체가 어디서 끝나고 다른 물체는 어디서 시작하는지 주목하면서 물건들의 경계선을 인지한다. 이러한 사실은 몬테소리 교실에서 물고 빠는 교구를 더 적극적으로 사용한 3, 4개월된 영아들을 관찰할 때 두 물체가 따로 따로 움직일 때보다 동시에 움직일 때 더 놀라움을 표현하는 것을 관찰한 것이다. 반대로 적극적으로 탐색하지 않는 영아들은 반대의 패턴을 보여 준다. 이러한 관찰을 통해서 교사들은 교구, 물체와 상호작용하는 것이 외부 세계와 물체들이 어떻게 움직일 것인가에 대한 중요한 지식을 전달해 주는 것 같다고 이야기한다. 관찰을 중요시하는 교사들은 영아가 물체에 손을 뻗치기 시작하면 물체들을 향해 더 많은 흥미를 보이고, 이러한 흥미가 다음 발달단계에서 기초적인 지식이 될 수 있다고 주장한다.

한 예로 몬테소리 영아전담 교실에서 영아들의 손과 다른 기관과 협응력이 충분히 능숙해지기 전에, 찍찍이 장갑을 주어서 물건들을 집을 수 있게 했다. 관찰한 교사는 결과에 대한 충격적인 보고를 하였다. 찍찍이 장갑으로 10~12번 짧은 놀이 시간을 가진 영아들은 다음에 같은 연령의 다른 영아들보다 새로운 물체에 훨씬 뛰어난 시각적 관심을 보여 주었고, 물건들을 잡으려는 적극적인 성향을 나타냈으며, 새로운 물건을 입으로 가져가는 횟수가 빈번히 일어났다. 영아들의 물질 세계에 대한 흥미와 관심 그리고 응용지식은 물건을 잡을 수 있는 능력과 상관 관계가 있고 영향을 미친다고 할 수 있다.

물론 영아들에게 손 움직임이 발달하는 것은 그들의 사회적 인지 발달과 깊이 관계되어 있다는 것을 보여 주었다. 교사가 관찰한 영아는 겨우 한 살이 되기도 전에 이러한 상관 관계를 입증해 주었다. 이러한 몬테소리 교실에서 관찰 결과를 간주해 보면 영아들이 주변에 있는 친구와 교사들에게 손을 반복적으로 뻗치는 것을 볼 수 있고, 두 가지 물건 중의 하나를 집는 것을 볼 수 있다. 영아들이 손으로 새 물건을 잡을 때 더 오래 쳐다보는 경향이 있고, 다른 한편으로 관심이 다시 생겨났다는 것을 의미한다. 이러한 실증적 사실은 모든 어린이들은 본능적으로 목적과 통찰력이 있다는 것이다. 찍찍이 장갑을 주어 흥미롭고 인위적으로 더 빨리 잡을 수 있도록 환경구성을 제공한 영아들은 자기가 원하는 목적을 더 빨리 달성하였다.

이러한 잡는 일은 잡는 것 이외에도 다른 손을 움직이면서 행하는 행동들로 확대되었다. 즉, 영아들에게 스스로 내재적 동기부여를 일으킬 수 있는 훈련을 영아 초기에 스스로 자율적으로 행하게 된다. 교사의 강요가 아니라 교사가 영아에게 제공한 찍찍이 장갑을 가지고 영아가 작업으로써 자기의 내적 흥미와 관심을 불러일으킨 것이다. 무엇인가 사물이 지시하는 것을 행동으로 옮겨서 활동하는 발달 단계에 있는 영아들은 더 이른 시기에 자기의 목적 활동을 성취하는 경험을 통해서 내재적 기쁨을 다시 경험하므로 내재적 동기부여를 스스로 훈련하게 된다. 어린이들이 손을 사용하는 활동은 물리적, 사회적 세계에 대한 인식 발달과 분명히 연관되어 있다. 몬테소리 교실에서 사물을 손으로 조작하면서 손과 다른 기관과 협응력을 통해 집중력이 강화되고, 사물에 몰입하는 시간이 길어짐에 따라서 어린이들의 내재적 동기를 자극하는 시간이 길어진다는 것을 발견하였다.

2. 어린이들의 작업에 대한 집중력과 자기통제

몬테소리 교실의 가장 특별한 현상은 어린이들이 혼을 잊어버릴 정도로 집중하고 자기들의 작업에 누구의 강요도 없이 오랜 시간 동안 몰입하는 것이다. 몬테소리는 처음 어린이집에서 근무하면서 이러한 현상에 대한 환상과 신기함으로 놀라워했다. 얼마의 시간이 지나면서 서서히 이해한 것은 이러한 현상이 그녀의 교실에서 무엇인가 새로운 일이 일어나는 필수 불가결한 부분이라는 생각이다. 몬테소리는 관찰을 통해서 어린이들이 작업에 열심히 집중하고 몰입함으로써 어린이들의 성격이 정상화로 변화하는 것을 발견하였다. 그녀가 어린이들과 생활하면서 발견한 새로운 사건이었다.

1907년 어린이집에서 처음 벌어진 무질서와 과잉행동과 규칙과 질서를 모르고 제대로 하는 것이 하나도 없던 일탈되고 버릇없는 행동이 서서히 사라지고 교실이 다시 몬테소리가 원했던 정상화로 변화하기 시작한 것이다. 어린이들은 아주 친절하면서 더 많은 관심과 흥미를 가지고 작업에 임하는 놀라운 변화를 일으켰다. 몬테소리가 관찰한 것은 무엇인가에 몰입할 수 있는 어린이가 같은 반 친구를 괴롭히거나 교구를 마음대로 잘못 사용하도록 방관하는 것이 아니라 오히려 친구들에게 친절함을 보이고 교구를 가지고 창조적으로 작업의 시작과 끝을 정확하게 한 것이다. 몬테소리는 어린이들의 변화 과정을 지켜보면서 관찰이 얼마나 중요하고 훌륭한 가치가 있는지를 다시 인식하여 교사들에게 관찰 이론을 교육받을 것을 주장하기 시작하였다.

일반적으로 영유아발달 이론가들은 집중력, 몰입, 자기통제 사이에 밀접한 상관관계가 있다는 것에 주목해 왔다(Ruff & Rothbart, 1996). 예를 들어, 만약에 교사가 한 어린이의 행동에 주목한다면 그 어린이의 행동을 조절하고, 통제하고, 변화시키고, 새로운 교육 내용, 방법을 제시하고 새롭게 환경을 디자인하는 활동이라고 할 수 있다.

몬테소리는 자기관리에 충실하고, 자기통제력이 강하고, 항상 작업과 사물에 많은 관심과 흥미를 가지는 어린이들은 더욱 긍정적인 사회적 행동을 보여 준다고 말한다(Montessori M., Famiglia). 어린이들의 자기조절 능력은 자기의 감정을 조절할 수 있는 능력을 의미하는데, 몬테소리는 어린이들이 주-작업을 할 때 그들이 자연스럽게 자기감정을 통제하면서 행복감을 느낀다고 한다. 친구의 방해에도 개의치 않고 충동적 행동을 일으키지 않았다. 어린이들은(성인도 마찬가지이지만) 작업에 깊이 몰입된 상태에 도달하면 자기조절 능력이 발달하는 현상이 나타난다.

심리학자 마리아 로스바트(Mary Rothbart)에 의하면 어린이들의 관심과 긍정적인 성격 특성은 서로 상관관계를 가진다고 말한다. 만약에 모든 것을 의도적으로 통제했다면 자신의 감정을 지배하고 통제하여야 할 이유와 타인의 감정을 고려하여야 할 시각이 필요할 것이다. 자기의 정서 상태와 환경에 개의치 않고 충동적인 감정을 억제하는 것과 자신의 감정 상태를 이해하는 것도 중요하지만, 어린이들 경우는 몬테소리가 언급하는 소위 심리 운동장에서 마음껏 뛰어놀 때 몸과 마음이 하나가 되어 완전 몰입상태에서 행복을 느끼는 것이 중요하다. 이때에 자기 마음을 자기 마음대로 통제하고 억제하는 행동을 반복한다. 자신의 행동을 통제하는 능력은 작업에 집중하는 능력, 자기 성실성, 타인을 인정하는 능력, 친구들과 공감하는 능력과 관계가 있다. 몬테소리 교구는 어린이들의 집중력을 향상시키는 역할을 한다. 교구들은 재미있고 그들의 마음을 사로잡으며, 스스로 집중할 수 있게끔 설계되고 구성되었다. 그리고 어린이가 새로운 몬테소리 교실에서 작업에 적응하는 동안에 시간이 필요하다.

몬테소리가 연구한 주의력 집중과 정상화에 관한 연구는 서로 상관적인 관계이다. 몬테소리의 명상과 침묵 그리고 영성 양육 훈련 영역은 주의력과 정상화와 관계있다. 명상의 특징은 현재 시간에 완전히 주목하고 집중하도록 정신을 한곳으로 모으는 것이다. 그러므로 어린이들을 위한 명상 활동을 주의력 훈련 운동으로서 간주할 수 있다. 어린이들은 명상을 통해 감정을 통제하는 능력을 강화하고, 삶에 에너지를 다시 찾고, 차분해져서 다시 무엇/어떤 작업을 할것인가 창의적 생각을 하게 된다. 명상 활동에 참여하는 어린이들은 지속적으로 정신적·육체적으로 건강하고, 감정충동을 통제하고, 긍정적인 생각이 발달하고, 자기 앞에 놓인 과제에 긍정적으로 대체하는 능력이 발달한다고 보고하고 있다(조성자 역, 2000).

신 몬테소리 학파인 릴리아드는 어린이들이 몬테소리 교실에서 작업에 몰입하여 목적을 성취하는 집중력은 명상과 일치하는 부분이 있다고 말한다. 결과적으로 집중력은 훈련과 연습을 필요로 한다. 어린이들이 주의력을 강화하는 훈련은 향상된 사회성, 더 높은 공감력, 감소된 공격성, 확장되어 가는 행복감 그리고 향상된 면역 반응을 포함한 긍정적인 변화를 이끌어 낸다고 주장한다(Lilliard A, 2005). 이러한 결과들은 어린이가 교실에서 작업을 시작하여 주-작업 단계에 도달하면 매 순간, 매 시간마다 어린이들이 더 차분해지고, 더 지적으로 완전히 탈바꿈하여 집중력의 양극화·극대화 현상이 일어난다고 말한다(Montessori M., 1970, 조성자 편역, 1996). 어린이들의 집중력이 극대화·양극화될 때 어린이들은 완전히 자아 통제력, 감정 충동 통제력, 자기이해 능력을 강화하고 내재적 만족감을 얻게 되어 독립적이고, 자율적으로 활동한다. 그러므로 몬테소리 교육에서 활동과 학습은 영원히 연결되어 있다. 릴리아드는 몬테소리 교실에서 다음과 같은 8가지 원칙을 지켜야 어린이들이 스스로 자율적이고 독립적으로 작업을 이끌어 가면서 내재적 동기부여에 관한 민감기를 발달시킨다고 말한다(Lilliard A., 2005).

① 활동과 인지는 긴밀하게 연결되어 있고, 활동은 생각과 배움에 기여를 한다; 활동과 인지의 연결이다. ② 어린이들은 자신의 삶을 통제한다고 느낄 때 학습력과 행복한 마음이 향상되고 증가한다; 자유선택이다. 몬테소리는 어린이들이 선택할 수 있고 자신의 환경에 대해 통제를 할 수 있을 때 발전하는 것에 주목했고, 발달이란 어린이 자신이 환경 속에서 주체적으로 살아가는 과정으로 보았다. ③ 어린이들은 자신이 배우는 것에 흥미를 느낄 때 더 발전적이고 적극적으로 학습한다; 최고의 학습은 흥미와 관심이 있을 때 일어난다. 흥미와 관심은 어떤 개인이 무당벌레나 개에 흥미를 갖는 것처럼 개인적일 수도 있고, 혹은 어떠한 사건이나 활동에 노출된 개인이 흥미와 관심을 가지게 되는 것처럼, 상황에 의해서 일어날 수도 있다. ④ 어떤 활동에 외부적 보상을 연결한다면, 그 보상이 끝난 후 활동에 참여하고자 하는 동기에 부정적인 영향을 끼친다; 별 스티커나 성적과 같은 외부적인 보상들은 어린이들의 집중력을 방해한다. 외부적 보상은 피해야 한다. ⑤ 협력의 원리를 적용한다면 배움을 자율적으로 촉진할 수 있다; 몬테소리 교실은 개인활동, 소그룹, 대그룹활동을 통해서 서로 서로를 돕는다. ⑥ 의미 있는 상황에서 배우는 것이 추상적인 상황에서 배우는 것보다 더 깊이 있고 풍부하고 다양하게 배울 수 있다. ⑦ 어린이들이 어떤 특정한 형식과 방법으로 성인과 소통한다면, 어린이들은 더 훌륭한 결과를 산출할 수 있다. 교사의 방향과 어린이의 방향으로 교사가 어떻게 어린이들과 소통해야 하는지에 관한 몬테소리의 가르침은 양육과 가르침에 대한 연구를 통해 짐작해 볼 수 있다. 교사가 분명한 한계를 정해 주면서

동시에 어린이들에게 그 경계선 안에서 자유롭게 이야기할 수 있게 해 줄 때, 높은 기대감을 가지고 어린이들의 필요에 민감하게 반응할 때, 어린이들은 높은 수준의 성숙함, 성취, 공감 그리고 또 다른 훌륭한 인성을 발달시킬 수 있다. ⑧ 준비된 환경, 새롭게 디자인된 환경은 어린이들에게 내재적 동기를 부여하고 더 유익하게 자율적으로 돕는다. 몬테소리 교실은 물리적이고 개념적으로 매우 질서 있게 정리되어 있다. 심리학 연구에 따르면 질서는 학습과 발달에 매우 중요하므로 몬테소리 교실의 환경에 질서와 규칙을 적용한다.

3. 어린이들의 작업본능과 자유

어린이에게 제시되는 교구 즉 구체물은 연습과 훈련을 반복해서 활동과 몸과 정신을 조화롭게 조직하고자 하는 어린이의 욕구와 일치하여야만 한다. 어린이들의 욕구와 일치하기 위해서 어린이들은 똑같이 해 볼 수 있는 다른 구체물과 교구를 탐색하기 시작한다. 실제 생활에서 아직 유익하다고 생각되는 활동이 없을 경우 어린이들은 혼란스러워한다. 예를 들어, 유럽인들의 생활 습관으로 테이블 위에 일정한 거리로 접시를 놓아야 하는 경우, 스푼과 포크는 오른쪽에 놓고, 다른 것들은 왼쪽에 놓는다. 이런 활동은 무척 가치 있는 활동일 뿐만 아니라 어린이들이 반복함으로써 욕구를 만족시켜 주는 유익한 활동이 된다. 교사와 양육자들은 어린이의 욕구와 경향에 일치하는 구체물이 있는 환경을 준비해 줌으로써 어린이의 실제 생활과 연결되는 활동에 자연스럽게 도움을 주어 유익하게 만들 수 있다.

예를 들면, 몬테소리 교실에서 사용하는 4가지 종류의 꼭지 원기둥이 있다. 각각의 꼭지 원기둥은 구멍 안에 정확하게 넣을 수 있는 10개의 원기둥을 갖고 있다. A원기둥은 높이가 조금씩 다르다. B원기둥은 직경, 즉 지름이 조금씩 다르다. C원기둥은 들어가는 순서에 있어서 높이와 직경이 조금씩 차이가 있다. C-1의 원기둥은 C의 변형이고 올라오는 순서에 따라서 높이와 직경이 조금씩 차이점이 있다. 각 원기둥이 정확하게 맞을 경우, 원기둥과 구멍이 일치한다. 어린이들의 연습은 구멍 속에 원기둥을 정확하게 집어넣는 것이고, 집어넣은 것은 기계적으로 연습하는 것과는 다르다. 집어넣는 것은 정교하고 특별한 주의를 요구한다. 만약 원기둥이 다른 구멍으로 들어가 잘못 넣어졌을 때 어린이들은 구멍 속에 정확하게 들어가지 못한 나머지 원기둥을 옮겨야 한다. 이때 어린이들에게 해결해야 할 문제가 발생한다. 어린이들은 다시 원점에서 새롭게 연습을 시작하여야 한다. 활동을 시작할 때 각각의 원기둥은 자기 위치에 있어야 하며, 활동이 끝났을 때 꼭지 원기둥이 각각 자기 위치를 발견할 수 있어야만 한다. 다시 말하자면 원기둥은 연습뿐만 아니라 추론하는 능력을 포함하고 있다.

모든 어린이들이 고유의 추론 방식을 가지고 있는 것은 분명하다. 어린이들의 개성과 특수성을 이끌어 내기 위하여 가장 중요한 것은 모든 어린이들의 작업과정에 동일한 구체물을 주는 것이다. 어린이들이 동일한 교구로 작업을 진행할 때 어떤 어린이는 다른 어린이에 비해서 연습을 실행하는 속도가 빠른 것을 알 수 있기 때문이다. 그러므로 어린이들의 추론 능력을 관찰하기 위해서 모든 어린이들에게 모든 연습을 동시에 하도록 하는 것이다. 동일한 구체물을 가지고 작업을 함으로써 모든 어린이들은 서로 다르다는 것을 알게 된다. 이러한 방법은 전통적으로 몬테소리 교실에서 아주 이전부터 행해 오던 방법이지만 현재도 여전히 실험심리학 분야에서 사용되고 있으며, 심리학의 전통적인 테스트 방법들 가운데 하나이다.

유럽의 몬테소리 교사 양성과정에서 꼭지 원기둥을 교사들에게 제시하면, 어떤 교사는 단 한 번의 실수도 없이 원기둥을 제 위치에 넣는 반면, 어떤 교사는 하나의 원기둥을 남겨 놓거나 연습을 전부 새로 해야 하는 실수를 범하기도 한다. 물론 꼭지 원기둥의 학습 목적은 모든 꼭지를 제자리에 정확하게 넣는 것이고, 넣지 못한다면 이러한 연습은 아무런 가치가 없다. 어떤 어린이는 원기둥을 모두 제 위치에 넣는 데 1분이 소요되는 반면, 어떤 어린이는 1분 30초 이상이 소요되는 것을 관찰하였다. 교사는 두 어린이들 사이의 차이점에 주목하여야 한다. 연습은 개인의 능력과 가능성을 통합하는 도구인 동시에 측정 도구가 된다.

어린이들에게 연습할 수 있는 교구를 제공할 때, 목표는 어린이의 지능을 측정하는 것이 아니라 어린이에게 발달 방법을 제공하는 것이다. 연습을 반복한 어린이는 꼭지 원기둥 사이의 조그마한 차이점을 인지하고 무엇이든 정확하게 추론하는 능력을 가진 어린이로 발달하게 될 것이다. 이러한 훈련은 어린이들의 인격 형성발달과 더불어 자기가 원하는 작업 욕구와 일치하여 자유롭고, 독립적이고, 자율적인 사람으로 성장하도록 돕는다.

어린이들은 본능적으로 정확한 방법, 사물에 대한 호기심과 흥미와 탐색능력이 있기 때문이다. 만약에 훈련과정에서 꼭지 하나가 들어갈 자리가 남는다면, 어린이는 모든 연습을 반복해야만 한다. 어린이들은 다른 사람들의 강요에 의해서가 아니라 주관적으로, 자유롭고 독립적으로 특별한 집중력을 끌어 내어 내재적 동기부여를 촉진해야 한다.

어린이들이 강한 주의력과 집중력을 가지고 꼭지 원기둥을 넣고 빼는 연습을 하는 것은 작업에 몰입하고 집중력을 이해하는 데 무엇보다도 가장 중요한 것이다. 어린이들이 끊임없이 연습을 반복하는 것은 몬테소리에게 가장 중요한 발견이었다. 몬테소리는 어린이가 꼭지 원기둥을 넣고 빼는 것을 42번이나 반복한 후 가장 행복한 미소를 머금고, 마치 "지금보다 더 아름다운 세상은 본 적이 없을 만큼 이 얼마나 아름다운 세상인가!"라고 말하는 표정을 지었을 때 그녀는 어린이들의 본성에 대해서 다시 생각한다고 서술하고 있다.

또한 몬테소리는 긴 시간 동안 작업한 어린이의 표정이 극도로 피곤한 것처럼 보였을 때 그녀가 생각한 것은 왜 어린이는 작업과정에서 쉬지 않고 다 마친 다음인 지금에야 쉬는 걸까? 왜 이제야 작업을 마칠까? 왜 어린이들은 필요 이상으로 더 많은 작업을 행할까? 이러한 의문으로 어린이들에게 새롭게 관심을 가지고 연구를 하였다(Montessori M., 1935)

몬테소리가 생각하기에 어린이들에게 작업이 피곤해지면, 그때 교사가 어린이들을 위로하고 휴식할 수 있는 기회를 주면 된다. 어린이들이 항상 피곤을 느낄 때 작업이 끝나야 할 필요는 없다고 생각하였다. 어린이들이 피곤해지기 전에 휴식을 취하는 것이 일반적인 작업의 형태이다. 때로는 어린이들에게 아주 어려운 것처럼 보이는 작업도 신체적 리듬의 발달을 위해 필요하다.

어린이가 자신의 에너지를 완전히 작업에 몰입하고 집중할 때, 몰입과 집중은 어린이를 피곤하게 하는 것이기보다는 오히려 휴식이 될 수 있다. 다니엘 핑크와 칙첸트 미하이의 이론에서 어떤 일과 작업에 완전히 몰립의 경지에 도달하면 작업이 어려운 것이 아니라 오히려 행복하고 즐겁다는 것이다.

몬테소리 교실에서 어린이들은 피곤해하지 않고 끊임없이 작업에 집중하면서 작업을 사랑한다. 어린이들이 작업을 하기 위해, 자유롭게 움직일 수 있도록 어린이들만을 위한 안전하고 평화로운 환경을 준비하고 디자인해 주어야 한다. 어린이들이 마음대로 자유롭게 할 수 있을 때, 무엇인가 방해를 받을 때보다 활동을 선택하고 집중하며 몰입하게 된다. 어린이들에게 자유가 주어졌을 때 그들에게 잠재해 있는 모든 삶의 에너지를 움직인다. 어린이들의 몸속에 포함된 소근육과 대근육은 끊임없이 움직이면서 어린이들의 활동을 가능하게 만든다.

인간의 정신은 항상 활동을 필요로 한다. 휴면 시간 동안만 인간의 정신은 잠시 휴식을 취한다. 꿈은 잠자는 동안에도 정신이 끊임없이 움직이고 있다는 것을 보여 주는 하나의 예이다. 정신은 인간을 외부 세계와 연결 지을 때 사용된다. 어린이들은 외부의 어떤 대상과 만나서 관심을 집중시키기 위해 자신의 관심을 밖으로 불러낼 필요가 있고, 밖으로 불러내기 위해서 엄청난 양의 움직임을 자신에게 요구한다. 어린이들의 본능은 신기하고, 존경스러우며 아름답다. 인간 창조는 정말 언어로 표현하기 어려운 경이로운 것이다. 어린이들은 작업 욕구가 강하고, 교구를 가지고 작업하는 동안 집중과 몰입 욕구가 강하다.

예를 들어, 어린이들이 분홍탑을 가지고 작업할 때, 분홍탑의 정육면체로 된 한 입방체 위에 다른 입방체를 올려놓을 때, 그 움직임의 균형 있는 질서가 필요하다. 팔과 손가락에 강한 집중력을 요구하는 어린이들에게 아주 어려운 활동이다. 팔과 손가락에 흔들림이 전혀 없이 정확하게 움직여야만 한다. 가볍고 조그만 마지막 입방체를 정중앙에 올려놓아야 한다. 만약 교구를 올려놓을 때 손에 흔들림이 있다면 손을 떨지 않게 도와주어야 한다.

종종 어린이가 입방체를 올려놓으려고 할 때 그 손이 떨리기도 한다. 이러한 떨림은 탑 쌓기를 아주 어렵게 할 수 있다. 사람이 작업에 아주 집중하면서 열심히 무엇인가에 몰입할 때에만 일어나는 현상으로 흔히 집중을 요구하는 신체기관에서 보인다. 분홍탑 쌓기는 고난이도의 연습으로도 이용할 수도 있다. 모든 어린이들이 근력을 강화하고 몰입 경험을 하고 정확하게 훈련할 수 있는 힘을 발달시키는 데 도움이 된다.

작업을 수행하는 어린이들을 관찰한 경험이 있는 사람들은 어린이들이 자신이 하고 있는 작업에 흥미를 가지고 스스로 아주 즐거워하면서 집중하고 몰입하는 장면을 본 적이 있을 것이다. 의심할 여지 없이 어린이들에게 작업은 분명히 기쁨이 된다. 작업과 일과 활동에 몰입되어 있기 때문에 피곤함이나 어려움을 느끼지 못하고 물 흐르듯 즐겁게 시간을 보낸다. 작업하는 동안 어린이들은 자기 자신을 풍요로운 감성을 지닌 사람, 자유로운 사람, 가장 인간적인 사람의 인격을 형성해 간다. 어린이들은 자유로움에 대한 절정 경험을 위해서 기쁨을 가지고 작업 속에 자신을 완전히 던질 필요가 있다.

몬테소리는 모든 어린이들이 작업에서 얻어지는 기쁨과 자유로움에 관한 절정 경험을 가져야 하는데, 이는 어린이들의 내적 질서, 규칙, 인간화, 내재적 동기를 촉진하는 데 가장 중요한 요소가 된다(Montessori M., 1835).

몬테소리는 어린이들의 작업과 휴식에 관한 개념 그리고 작업과 자유에 관한 개념을 잘못 이해하고 있는 것에 강한 비판적 관점을 제시한다. 몬테소리 교육철학이 전 세계적으로 확산되는 과정에서 나타난 잘못된 이해로서 어린이들에게 자유가 너무 제한된다는 점, 사회적 활동이 부족하다는 점, 종교적이라는 점, 부유층을 대상으로 하는 교육이라는 점, 예술 부분이 부족하다는 점 등을 들 수 있다. 하지만 대부분은 그녀의 철학을 완전히 왜곡하거나 잘못 이해했다고 볼 수 있다(Mc-Nichols J. C., 1998).

대부분의 성인들은 가능한 한 작업 시간을 줄이려는 경향이 있지만 어린이들은 활동하고, 작업하고, 탐색하고, 즐기는 것이 특성이다. 어린이는 종종 성인에게 완전한 사회적 개념을 심어 주는데, 인간은 꼭 타인의 요구에 따르기보다는 자신의 본성에 따른 작업이 필요하다는 것이다. 이러한 관점은 어린이가 인류와 성인들에게 주는 메시지이다.

몬테소리 철학에서는 독립한다는 개념, 모든 인간들에게 작업할 것을 요구하는 것, 선택한 작업을 행동으로 옮기는 자율성, 의지적 활동을 강조한다. 어린이들의 삶의 철학은 진실하다. 어린이들이 열정적인 자기작업을 통해서 표현하는 해맑은 표정은 그들의 내면 속에서 생성되고 있는 행복 바이러스가 또 다른 작업을 할 수 있도록 북돋고, 다시 도전정신과 자아 회복 탄력성을 만들어 간다. 이러한 요인들이 개인의 작업 성과와 작업 태도 그리고 작업의 생산성에 영향력을 미친다.

4. 어린이들의 자기 노력과 내재적 동기부여

어린이들의 활동은 자연적인 현상이며 활동은 본능적인 에너지를 산출해 내는 특성이다. 일반적으로 어린이의 잠재적 본성 그리고 작업과 활동 특성을 통합한 것을 인간 본성이라고 부를 수 있다. 어린이들이 준비된 환경에 자유롭게 노출되었을 때 또는 그들이 자유롭게 행동할 수 있을 때 어린이들은 자기 행동을 구성하려는 특성이 있으며, 행동 구성은 정확한 목표를 가지는 일을 구성한다.

어린이는 일에 집중하며 또 다시 완벽할 때까지 작업을 지속하는 경향이 있다. 어린이들의 작업 지속성은 작업에 대한 생산성을 얻어 내고, 발전을 성공적으로 이루어 내는 데 절대적으로 필요한 것이다. 어린이들은 작업에 집중하기 위해서 사물과 대상 그리고 교구와의 만남이 우선적이고, 만남의 과정에서 논리성을 학습하게 된다. 교육과의 상호작용은 물리적인 접촉을 통해 이루어지고, 근육의 움직임에 의해서 이루어진다.

어린이는 놀이와 작업을 통해서 움직임을 조직하고 자기 몸으로 자기 영혼과 정신을 표현한다. 지혜로운 인간은(Homo Sapiens) 지적 동물이고 동시에 지능으로 작업을 한다. 어린이는 자연스럽게 연습과 반복을 통해 작업 본능을 보여 준다.

어린이는 행동하는 데 자유가 주어졌을 때 정신 속에 잠재해 있는 능력을 최대한으로 가장 높은 특성을 표현한다. 어린이는 도움을 받지 않고 혼자서 독립적이고 자율적으로 작업을 실행하려고 노력한다. 어린이들의 자율성은 지속적으로 움직이고, 작업하고, 창의적으로 안내하고 피로감보다는 즐거움 그리고 자아 만족감을 높여 준다. 어린이들은 작업 욕구를 통해서 자율성과 독립심을 성취하고, 자기 위치와 역할을 책임감 있게 수행하였다. 또한 누구의 간섭도 받지 않고 자기 방식에 따라서 자유롭게 작업하고 작업에 대한 욕구를 증진시키는 행동을 하였다(Lilliard A., 2012).

어린이의 독립심을 키우기 위해 안내하고 협력해 주는 일은 위대하다. 독립적인 행동 없이는 개인의 기능은 작용할 수 없다. 일찍이 몬테소리가 어린이들의 "나 스스로 할 수 있도록 나를 도와 주세요"라는 외침에 귀를 기울일 것을 강요한 이유이다. 어린이들이 자유롭게 행동하고 성인의 도움 없이 혼자서 활동할 수 있는 환경을 제공해 주는 것으로 충분하다.

어린이들이 성장하고 발전하는 것은 독립의 초기 단계에서 더 높은 독립의 단계로 이동하는 것이다. 어린이가 독립적으로 변화하는 것은 그들의 고유한 개성과 본성을 드러내는 것이다. 몬타나로는 신생아가 엄마에게서 태어나는 것부터 공생으로부터 분리되는 것이 독립적인 삶의 시작이라고 한다(조성자 역 외 2001).

어린이들의 발달과 성장은 하나의 완벽한 독립적 존재가 되는 것으로 개인이 모든 기능을 하나하나 극복해야 한다. 어린이가 성인들에게 도움을 받지 않는 방법을 찾고 사회적 표현과 사회적 삶에서 그 자신을 위해 노력해야 한다. 그것은 성장의 또 하나의 단계이다. 그것은 자신의 극복이며 개성의 습득이라는 것을 알 수 있다. 어린이는 새로운 단계에서 약간의 추가적인 책임을 가진다. 삶의 경향은 아무것도 하지 않거나 쉬는 것이 아닌 항상 무엇인가를 하려는 것이다. 어린이는 노력을 늦추지 않고 좀더 어려운 것을 찾는다. 어린이 또한 활동적이 되고자 하며 혼자서 일을 처리하며 성인으로부터 독립하려 한다.

어린이들은 항상 다른 사람들과 공존하면서 살아가기 때문에 관찰하기도 쉽고 학문의 연구방법과 자료, 모델로 삼기에 부족함이 없다. 사실 움직임과 말은 함께 수행하지는 않지만 발달을 위한 잠재적 가능성으로 가득한 어린이들의 작업은 무에서 유를 창조하며 양육자들에게 깊은 관심을 불러일으킨다. 인간이 본능적으로 가지고 있는 심리적인 능력을 발달시킬 수 있는 신비스러운 힘은 환경과 경험에 의해서 발달을 이루어 가면서 정상화로 진화한다. 한편, 그동안 축적해 온 위대한 유산인 경험과 지식들을 전수받아야 할 존재이기도 하다.

엄마의 자궁에서 아직 태어나지 않은 태아는 출생 후에 사용할 기관들을 태내에서는 사용하지 못한다. 열 달 동안 태내에서 살아있는 생명체로서 모든 기관들을 형성한다. 출생 직후의 어린이는 영혼을 가진 미숙아에 불과하다. 갓 태어난 신생아는 즉시 자기 환경 속에서 창조 작업을 수행하기 위해 지적 능력과 물리적 능력을 발달시켜야 하는데 물론, 신생아는 자연으로부터 자생할 수 있는 능력을 선천적으로 부여받았다. 이러한 자연적이고 본능적인 능력은 성인들에게 어린이가 경이로운 창조물임을 확인시킨다.

어린이는 창조 작업을 위해서 필요한 자원을 얻고 흡수할 수 있는 환경이 필요하다. 인적 환경을 포함한 물리적 환경 속에서 어린이의 가장 위대한 업적은 의지적으로 자기가 소유한 모든 기관들의 발달을 완성해 가는 것이다. 어린이는 자신 안에 결정된 디자인이 있으며, 이 디자인은 환경에 따라서 변경이 가능하다. 영아들은 자기가 가지려고 하는 무엇인가가 보이면, 온몸을 던져 물건을 잡으려 방향을 전환하려고 움직인다. 몸 전체를 움직이는 것이다. 좀 더 자라면 영아는 자기가 원하는 사물을 향해 두 팔을 뻗게 된다. 그리고 한 손과 한 팔만을 사용하게 되며, 더 성장하면 자신의 환경뿐만이 아니라 자신과 자신의 신체, 즉 자신의 몸에 대하여 알게 된다.

모든 교사와 양육자들은 어린이를 연구하고 관찰하는 유능한 교육자로 간주하여야 하는데, 어린이들의 세계를 연구하는 학생과 같은 존재이다. 또는 교사들은 어린이를 어떤 주제에 관심을 가지고 대학에 다니면서 교수들과 교재와 더불어 시간을 보내는 젊은 학생들과 비교할 수도 있을 것이다. 어린이는 항상 자기들이 할 수 있는 최대의 노력을 하는 존재로 생각하여야 한다. 어린이들은 자신이 가지고 있는 모든 에너지를 최대한 사용하는 열정적 노력가이다. 저자는 '어린이들만큼 회복 탄력성이 강한 존재가 또 있을까' 하는 생각을 한다. 자기가 오류를 범했을때 반복하고 반복하면서 완성에 대한 쾌감을 느끼는 어린이들의 표정이야말로 "난 못할게 없는 작은 정복자야"라고 스스로 칭찬하는 표정이다. 어린이들은 놀라운 기적을 만들어 내는 강한 존재이다. 어린이가 들기에는 좀 무거운 것을 들고 거의 걷지를 못하고 땀을 흘리면서도 끝까지 옮기는 어린이의 모습을 관찰할 때 누가 그들을 미약한 존재라고 말하겠는가?

어린이가 강한 정복자, 힘센 짐꾼이 되기 위해서는 어린이가 자발적으로 활동할 수 있는 자유가 있어야 한다. 어린이들은 자기가 원하는 것을 자율적으로 행할 때 성공적 결과와 긍정적 태도 그리고 힘에 영향력을 미친다. 몬테소리의 "자유는 활동이다"라는 정의가 맞다. 어린이들에게 주어진 자유가 어린이를 힘센 짐꾼으로 만드는 것이다. 만약에 교사가 무거운 것을 힘겹게 옮기는 어린이를 보는 즉시 도와준다면, 어린이는 혼자서 스스로 모든 것을 수행할 기회를 잃어버리는 것이다. 어린이가 옮기는 짐을 교사가 대신 옮겨 주는 것은 어린이를 위한 활동의 길을 막는 것이며, 그의 발달과 진화 그리고 정상화의 진화를 저해하는 장애가 된다. 어린이가 나 스스로 할 수 있도록 도와 달라는 외침을 외면한 것이다.

어린이들이 자기 작업과 임무를 수행했을 때 느끼는 만족감을 생각해 보아야 한다. 성인들이 매우 어렵게 무엇인가를 성취했을 때 가지는 진정한 만족감과 비교할 수 있다. 어린이는 운동선수들이 매일 매일 근육운동의 연습량을 늘리듯이 많은 노력으로 연습을 해야 한다. 어린이는 대학을 다니는 학생과 비교할 수 있으며 경기를 준비하는 운동선수들과도 비교할 수 있다. 어린이는 자기 노력으로 모든 것을 정복하고 극복하는 정복자이다. 세계를 극복하는 정복자이며 자기 자신의 개인적인 능력의 정복자이다. 만약 어린이가 개인적인 능력을 습득하여 스스로 뭔가를 할 수 있는 능력이 발달하게 되면 반드시 반복활동을 통해서 자동교육의 상태에 이르기까지 자신의 훈련을 강화한다. 예를 들면, 유능한 바이올린 연주자가 되기를 원한다면 스스로 바이올린 연주를 열심히 연습하는 작업을 해야 하는 사람은 반드시 자신이다. 자신은 자신의 손을 훈련시켜야 하며, 효율적으로 바이올린을 연주하기 위해 필요한 것을 습득하기 위한 손가락 운동을 해야만 한다. 누구도 바이올린 연습을 대신 할 수는 없다. 누군가 연습을 대신했다면 바이올린 연주 능력을 습득한 사람은 자신이 아닌 다른 사람이 될 것이다. 그리고 바이올린으로부터 자신은 자유롭지 못할 것이다.

어린이의 삶은 자신에 의해서 진행되어야 하고 어려운 점을 극복하여 회복 탄력성을 가져야 한다. 어린이가 자기의 특성을 발달시키기 위해서 정확성과 인내심을 갖고 작업하는 것이 얼마나 어려운 일이고 얼마나 많은 노력의 시간이 필요한가!

성인들은 어린이의 요구를 이해하여야 하며 잘 갖춘 환경에서 어린이들을 맞이할 수 있도록 준비되어 있어야 한다. 준비된 환경 속에서 어린이들이 해방되고 자유로워질 때 스스로 극복하려는 노력이 필요하다. 어린이는 자신의 손으로 해 본 운동과 작업에 만족하고 있다. 더 중요한 것은 자기 손과 생각으로 노력해서 얻어진 결과에 대단한 가치와 환희를 느낀다는 것이다.

교사들에게 가장 어려운 것 중의 하나는 어린이의 요구와 노력을 판단하는 기준이다. 어린이의 노력한 성과에 만족하지 않더라도 그들의 행위를 방해해서는 안 된다. 어린이들의 움직임에 대한 리듬은 성인들의 리듬과는 매우 다르다. 그렇다고 어린이들이 그 리듬을 바꾸는 것은 불가능하다.

여기서 중요한 것은 어린이들이 자기 노력을 통해서 스스로 발달할 수 있는 조건으로 자유에 대한 개념과 극복에 대한 개념 그리고 스스로 노력하는 본능을 이해하는 것이다.

II. 몬테소리의 자유개념과 내재적 동기부여의 관계

몬테소리는 자유의 개념을 2가지로 요약한다. 하나는 어린이들에게 자유가 주어졌을 때 그들은 어떻게 자유로워지는가? 다른 하나는 자유로부터 어떻게 해방될까?(조성자 편저, 1996). 자유개념이 어린이들의 작업과정에서 내재적 동기부여에 어떠한 역할을 미치는가? 어린이들의 자유개념을 연구하기 위해서 그녀는 다양한 관점에서 자유를 연구하기 시작하였다. 그녀가 자유에 관심을 가진 것은 어린이들이 자유로워지는 것과 자유를 갖는 것의 차이점에서 독립적이고 자율적이 될 수도 있고, 일탈할 수도 있다. 어린이들에게 자유를 주었을 때 어떻게 자유로워지는가에 대한 의문이다. 몬테소리는 어린이들이 생활하는 데 4가지 자유의 관점을 고려하여야 한다고 말한다(Holtstiege H., 1987).

1. 어린이들의 생물학적 측면의 자유와 내재적 동기부여의 관계

어린이들은 생물학적으로 생명력이 강한 개성을 가지고 몸과 정신을 발달시킨다. 인간은 생물학적으로 2가지 요소를 가지고 발달하는데, 양적으로 성장하는 몸과 질적으로 성숙하는 정신을 가지고 발달을 촉진한다. 몬테소리는 우선 생물학적인 몸이 살아 있는 생명체로서 육체적, 심리적 발달을 진행하고 있다는 것을 전제로 자유의 중요성과 가치를 인정하려고 한다(조성자 편저, 1996). 자유는 인간 내부에서 발생하는 정신적 기능이기 때문에 어린이들의 정신적인 발달을 저해할 수도 있고 촉진할 수도 있다.

생물학적 자유는 어린이들이 자발적으로 욕구를 표현하도록 허락하고 창조적 능력을 촉진하는 역할을 한다. 어린이들은 창조적 능력으로 자유선택한 교구작업을 위해서 자유가 필요하고, 작업을 통해서 정상화, 육화, 인간화를 진행한다고 말한다(Montessori M., 1970).

만약에 자유가 어린이들의 내적 규칙에 따라 욕구를 향상시킨다면 스스로 자유로워질 수 있게 되고, 동시에 내재적 동기를 스스로 촉진하게 된다. 자유로운 상태에서 경험하는 자유로움은 '정상'이나 '정상화'의 개념으로 이해할 수 있으며, 정상화는 다시 자아 만족감을 증진시키면서 다른 작업에 대한 내재적 동기부여를 촉진한다(조성자 편저, 1996). 어린이들의 영성적 요소인 삶의 에너지와 자율적이고 독립적인 행동을 주도하는 중요한 요소가 바로 자유의 핵심 요소이고, 자유로써 인간적으로 자유로워지는 자기 존재의 완성을 알려 주는 원천적인 표현이라 할 수 있다.

생물학적인 관점에서 인간은 자기의 사명감을 완성하려는 욕구를 가지고, 생물학적 욕구는 새로운 작업을 계획하고, 잠재의식이나 무의식 속에서 작업을 통해 자유를 구체화하는 방법을 표출하는 것이 바로 어린이들이 자유로워지는 것이다. 어린이들은 활동과 작업 없이는 자유로워질 수 없다. 몬테소리는 어린이들의 생물학적 자유는 자기들의 욕구를 표현하는 기능적 매체이므로 누구나 자유로움과 상호협력하면서 발달을 촉진한다고 한다고 한다(Pignatari M., 1967, Maria Montessori cittadina del mondo, Ed. Comitato Italiano Educazione Prescolastica, Roma).

만약에 어린이들이 어떤 사물, 환경, 사람으로부터 생물학적으로 자유롭지 못하다면 창조적 과업인 육화, 인간화, 정상화, 현실화 과정에서 장애물을 만나게 될 것이다. 어린이들이 자유로워진 것이 아니라 어디에 종속되어 자기 발달을 저해받는 상황이 된다. 자유는 어린이들의 정상적인 발달을 위한 전제 조건이 된다. 이러한 측면에서 교사들은 어린이들의 내적 자유를 존중해 주어야 한다. 어린이들의 자유작업이 교육적이고 구체적인 실천방법이 되기 위한 절대 조건은 그들의 관심, 감정, 협력, 공감, 자유를 존중하고 감정을 자유롭게 표현할 수 있도록 제도적인 공간과 조직적으로 구성되고 디자인된 환경을 제공해 주는 것이다(Holtstiege, H., 1987).

어린이들에게 물질적인 것을 제공하고 보충해 주는 물리적 환경, 조직, 구성은 그들의 개인적인 에너지와 힘을 촉진시키고, 그들이 자유로워지도록 만드는 매체인 물질을 맡기는 것과 같다. 즉, 교구를 맡겨서 활동하고 자유로워지도록 한다. 어린이들에게 맡겨진 환경, 교구, 교재들과 상호작용하면서 그들의 본능과 접촉하고, 내재적 동기부여를 유발하는 내적 에너지와 같은 역할을 한다.

2. 어린이들의 사회학적 측면의 자유와 내재적 동기부여의 관계

네덜란드의 몬테소리 연구가인 부텐티크(Buytendijk F. J. J.)는 어린이들은 무엇인가 행하고, 탐색하고, 세계와 관계를 맺으면서 세계관을 가지고 타인과 더불어 사회적 관계를 맺으면서 완전한 존재가 되어 간다고 말한다(Buytendijk F. J. J., 1978). 인간은 본능적으로 노동하고, 생산하고, 사회적 관계를 맺음으로써 사회적 존재임을 확인하는 것이다.

몬테소리는 어린이들이 올바르게 행동하도록 교육하는 첫 번째 목적은 사회적 행동을 준비하기 위해서라고 말한다. 몬테소리 교실에서 질서와 규칙을 중요시하는 것 역시 훈련된 질서와 규칙이 그대로 사회활동, 사회생활과 연결된다는 것이다. 그리고 어린이들이 성장하여 사회 속에 들어갔을 때 질서와 규칙을 지키면서 독립적으로 생활하여야 하기 때문이다(조성자 역, 1994).

몬테소리는 신생아를 무능력한 상태에서 태어나는 사회적 존재로서, 제한된 환경 속에서 자기 활동을 창조하며 살아가는 사회 인류학적 존재라고 말한다(조성자 역, 1995). 신생아들은 발달 과정에서 사람과 관계, 사회적 관계를 맺으며 다양한 경험을 한다. 신생아들은 어려움을 스스로 극복할 수 있는 능력이 없기 때문에 성인들의 보살핌과 보호 그리고 교육을 필요로 한다. 또한 사회화 과정에서 일어나는 문제점을 해결해야 어린이들은 정상화로 진화할 수 있다. 어린이들의 사회적 문제를 해결하는 능력은 자유가 주어졌을 때 책임감을 통해서 가능하다.

어린이들이 성인들의 억압적인 생각이나 힘에서 자유로워지는 것 자체가 사회적 관점에서 어린이들이 자유로워지는 것이다. 몬테소리는 어린이들의 독립심을 성취하려는 노력과 힘과 에너지를 억제하려는 태도를 어린이들을 위한 억압이라고 한다(Holtstiege H., 1987). 어린이들은 정신적으로 또는 육체적으로 억압된 상황에서 해방될 때 스스로 독립적이고 자율적으로 작업과 활동을 하면서 만족감을 성취한다. 어린이들은 사회인류학적 관계에서 자유로워질 때 또래 친구들, 교사, 다른 사람들과 긍정적인 상호작용을 하면서 내재적 동기부여의 작용과 만나게 된다(조성자 역, 1995). 자유로워지는 근원적인 방법은 어린이들이 환경, 사람, 친구들의 업압된 상태와 관계로부터 자유로워지는 직접적인 경험을 하고 성취하는 것이다.

몬테소리는 사회적 구속력이 없는 무의미한 자유가 아니라 제한된 환경 속에서 물리적, 인적 환경과 더불어 자유로워지는 것을 원했다. 몬테소리가 어린이들의 사회적 고립화를 예방하기 위한 방법으로 혼합 연령, 벽이 없는 교실, 자유선택을 위해서 교구장에 교구를 진열해 놓는것, 혼합 반으로 환경을 구성하는 것은 어린이들의 자유를 존중하는 환경을 구성하기 위해서이다(조성자 역, 1995).

사회적인 관점에서 자유는 어린이들이 자유의지로 무엇이든 결정하고 판단할 수 있도록 발달시키는 것과 관계있다. 어린이들에게 자유는 준비된 교실 환경의 사회적 질서와 규범과 관계있고 자유의지적으로 자기가 원하는 것을 스스로 행하는 사회적 복종으로 나타난다. 복종은 자기가 옳다고 생각할 때 자유의지로 행하는 행동을 의미한다(조성자 역, 1995).

그렇기 때문에 자유는 어린이들을 에워싸고 있는 환경 속에서 다양한 요소와 관계망을 가지는 특성이 있다. 예를 들면, 어린이들이 다른 친구와 사회적 관계를 맺으면서 변화하고, 만화와 책을 보면서 변화하고, 친구들과 자연학습 체험장을 다녀온 다음 변화하는 것 등으로 증명할 수 있다. 환경의 영향으로 어린이들이 이렇게 변화하는 것은 지극히 정상적 행동이라 할 수 있다. 어린이들이 작업과 활동을 통해서 자유로워지는 것은 자아 성취감을 경험하고 자신이 만족감을 성취하는 것이다.

행동이 자유로운 어린이들의 특징은 자율적이고, 독립적이고, 자기조절 능력과 자기통제 능력이 발달하여 완전히 독립적인 활동을 즐기는 것 등이다. 어린이들이 스스로 물리적 환경과 인적 환경으로부터 해방되었을 때 자발적로 훈련하는 형상이 나타나고, 관심과 흥미를 유발함으로써 내재적 동기부여와 연관된다. 그리고 무엇인가를 탐색하고 새로운 작업을 시도하려는 욕구가 발생한다(Lillard A. S., 2005).

몬테소리는 어린이들이 관심을 집중하고 몰입하는 과정에서 자발적으로 훈련하는 현상이 복종적 태도와 연결되는 것을 발견하였다. 내재적 동기부여에 의한 자발적인 훈련은 복종적 태도로 순조롭게 발전하였고, 정상성에서 일탈하는 행동을 다시 정상화로 진화하도록 즉시 도왔으며, 자신의 의지에 따라 자아 성취감에 도달하였다. 스코케라는(Scocchera A.). 어린이들에게 복종적 자세는 정신적 훈련의 결과로 작업을 마친 다음 자신에게 주어지는 자아만족의 한 방법이며, 자신을 완전히 환경과 사물로부터 지배당하는 현상으로 복종은 어린이들의 내적 균형을 유지하는 데 기여한다고 말한다(Scocchera A., 2002). 어린이들이 사회적인 측면에서 자유로워진다는 것은 자기 스스로 복종적 자세를 훈련하는 것이다. 그러므로 복종은 내적 균형과 힘에 근거한 영성적인 지배로부터 탄생한다. 복종은 외부 세계에 적응하는 데 가장 많은 도움을 준다.

몬테소리는 "어린이의 자유는 공익을 위하여 제한되어야 한다"라고 말한다. 소위 말해서 보편적이고 일반적으로 선한 행동이라 생각하는 형태로서의 공동의 이익과 선을 추구하는 것이다. 교사들은 반드시 어린이의 내면적 분노 혹은 타인을 화나게 하는 것이 무엇인지를, 어린이가 난폭하고 버릇없는 행동을 충동적으로 하고 있지는 않은지 반드시 관찰할 필요가 있다(Montessori M., 자동교육). 몬테소리는 어린이가 건설적인 선택을 할 수 있도록 자유의지를 가져야 한다는 점을 강조하였는데, 그들의 자유선택은 교실과 사회의 이익을 위하여 제한되어야 한다는 것이다. 몬테소리의 자유개념은 책임을 부여한다. 만약에 어린이가 자유 책임을 감당하지 못한다면 자유의 혜택을 받지 못하게 될 것이다.

몬테소리의 자유를 제한한다는 의미는 어린이들의 행동이 무질서하고, 폭력적이고, 작업에 집중하지 못할 경우에 그 자유는 반드시 제한되어야 한다는 것이다.

3. 어린이들의 교육학적 측면에서 자유와 내재적 동기부여의 관계

만약에 어린이들이 부여된 자유로써 독립적이고 자발적인 활동을 하고 그들의 발달과 작업을 자유롭게 성취할 수 있다면 몰입과 관심의 집중화 현상에 따른 결과라 할 수 있다. 다른 측면에서 보면 어린이들이 자발적으로 노력하는 활동이나 행동이 모든 사물과 사람으로부터 해방되는 것이다.

교육적인 측면에서 자유는 어린이들을 교육하는 데 불필요한 요소를 제거해 주어야 하는 교육환경을 요구한다. 자유에 대한 책임을 전적으로 어린이들에게 부여할 수 없기 때문이다. 교육적인 측면에서 중요한 것은 어린이가 주도적으로 자기 학습과 작업을 이끌어 가고, 독립적이고, 자율적인 활동을 습관 들이는 것으로 교육적인 문제이다(조성자 역, 1996). 또한 어린이들이 자유를 어떻게 선택하는지, 교육을 통해서 자유를 현실화하고 구체화할 때 무엇/어떤 것과 만나고, 관계를 가지는지에 대한 문제이다.

몬테소리 교실에서 자유선택한 교구와 환경은 어린이가 작업에 몰입할 수 있는 유익한 방향으로 안내하는 것이다. 그리고 교사들이 그들의 목적 없는 행위에서 안도감을 가지고 외부적으로 표현되는 무질서한 행위를 허락한다는 것이 아니라 무질서한 행동을 통해서 정상적인 발전에 장애 요인이 되는 방해물로부터 그들의 활동을 자유롭게 안내하는 것을 의미한다. 더불어 어린이가 지속적으로 일련의 흥미로운 목표를 추구할 수 있고, 더욱이 어린이의 내적으로 표현되는 에너지가 질서 있고, 균형 있고, 자기통제할 수 있는 행동으로 변화할 수 있도록 적절한 환경의 디자인이 필요하다(Montessori, 1967b).

몬테소리는 무엇이 어린이들에게 학습효과를 가져다 주고, 무엇이 스스로 학습과 작업을 할 수 있도록 돕는가의 질문에 "어린이들을 자유롭게 놓아 주십시오"라고 답한다. 교육방법과 학습효과는 우연히 주어지는 것이 아니다. 자유활동이 가능할 수 있도록 배려하고 그들의 생물학적 조건, 욕구를 충족시켜 주어야 한다(Montessori M., 1970). 몬테소리는 교육방법과 교수재료들이 그들의 욕구를 충족시킬 수 있는 조건이 되고, 자유가 주어진다면 내재적 동기부여는 물론, 행복하고 즐거운 상황에서 교육적 효과를 얻을 것이라고 한다. 어린이들이 자유를 스스로 규정하고 책임 지는 행동은 자신을 진지한 사람으로 변화시킨다.

몬테소리는 어린이들이 준비되고 새롭게 디자인된 환경 속에서 자유선택과 무엇이든 스스로 결정할 수 있는 환경이 허락되고, 그 환경 속에서 작업할 때 이미 자율적으로 작업과 학습을 진행하는 것을 관찰하였다. 어린이들이 내적으로 자유롭게 작업하고 활동할 수 있는 자유를 활용하는 능력과 관심이 이미 훈련되어 자동적으로 학습과 작업을 진행하는 습관이 되었다.

어린이들의 작업과정에서, 자유로운 순환 방법으로 질서와 규칙을 지키며 작업하는 것을 관찰하고, 자기의 위치와 역할을 긍정적으로 수행하는 것을 관찰하고, 자기 자신이 해야 할 일을 발견하면서 교육과 작업을 연결하는 특성을 보이는 것을 관찰하였다(Montessori M., 1970). 그러므로 교육학적 관점에서 자유는 환경으로부터, 구조로부터, 자기 책임감과 사명감으로부터 해방되어 학습효과를 높이는 역할을 하였다. 몬테소리는 어린이들이 자유로워진다는 것은 '무엇'과의 관계와 '무엇'과의 통합을 의미한다(조성자 역, 1996). 어린이들의 정신을 자극하고 충동을 일으키도록 돕는 것은 어떤/무엇과의 관계를 통해서 내면에서 서로 조화롭게 통합되어 갈 때 몰입의 경지에 도달하는 것이다.

4. 어린이들의 도덕적인 측면에서 자유와 내재적 동기부여의 관계

도덕적인 측면에서 자유와의 관계는 어린이들의 도덕적 행위를 인격발달과 연결하여 내적 자유로 이끌어 가는 것을 의미한다. 몬테소리는 어린이들을 교육한다는 것은 자기 행동에 책임을 질 수 있는 인간으로 양육하는 것을 의미한다고 설명한다(조성자 역, 1996).

어린이들이 주-작업 단계에서 관심을 극대화하여 몰입할 때 자기 활동을 극복하는 것은 도덕적 자유와 관계된다. 몬테소리는 어린이들이 작업과정에서 준비 단계, 주-작업 단계, 휴식 단계를 거친 어린이들의 특성으로 완전히 자유로워진 도덕적 상태에 도달한 것이라고 말한다(조성자 역, 1996). 어린이들의 책임성을 완성하는 행위로서 적응력은 자신이 책임감을 완성하는 것으로, 어린이들이 상황과 사건에 몰입하는 것을 의미하고, 자신이 사물의 요구에 상응하도록 적응하는 방법을 학습하게 된다.

몬테소리는 2가지 적응 방법에 대해서 서술하고 있다. 하나는 가장 근본적인 정신적 질서의 범주로서 비교의 원리, 일치의 원리 그리고 변별력이고, 다른 하나는 자유에 대한 경험적 방법으로 이해하는 기본적인 지식이다(Montessori M., 1970).

어린이들은 이 2가지 방법으로 활동에 적응하려고 노력을 한다. 사물의 특성을 통해서 사물의 속성에 대해 자기가 이해하고 있는 입장과 태도를 확실하게 주장한다. 대상들이 주장을 정확하게 듣고, 주장에 반응하고 대답하는 것은 책임의식을 인식하는 방법을 소개하는 장면이라고 할 수 있다. 몬테소리는 어린이들의 책임의식에 대한 의식과 실천하는 것이 바로 도덕적 행위라고 말한다. 어린이들의 책임의식 속에서 자유는 작업의 주체자를 의미한다. 어린이들은 도덕적 자유를 통해서 책임의식을 발달시키고 자기 작업을 완성하는 주역이 된다(조성자 역, 1994).

어린이들이 교육학적인 측면에서 도덕적 자유를 완성하는 것은 사람과 사물 그리고 사람과 사고가 만남으로써 서로 간의 근본적인 권리와 책임감을 완성하는 것이다(Montessori M., 1913).

III. 몬테소리 교실에서 자유개념 형성으로서 자유작업과 내재적 동기부여의 관계

어린이들이 자기 활동에서 자유로워진다는 것은 무엇을 의미하는가? 몬테소리는 어린이가 자기 활동에서 해방된다는 것은 결과적으로 개인의 인지발달과 개인발달에서 육체적 발달, 정신발달, 영성발달이 최고의 상태에 도달하였을 때 나타나는 현상이라고 말한다(Montessori M., 1970). 여기에서 어린이들의 인지적 활동과 내재적 동기와의 관계를 살펴볼 것이다. 어린이들은 인지적 작업과 활동을 진행할 때 자기의 감정과 사고를 표현하는 과정을 관심의 집중화 현상, 몰입의 상태, 사고하는 방법이라고 부른다. 어린이들이 목적의식을 가지고 작업할 때 집중과 몰입의 상태는 관심의 집중화 현상이고 어린이들을 우주적 환경에서 해방시키는 것이다.

1. 어린이들의 자유작업을 위한 전제조건으로서 자유개념

몬테소리는 관심의 집중화 현상과 몰입의 상태에서 표현되는 자발적인 활동, 독립적인 활동이 자유작업과 자기 의지적으로 작업할 수 있는 원천적 에너지가 된다고 말한다(Montessori M., 1970). 그렇다면 어린이들이 작업에 몰입할 수 있는 조건은 물론 사물과 교구이다. 물리적 환경과 조건은 어린이들의 개인적인 능력과 본능적인 힘을 촉진하고, 그들이 자유로워질 수 있도록 교구와 사물을 제공해 주어야 한다. 몬테소리는 준비된 환경이 교육방법이라 말하는데, 이는 맡겨진 사물과 상호작용을 통해서 자유로워질 때 내재적 동기부여를 자극할 수 있기 때문이다. 어린이들은 사물로부터 해방되고 자유로워질 때 창조적 힘을 자유롭게 만들 수 있다. 어린이들의 창조적 힘은 자발적인 활동성으로부터 발생하고, 어린이들은 창조적 힘으로부터 행동을 창조하는 주역이 될 수 있다. 어린이들이 창조적

주체자가 되었을 때의 특성은 스스로 탐색하고, 조사하고, 노력하는 도전 정신을 가지고 자신의 활동을 주도적으로 리드하는 것이다(조성자 편저, 1996).

어린이들이 자유로워지는, 즉 자유를 현실화할 때는 정확한 척도와 제한점, 한계점을 가진다. 어린이들이 활동에서 자유로워지기 위해서는 교구와 사물 그리고 준비된 환경, 디자인된 공간, 즉 교실에 있는 다양한 교구들의 특성인 크고 작은 것, 많고 적은 것, 높고 낮은 것, 길고 짧은 것을 비교할 수 있는 척도와 제한점을 만들어 간다.

어린이들은 자유를 현실화하는 과정을 통해서 활동과 작업에 대한 만족감, 즐거움, 창조적 작업, 자신감과 자율적이고 독립적으로 작업을 지속하려는 내재적 동기부여에 대한 욕구를 가지게 된다. 다니엘 핑크의 내재적 동기부여의 이론은 결과적으로 이미 몬테소리 교실의 교육현장에서 일반화되어 있는 자유선택, 자유개념, 자유작업, 자동교육의 원리를 통해서 자기 주도적 학습원리를 창조하는 과정과 동일한 개념들이다. 다시 말하자면, 몬테소리 교실에서는 이미 그녀의 철학을 근거로 내재적 동기부여를 촉진하는 교육 방법을 실시하고 있다.

다니엘 핑크가 내재적 동기부여의 중요한 3가지 요인으로 자율성과 자기 주도적 동기부여의 힘, 숙련과 몰입에 도달하는 힘 그리고 목적과 의미 있는 삶을 중요시하였다(다니엘 핑크 지음, 김주환 옮김, 2012). 다니엘은 데시와 라이언(Ryan and Deci, 2000)이 개발한 자기결정성 이론에서 인간의 일반적이고 보편적인 욕구로 자율성, 유능성, 관계성이 있는데 이 3가지 욕구가 충족되면 인간은 동기를 얻고, 생산적, 창조적이며 행복해지지만 이러한 욕구가 충족되지 못한다면 인간의 동기와 창의성, 생산성 그리고 행복감조차 줄어든다는 것이다. 이러한 해석은 몬테소리가 어린이들의 자유선택과 자유작업을 존중해야 한다고 주장한 이론과 일치하는 부분이다(조성자, 2006).

다니엘 핑크는 자율성과 독립심의 개념을 구분하여 논증하고 있지만 몬테소리는 두 개념으로 분리하지 않았는데, 어린이들이 작업과정에서 자유선택을 하면서 행동하고, 작업과정에서 집중력을 강화하는 데 강하게 영향력을 미친다는 것이다. 자율적인 어린이들은 작업 결과와 작업을 진행하는 과정에서 작업을 완성하도록 영향력을 미친다.

어린이들의 자유는 활동을 자유롭게 변화시키고, 자유를 통한 변화는 관심의 집중화 현상, 몰입상태에 도달하는 전제 조건이 된다. 그러므로 교사와 어린이를 양육하는 사람들은 우선적으로 어린이들의 내적 자유를 존중해 주는 것을 배우고, 자기 주도적으로 활동할 수 있도록 안내해 주고, 환경에 대한 제한성, 정신적인 자유에 대한 존경심을 표현해 주는 것이 필요하다.

2. 어린이들의 집중화 방법과 내재적 동기부여와의 관계

몬테소리는 어린이들이 집중화 과정을 3단계로 거친다고 말한다. 예를 들면, 첫 번째 단계는 '어린이들이 무엇을 가지고 작업할까?'에 대한 답으로 선택과 준비 단계, 두 번째 단계는 어린이들이 선택한 교구와 사물을 작업으로 연결시키는 단계, 세 번째 단계는 어린이들이 작업을 마친 다음 작업에 대한 반성과 휴식을 취하는 휴식 단계이다(Montessori M., 1970). 어린이들이 3단계를 거쳐서 몰입의 단계에 도달하면 자기 생활에서 가장 만족스럽고 행복한 절정 경험을 하게 된다.

1) 작업을 위한 자유선택과 결정하는 준비 단계

자율성과 통제는 서로 상반되는 개념이다. 어린이들이 어떤 일에 집중하려면 우선 자기가 원하는 작업에 자율적으로 참여하여야 한다. 어린이들이 작업에 참여하는 것은 결과론적으로 몰입과 집중화에 도달하는 출발점이라 할 수 있다. 참여의 마지막 단계는 어린이들의 작업을 숙련으로 이끌어 가는 에너지원이 된다. 작업을 하기 위해서 무엇을, 어떻게, 왜 해야 되는가를 선택하고 준비하는 기간이 필요하고, 준비 단계가 길어질 수록 작업을 성공적으로 이끌어 갈 수 있을 것이다.

준비 단계는 자유로운 행동 능력을 강화하고 촉진을 확장하는 단계이다. 준비된 환경 속에서 작업할 수 있는 교수 재료를 자유롭게 선택할 수 있도록 허락받은 어린이들은 학습의 가능성이 높아진다. 여러 가지 선택의 가능성에서 하나만을 선택한다는 것은 어린이들이 인간의 한계점을 처음 경험하게 되고 자기통제력을 훈련하는 것이다. 여러 개 중에서 한 가지를 선택한다는 것은 다른 물건을 잠시 동안 제한다는 의미를 가진다. 자기의 올바른 선택을 하였는가를 판단할 수 있는 기회를 제공하기도 한다.

오스왈드는(Oawald B. S.)는 장애요인으로 보이는 것들이 때로는 성공의 조건이 될 수 있다고 말한다(Oawald B. S., 1983). 여러 가지 다양한 선택 조건에서 자기가 필요한 대상을 선택할 수 있고, 효과적으로 결정하여 새로운 작업을 시작할 수 있는 자유를 경험하고 심리적으로 행동을 조절할 수 있는 능력을 발달시킬 수 있다.

준비 단계에서 어린이들이 제한된 한계 속에서 자유를 경험하고 자기가 결정하고 선택한 것에 책임감을 가지는 동기를 부여하는 단계이다.

몬테소리의 선택의 자유가 인간의 존엄성을 이끌어 낸다는 이론은 어린이들에게 자유가 주어졌을 때 발전적으로 작업을 훌륭하게 수행하는데, 그들에게 훌륭한 작업은 황홀경으로 이끌고, 내적 기쁨을 경험하게 되면서 다음 단계를 준비하는 내적 동기부여를 경험하게 된다는 것을 설명한다(조성자 편저, 1996).

2) 어린이들의 주-작업 단계와 내재적 동기부여

어린이들의 주-작업 단계는 이미 선택한 교구를 가지고 작업과 연결하는 단계이다. 다시 말하면, 작업에 대한 목적이 분명한 상태이다. 어린이들은 작업을 통해서 자기를 에워싸고 있는 환경에 스며들고 조화를 이루어 간다(Montessori M., 1971).

어린이들이 자유를 성취하는 것은 자유롭게 만드는 것을 가능하도록 하는 작업 목표와 긴밀하게 연관된다. 어린이들을 위한 준비된 환경, 그들을 자극하는 환경은 내재적 동기유발과 내적 작업을 위한 안내자인 동시에 긴밀하게 연관된 협력자의 관계이다. 어린이들을 위한 환경과 교구는 그들에게 심리적인 반응을 일으키고, 그들을 심리적 반응 속으로 이끌어 몰입시키고, 성공적으로 작업하도록 촉진한다. 어린이들이 교구를 가지고 작업할 때 관심을 집중시키고, 지속적으로 관심 유지시키는 교구는 교육방법에서 매력적이고 중요한 역할을 한다(조성자 역, 1996). 어린이들이 주-작업 단계에서 나타는 현상을 다음과 같다.

- 어린이들이 자유선택한 교구를 통해서 관심과 흥미와 연결하는 능력이 발달하다. 어린이들의 사물에 대한 본질 또는 속성, 특성, 가치와 연결한다.
- 어린이들이 주-작업을 통해서 내적 집중력과 연결한다. 어린이들은 내적 집중력과 더불어 자신의 변화를 경험하게 된다. 예를 들면, 다음 단계에서 다시 시작한 작업에 대한 계획을 세우고 스스로 만족 상태에 빠지게 된다.
- 어린이들은 자기들의 작업 내용과 결과에 대한 이야기를 친구들과 교사들에게 설명하고 스토리텔링을 하면서 만족감과 평가에 대한 기대감을 가진다.
- 어린이들은 주-작업 단계에서 자심감에 대한 절정 경험을 한 다음, 작업과정에서 어렵고 스트레스를 받았던 과정을 극복하고 다시 회복탄력성을 높인다. 자신의 능력에 만족하고, 작업을 성공적으로 마친 것에 대한 자신감, 작업과정에서 발생한 여러 가지 문제점에 대처하는 방법에 자신감을 가지게 된다(Montessori M., 1970).
- 어린이들은 주-작업 단계에서 또래 친구들과 협력관계를 유지하는 방법을 인지한다. 어린이들은 공동 협력을 통해서 자기조절 능력, 감정조절 능력, 규칙과 질서를 의식하고 교실에서 공동작업의 중요성을 인식하게 된다.
- 어린이들은 주-작업 단계에서 사물에 대한 통찰, 규칙, 사회적 태도, 책임감, 양보, 배려에 대한 의식과 작업을 연결하여 생각하고 분석하는 단계까지 발달시켰다(Montessori M., 1970).

주-작업 단계에 도달한 어린이들은 작업을 통해서 외재적 동기부여보다는 내재적 동기부여를 촉진하였다. 어린이들이 작업을 성공적으로 마쳤을 때 자기 자신에 대한 이해는 물론, 친구들을 이해하는 범위가 증가되었다. 자신의 내적 만족감이 다른 친구들을 이해하고 친사회적 행동을 발달시키는 것과 연결됨을 알 수 있었다.

3) 어린이들의 휴식 단계와 내재적 동기부여

어린이들은 준비 단계, 주-작업 단계를 거쳐 재창조 작업과 연결되는 휴식 단계에 도달한다. 이 단계는 어린이들 작업의 마지막 단계로서 이미 전 2단계를 거치면서 자유를 체험하고, 자유를 누릴 때 성공적이고 생산적인 작업효과를 산출하는 것을 경험하였다. 어린이들은 주-작업과정에서 충분히 경험한 내적 안정감, 균형감, 행복감으로 또 다른 삶의 에너지를 창출하게 된다. 자기들이 좋아하는 것, 할 수 있는 것, 자기들이 해도 되는 작업을 선택해서 집중하고 몰입하였기 때문에 어려움, 싫증, 권태로움 대신에 행복하고 만족스럽게 작업을 마친다. 그 다음 잠시 휴식 시간을 거쳐 또 다른 작업에 관심을 가지고 다음 작업과 연결시키는 단계에 이른다(조성자 편저, 1996).

이 단계에서 어린이들은 주-작업 단계보다 좀 더 자유로워진 상태에서 여유를 가지고 친구들과 무엇을 다시 할 것인가?, 어떤 작업을 선택할 것인가?, 개인, 소그룹, 대그룹 집단으로 할 것인가? 등을 선택하기 위해서 휴식을 취하는 단계이다.

어린이들은 휴식 단계에서 자기 내면을 돌아볼 수 있는 기회를 가지고 좀 더 창의적으로 작업을 계획하는 경향이 있다. 인간은 항상 무엇인가를 행하려는 욕구가 있다.

3. 어린이들의 내재적 동기부여와 관찰을 통한 학습(관찰의 중요성)

교사가 관찰하는 방법을 배울 때 교사의 학문적 진화와 발전이 시작된다. 이는 교사가 관찰하고자 하는 대상을 정확하게 바라볼 때만 가능하다. 몬테소리 교실에서 대부분의 교사들은 과학적인 관찰에 대한 중요성에 대해서 이야기한다. 관찰은 보는 것을 말하는 것이 아니고 본 것을 교육방법과 교육내용과 연결할 때 관찰 목적을 달성할 수 있다. 저자는 교사들에게 관찰하기 위해서 특별한 관찰안경을 쓰도록 권고한다. 과학의 진화는 단순히 보는 것에 의존하지 않고, 특별한 준비와 특별한 정신적 훈련을 한 다음에 이루어진다. 관찰 자체가 교육방법과 내용이 될 수 있기 때문이다.

교사들이 어린이들을 대충 보아 넘길 때 정확하게 볼 수 있는 눈을 가지도록 노력하는 것이 필요하고, 그런 교사를 원장이나 책임자가 적극적으로 협력하여 도와주는 것이 필요하다. 관찰은 정확한 연구를 원하는 사람에게 믿기 어려울 정도로 가장 특별한 도구가 되어 도움을 줄 수 있다.

몬테소리는 관찰을 할 때 교사들이 체계적으로 준비 단계를 거쳐야 한다고 말한다(Montessori M., 인간학). 누구를 관찰할 것이며, 어떤 행동과 내용을 관찰할 것이며, 어떻게 관찰하고, 기록할 것이며, 언제, 어디서, 얼마만큼의 시간을 관찰할 것이며, 관찰한 내용을 어떻게 사용할 것인가, 객관적으로 관찰하였는가에 대한 계획을 세워서 관찰해야 한다고 말한다(조성자, 김의향 역, 2009).

일반적으로 흔히 말하는 관찰의 과학화란 실험적인 과학을 의미한다. 실험 과학도 분명 과학이다. 진보, 진화, 발달이 진행될 때 지식을 얻게 된다. 어떤/무엇에 대한 해박한 지식은 보는 것을 도구로 삼아 감각 하나하나를 모두 통합하여 새롭게 규명하는 방법이다. 시각은 가장 지적인 감각이라 할 수 있으며, 수많은 지적 감각들을 한곳으로 모으는 역할을 한다. 시각으로 모은 것이 지적 감각이 되는 것이다. 과학적 관찰로 연구하는 과학자들은 자기들이 관찰하는 것들을 사랑한다(Diane H. Craft, Craig L. Smith, J. 2008).

관찰에 대해 배운 사람들은 자신의 감각을 수단으로서 뿐만 아니라 특별한 사랑의 한 방법으로 자신이 관찰한 것에 과학적으로 애착을 가진다. 관찰을 시작하면서 정확한 방법으로 진실을 추구하는 어린이들에게 그들의 대단한 열정과 관심을 사랑이라는 이름을 제외하고 다른 어떤 이름으로 불러 줄 수 있을까?

교사가 관심 있는 어린이, 특별하게 애정을 느끼는 어린이들을 말한다는 것은 실제로 그 어린이를 본 경험이 있다는 것을 의미한다. 누군가가 특별한 방법으로 우리에게 관심을 보일 때 무슨 일이 일어나는가? 우리는 보는 사람의 모든 특성과 부분을 정확하게 보게 된다. 다른 사람의 눈에는 많은 부분이 보이지 않지만 우리의 눈에는 많은 것들이 보인다. 우리가 어린이들에게 하나라도 더 보고자 하는 애정을 느끼기 시작할 때, 우리가 알고자 하는 바는 단순히 외적인 것이 아니다. 어린이의 모든 것에 대해서 알고 싶은 마음이 가득하다. 한 사람에 대해 들었던 모든 것들은 우리의 관심사가 된다. 과학은 정확한 방법으로 관찰할 뿐만 아니라 관심과 사랑과 열정을 가지고 관찰하는 방법을 탐색하려고 한다.

몬테소리는 정확하고 객관적인 관찰자가 되기 위해서 예리한 감각기관과 천리안의 눈을 가져야 하고, 개인 감정을 통제하여야 하고, 관찰 내용과 결과를 정확하게 기록해야 하고, 관찰자로서 선입견을 버려야 하고, 어린이의 모든 부분을 한눈에 볼 수 있어야 하고, 어린이의 행동현상만 관찰하여야 하고, 직관적이어야 하고 추리력를 가져야 한다고 말한다(Montessori M., 1910).

교사들이 흔히 말하는 진보란 인간의 심장으로 들어가는 끊임없는 사랑으로만 가능하다. 어린이에 대한 끊임없는 사랑은 사람에게 무엇인가 관찰하게 하고, 그 속에 스며들게 하며, 자신의 연구를 수행하게 하는 힘이 된다. 이러한 사랑의 감정을 일으킨 것을 발견하는 것은 과학자 자신이 발견하기 전보다 더 잘 먹고 잘 자기 위해서가 아니고, 오히려 인류 전체를 위해서 발견을 하는 것이다. 무엇인가 알기를 원하고 자신의 연구를 사랑하고 즐기는 교사들은 자기들의 사명감을 발견하기 전까지는 휴식도 없는 과학의 순교자와 같다고 말할 수 있을까? 분명한 것은 교사들은 물질적인 세계보다는 사랑의 본질에 민감해야 한다는 것이다.

사실 교사의 입장에서 어린이는 자신의 환경을 재조명해 주는 사람이라고 할 수 있다. 교사는 어린이를 관찰하는 것에 흥미 있을 뿐만 아니라 즐기기도 한다. 교사의 입장에서 어린이는 자신의 환경을 사랑한다고 말할 수 있다. 어린이는 민감기 동안 환경으로부터 이미지와 인상을 흡수한다. 어린이는 사물을 멀리서 바라보지 않고 자신의 생각에 따라서 예상하고, 관찰 후에 사물을 변화시킨다.

만약에 교사가 어린이들에게 환경으로부터 이러한 인상을 흡수하는 것에 도움을 주려고 한다면, 교사는 어린이가 정확한 방법으로 안전하게 사물을 관찰할 수 있도록 준비시켜야만 한다. 이러한 도움은 어린이가 외부세계로부터 자신의 정신을 추상적 수준으로 끌어 올리는 데 성공적인 과학적 질서를 제공해 줄 수 있도록 만드는 것이다.

감각교육은 물질을 측정함으로써 과학적으로 관찰할 수 있는 방법의 기회를 어린이에게 제공한다. 감각적으로 인지할 수 있는 물질을 다른 것들로부터 특별한 감각 자극을 고립화시키는 것이 최선의 목표이다. 만약 교사가 방법적으로 목표를 성취할 수 있도록 환경을 준비하고 특별한 기술을 어린이에게 제공한다면, 어린이는 스스로 아주 다양한 문제를 해결해 갈 수 있는 능력을 발달시킬 것이다. 교사들이 이미 알고 있듯이 정확한 관찰을 위해서 어린이들의 행동(무엇)과 환경선택(영역), 현상(일어나고 있는 행동현황), 기록(사실적), 부호화(기호, 부호표시)를 미리 정해야 한다. 일어나고 있는 행동현상을 그때 그때 서술하여야 하기 때문에 교사들에게 시간이 넉넉하지 않을 수 있다. 그러나 몬테소리 교실에서 관찰은 교사에게 교육방법과 내용을 스스로 연구할 수 있는 재료가 되기 때문에 다음과 같은 관찰의 목적을 가지게 된다.

일반적으로 관찰의 목적을 살펴보면 다음과 같다.

- 관찰을 통해서 어린이들의 작업에 대한 관심도, 흥미, 욕구를 파악할 수 있다.
- 어린이들의 행동 현상을 관찰하고 기록해서 교육내용과 방법에 적용할 수 있다.
- 관찰을 통해서 새로운 환경을 준비하고 디자인한다.
- 관찰을 통해서 교사로서 자기반성, 개입, 자기분석, 평가를 할 수 있다.
- 관찰할 때 기록한 내용을 교수방법, 부모교육, 개인지도, 부모상담시간에 정확하게 재료로 제시할 수 있다.
- 관찰을 통해 교사-부모-어린이 사이의 관계망을 정확하게 구축할 수 있다.
- 관찰을 통해서 어린이에 대한 새로운 정보를 얻어 낸다(Montessori M., 1910).

관찰의 목적을 달성하기 위해서 교사들은 자기가 본 것, 들은 것, 느낀 것과 같은 관찰한 내용을 기록하는 기술이 필요하다. 교사가 기록한 내용이 바로 각각의 어린이들을 위한 교수방법이 될 수 있다.

- 어린이 이름
- 관찰 장소, 날짜, 시간
- 관찰자가 알 수 있을 정도로 우선 기록하고, 부호화하고, 다음에 즉시 시간을 내어 정확하게 재기록할 것. 물론 즉시 기록할 수 있으면 가장 훌륭한 방법임.
- 어린이에 관한 모든 행동, 반응 현상을 기록할 것.
- 관찰실에서 관찰하고 기록할 경우는 문제가 되지 않지만 가능한 한 어린이들에게 기록하는 것이 눈에 띄지 않도록 할 것. 관찰이 방해가 될 수 있음.
- 어린이들을 방해해서는 안 됨.
- 어린이들이 활동한 사실만 기록할 것. 교사의 선입견과 개인감정이 개입되지 않을 것.
- 정확하고, 사실적인 것을 기록할 것.
- 기록은 명사가 아니라 진행형, 동사로 기록할 것.
- 행동으로 나타난 순서에 의해서 기록할 것.
- 관찰자가 누구로부터 들은 것이 아니라 직접 본 것만 객관적으로 기록할 것. 개인감정과 객관성을 구분할 것.

몬테소리는 관찰이라는 용어를 사용할 때 이탈리아어로 '관찰(Osservazione)'이라는 명사 대신에 '관찰하고 있다(Osservare)'라는 동사를 사용하였다. 왜냐면 관찰은 어린이들이 지금 현재 하고 있는 행동 현상을 정확하게 보고 그대로 서술하는 것이기 때문이다.

4. 몬테소리의 자기 숙달의 반복원리와 내재적 동기부여

몬테소리 교실의 어린이들이 교사들의 도움 없이 구구단을 암기하는 작업이 가능할 수 있는 또 다른 방법으로 반복 학습이 있다. 몬테소리는 어린이들이 교사의 피드백 없이 과제를 올바르게 수행하는 방법으로 반복에 주목한다(Epstein P., 2012). 예를 들면, 어린이들은 분홍탑을 구성하는 것을 반복적으로 훈련하여 올바르게 구성하는 방법을 숙달하게 된다. 곱셈 판을 계속적으로 반복 활용함으로써 어린이들은 구구단을 암기할 수 있게 된다. 만약 어린이들이 훈련과정에서 오류를 범한다면 통제를 통해서 교구와 함께 자신들의 실수를 스스로 발견할 수 있고 반복을 통해 실수를 수정할 수 있다.

몬테소리는 인간은 본능적으로 자기들만의 완벽을 추구하는 경향을 가지고 있다고 말한다. 인간은 어떠한 것을 스스로 극복하고, 자기만족에 도달하면 즐거움과 기쁨을 느낀다. 어떠한 일에 숙달(mastery)하기 위해 열정과 도전정신으로 긴 시간 동안 반복 훈련을 지속하고 연습을 반복하는 어린이들을 교실에서 관찰하였다.

만약 어린이들을 위한 준비된 환경 요인들이 반복적인 실수를 허용하지 않고 피드백을 제공하여 어린이들이 완벽하게 자기 작업을 완전하게 수행할 수 있을 때까지 연습을 반복하도록 유도한다면 얼마의 시간이 지난 다음, 자기가 연습하고 훈련한 대상은 결국 숙달에 도달하게 된다. 교사는 어린이들의 실수를 교정해 줄 필요가 없고 동시에 어린이들은 자동교육의 원리에 도달하게 된다(Montessori M, 1971). 반복훈련이 그 작업에 숙달된 어린이로 만들어 버린 것이다.

몬테소리 교실에서도 어린이들에 대한 평가가 이루어진다. 그러나 평가는 어린이들이 평가받고 있다는 사실을 인지하지 못한 상황에서 이루어진다. 몬테소리 교사들이 어린이들을 평가하는 방법 중 하나는 수업을 제시하는 것이다. 몬테소리 3단계 교수법을 포함한 수업이 세 단계로 이루어져야 한다. 3단계 교수방법은 연상(association), 인식(recognition) 그리고 기억(recall)을 암묵적으로 시사한다. 세계를 묘사하는 정밀한 기술을 가지고 세상에 태어난 신생아기부터 5년이 어휘습득에 매우 민감한 언어의 민감기로서, 몬테소리 프로그램에서 보아 왔듯이 영아들은 성인들이 인지하지 못하는 정교한 기술을 반복활동을 통해서 쉽게 숙달하게 된다. 어린이들의 손은 만능 기계이다.

3단계 수업방법의 구조는 다음과 같다. 1단계에서 교사는 명칭을 부여해야 하는 사물을 어린이들에게 제시한다. 예를 들어, 거친 보드와 부드러운 보드, 거친 나무 탁자 그리고 부드러운 사포를 제공한다. 어린이들이 손가락으로 각각의 사물들을 만질 때 교사는 어린이들에게 '거친'과 '부드러운' 등과 같이 참고할 수 있는 어휘들을 제공한다. 2단계 수업에서는 어린이들이 인지한 것을 테스트한다. '거친 보드 하나 줘', '부드러운 보드 하나 줘'라고 어린이들에게 요청한다. 이 단계에서 어린이들이 교사가 요구한 사물을 올바르게 선택하지 못한다면 교사는 어린이들을 교정해 주는 것이 아니라 어린이들이 처음부터 어휘의 개념을 습득하지 못한 것으로 인정하고 다른 시간에 앞의 과정을 반복한다. 어린이가 요구한 사물을 올바르게 선택했다면 교사는 3단계 수업을 진행한다. 3단계 수업은 사포지를 들고 어린이에게 '이게 무엇일까?'라고 질문한다. 어휘의 상당수는 이러한 수업을 통해 초등학교에서 습득하며 교사들은 어린이들이 핵심개념을 숙달했는지에 대한 여부를 판단할 수 있다.

몬테소리 교사 역시 어린이들의 작업을 지속적으로 관찰하면서 그들을 평가한다. 교사의 평가가 정상적으로 이루어질 수 있도록 어린이들의 작업이 확장되고 보기 쉽게 진행되므로 교사는 어린이들 가까이 있지 않아도 쉽게 관찰할 수 있다. 몬테소리는 교사가 어린이들의 작업 진행을 방해하지 않을 것을 권고한다.

만약 교사가 어린이들의 작업을 방해한다면 어린이들이 작업에 관심을 가질 수 있는 기회와 어린이들이 스스로 수정할 수 있는 능력을 향상시키는 기회를 망가트리는 오류를 범하는 것이다. 즉, 교사가 몰입하여 작업하는 어린이를 방해하는 것은 어린이가 "나는 나 스스로 내재적 동기부여를 하고 있어요. 그런데 중요한 순간에 정신적 혼란을 초래했어요. 이제 더 이상 나의 내재적 동기부여에 따른 집중력이 사라져 버렸어요"라고 말하는 것과 같다(Montessori M., 1971).

교사의 불필요한 관찰이 어린이의 집중력과 몰입상태를 방해한 것이다. 교사들은 관찰하고 있다는 사실이 드러나지 않도록 주의할 필요가 있다. 교사의 불필요한 칭찬, 도움 혹은 단지 지켜보는 것만으로도 어린이들을 방해하거나 활동에 몰입하는 것을 방해할 가능성이 있다. 다른 한편으로 어린이들이 단순히 자신들을 지켜보고 있다는 사실을 인식하는 순간 이러한 현상이 나타날 수 있다. 교사들이 어린이들과의 상호작용에서 성공하기 위한 중요한 원칙은 어린이들이 집중하면서 작업을 시작하는 순간부터 마치 교사가 어린이들 앞에 존재하지 않는 것처럼 행동하는 것이다. 누군가 다른 사람을 감시(surveillance)한다는 것은 분명히 동기부여에도 영향을 미친다. 단순히 지켜보는 것조차도 동기부여를 감소시킬 뿐만 아니라 새로운 작업을 진행하는 동기를 저해한다.

IV. 몬테소리 교육방법 안에서 자동교육

어린이들은 대부분 자기가 생활하는 환경 속에서, 환경에 의해서 내재적 동기를 부여받는다. 어린이들 스스로의 자기훈련이 이루어지며 교사의 공동체 리더십이 어린이들에게 동기부여가 되는 분위기를 조성해 주어야 한다.

어린이들이 동기부여를 받기 위해서 우선적으로 필요한 것은 무엇인가? 몬테소리에 의하면 어린이들의 동기부여에 있어서의 핵심적인 요소는 어린이들 스스로가 선택자가 될 수 있는 사람으로 자유롭게 발전해 나가는 자율적이고 독립적인 작업자, 학습자로 경험되어지는 것이라고 말한다. 몬테소리는 교육과업의 본질은 어린이들 내면에 내재해 있는 모든 요소들이 준비된 환경 속에서 스스로 발현할 수 있도록 도와서 서로 협력관계를 만들어 가는 것이라고 말한다(조성자 저, 2012b).

몬테소리는 교육이란 교사나 책이 알려 주는 것을 기억하는 수동적인 경험이 아니라고 여러 번 강조한다(조성자 옮김, 1994). 교육은 각자의 지적, 정신적 발달을 책임지는 적극적인 경험에서 이루어져야 하는데, 가르침에 의해서 얻어지는 것보다 경험에 의해서 얻어지는 것이 훨씬 많다는 것이다.

어린이들이 우주 환경 속에서 얻는 적극적인 경험이 바로 몬테소리 교육의 핵심이다. 몬테소리 교육이 전통적인 교육모델과 철저히 차별화되는 요인이 바로 적극적인 경험으로, 백지상태를 주장하는 경험주의자, 자동교육방법, 삶과 연결된 실용성을 강조하는 진보주의 이론가들의 교육철학과 유사하다.

몬테소리 교육의 전형적인 특징은 어린이들이 아동기로 발달해 가는 단계에 있어서 보다 독립적인 인간이 될 수 있도록 촉구하는 것이다. 독립적인 인간은 자기들의 사회적, 환경적 삶에 있어서 뿐만 아니라 그들의 학문적 삶에 있어서도 마찬가지로 탐색자, 창조자, 자유인으로 성장하는 데 영향력을 미친다.

몬테소리는 어린이들의 스스로에게 학습에 관한 책임감을 부여하였고 교사들에게는 교수방법과 교육과정의 협력자로서 이차적인 역할만을 부여하였다. 즉, 가르치는 교사가 아니라 안내자, 촉진자, 조성자, 구성자, 준비자로서 역할하는 교사다. 배움에 있어서 어린이들에게 독립적이고 주도적 역할을 강조하고 교사에게 지원자, 안내자, 촉진자, 보조자로서의 역할을 강조하는 것과 같다. 교사들은 항상 끊임없이 가르치지만 배우는 것은 어린이들의 몫이고 일이다. 즉, 배우는 것을 교사가 어린이들을 대신해 줄 수 없다. 바로 이러한 관점에서 오늘날 어린이를 건축가, 창조적 교육자라고 부르는 것과 아주 유사하다.

1. 몬테소리 철학에 있어서 자율성의 개념

인간의 근본적인 권리는 스스로가 형성해 가는 것이다. 즉, 장애물이 없고 어딘가에 종속되지 않으며 자신의 발전을 위해 필요한 방법을 자신의 환경에서 자유롭게 활용 수 있는 있는 것이 인간의 근원적인 권리라고 말한다(Montessori M., 1950, 조성자 옮김, 1996).

자율성, 독립심에 관한 몬테소리 이론을 이해하기 위해서는 우선 어린이들의 작업 본성에 관한 개념을 이해하여야 한다. 몬테소리는 외적인 결과물과 부합하는 성인들의 작업 특성과 내적인 결과물을 얻고 즐거워하는 어린이들의 작업 특성 사이의 서로 상반된 개념을 설명한다(Montessori M., 1973).

성인들은 자동차, 책, 서비스, 예술작품 등 무엇인가를 창조하고자 작업을 한다. 성인들은 이러한 작업을 가능한 한 빨리 서둘러 하고자 할 뿐만 아니라 가능한 한 적은 에너지와 자원을 투자하여 가장 높은 수익을 얻고자 한다. 우리는 이것을 생산성이라고 생각한다.

몬테소리에 의하면 어린이들의 작업 결과물은 어린이들의 내적인 삶이나 정신발달을 이끌어 가며 이러한 발달은 그들의 삶이 선택한 것이고, 성인이 되는 과정으로 어린이들의 본성을 안내하는 것이라고 말한다. 어린이들의 어떠한 활동이나 행동에 있어서 발생하는 내적 발달의 정도를 극대화하여 확장하는 것이 외적으로 보이는 결과물을 빠르게 생산하는 혹은 적은 노력으로 생산해 내는 것보다 훨씬 중요하다.

몬테소리는 어린이들을 '영적 태아'라고 부른다. 즉, 태어날 때부터 어린들은 자기들이 진행하는 모든 활동과 작업을 통해 자신들의 내적인 삶을 발달시키는 임무와 사명감을 수행한다는 것이다. 몬테소리는 어린이들이 성인으로 성장하여 변화되어 가는 데 중요한 역할을 하는 것을 어린이들의 '작업(work)'이라고 확신했다. 어린이들의 작업은 몬테소리의 진정한 성인기에 도달하는 4단계의 발달과정을 통해 완성된다. 또한 몬테소리는 발달과정은 어린이들 자신의 작업이며 성인-부모-교사들의 작업이 아니라고 주장한다(조성자 저, 2007).

> "어린이들은 성인들의 작업을 공유할 수 없지만 어린이들은 자신의 어렵고 중요한 과업을 수행하고 있으며 이러한 과업수행은 바로 인간화로, 육화로, 사회화로, 현실화로 진화하는 것이다……. 인격과 인간으로 형성되는 것은 전적으로 어린이 자신에 의해 이루어진다……. 어린이들은 인간의 어버이다."

이와 더불어 올프는 "태아가 어린이가 되고 어린이가 성인이 되는 것처럼, 인간성은 자기 자신의 노력에 의해 형성된다"라고 하였다(Wolf A. D., 1996, 조성자 옮김, 2000). 이것이 어린이들의 교육적 삶에 있어서 그들을 위한 자율성에 대해 몬테소리가 주장하는 가장 기본적인 원리이고 합리적인 근거가 된다.

몬테소리는 어린이들의 임무와 사명감은 '오직 어린이가 할 수 있는 것'이라는 점을 정확하게 언급하였다. 몬테소리는 저서와 강의를 통해서 어린이들의 자연스러운 발달을 방해하는 성인들의 잘못된 행동을 지적하고 꾸짖었다. 우리들의 문제점은 우리가 어린이들의 발달을 책임져야 한다고 믿고, 우리를 의존하지 않고 그들 스스로 발달을 완성해 가는 어린이들의 능력을 모른 채, 어린이들을 완벽하게 만들고 있는 것은 성인들이라는 착각에 사로잡혀 있는 것이다(Eisler R., 2000, 조성자 옮김, 2012, a).

다시 말해서 몬테소리는 그녀가 자동교육 또는 스스로 배우는 어린이들의 능력, 그리고 어린이들 스스로의 활동으로 그들의 인간성을 발달시키는 능력을 신뢰하였다. 몬테소리는 이것을 인간의 근원적인 권리, 외부로부터의 어떠한 방해도 없이 그들 스스로가 인지와 자신의 정체성을 발달시킬 수 있는 자유라고 말한다. 어린이들을 위한 자동교육은 교육의 진정한 목적이다. 몬테소리의 자율성에 대한 이론은 그녀의 자동교육과 연결되어 있다(조성자 편역, 1996). 자율적인 어린이란 자기 스스로 모든 일을 행한다는 것과 연관된다. 몬테소리는 어린이들이 언제 자동적으로 자기 일을 완성하는가를 연구한 결과, 그들이 자유로운 상황에서 선택한 작업을 하고 반복적으로 활동함으로써 습관이 되어지면 스스로 할 수 있는 능력이 발달하고 자동교육에 이르는 결과를 가져온다고 하였다. 어린이들이 스스로 자동교육 단계에 도달하면 자율성이 발달한다. 그러므로 어린이와 성인의 작업에 차이점이 있다.

몬테소리는 다른 아동연구가들이 자기훈련을 지지하는 것과 같이 자동교육을 지지한다. 그러나 자동교육은 교사가 어린이들을 포기·방관하여 어린이들 스스로가 어떠한 도움도 없이 발달과 성장을 이끌어 간다고 기대하는 것을 의미하는 것이 아니다. 교사들은 어린이들이 자동적으로 교육받을 수 있도록 허용하는 중요한 역할을 수행하여야 한다. 몬테소리는 교사의 역할을 교육의무로 중요하게 정의하였다. 즉, 어린이들이 자기 스스로 이러한 자기발전을 성취할 수 있도록 도와주는 것이 몬테소리가 주장하는 교육임무이다.

어린이들이 자동교육을 수행할 수 있도록 그이 원하는 준비된 환경을 제공해야 하며 준비된 환경은 몬테소리의 이론과 실제를 포함하는 것이 가장 중요한 핵심 개념이다.

몬테소리의 준비된 환경의 목적은 가능하다면 성장기에 있는 유아기 어린이들을 성인으로부터 독립하여 스스로 활동할 수 있도록 협력하는 것이다. 준비된 환경의 핵심 개념은 매우 광의적이며 몬테소리 철학의 전체적 의미이다. 준비된 환경이라는 용어의 의미를 좀 더 확장한다면 준비된 환경은 몬테소리 교구, 교재들의 다양성, 다양한 연령대로 구성된 혼합연령교실, 준비된 교사, 준비된 부모, 준비된 어린이에 대한 특별한 교사-환경-어린이들의 모든 상호 관계를 포함하고 있다. 이러한 전체적인 환경의 조화로움을 통해서 어린이들이 자동교육을 진행할 수 있는 교육환경을 이끌어 낸다. 따라서 환경은 자동교육의 수단을 포함하여야 한다.

몬테소리의 교구들은 준비된 환경에 있어서 가장 중요한 요소이다. 몬테소리 교구는 어린이들을 독립적이고 자유로운 인간으로 양육하고, 본능적 능력을 발달시키는 데 기여할 뿐만 아니라 어린이들에게 자동교육의 수단을 제공하고 이를 통해 어린이들이 일생 동안 자율적인 학습자로 변화할 수 있는 능력을 창조한다. 뿐만 아니라 어린이들의 지식을 정확하게 발달시키는 데 기여하였다. 인지발달에 사물과 재료를 통해서 정확한 지식이 발달한다면 교구는 어린이들의 인지발달을 이끌어 가는 매체 역할을 한다. 사물 없이 인지를 구성하기란 어려운 일이다.

몬테소리가 처음으로 교구를 활용한 것은 특별한 감각적 도움이 필요한 장애우들과의 첫 만남에서 시작되었는데, 그녀가 의대를 졸업한 다음, 지금도 로마 시내에 위치한 성 요셉 병원소아 정신과 병동에서 의사 생활을 시작하면서 장애우들을 만난 것이다.

그러나 이미 프랑스에서는 의사이자 교육자인 이타르드(Jean Marc Gaspard Itard)와 세강(Edouard Seguine)이 파리에서 장애아 연구소를 운영하였고, 그곳에서 장애우들과 생활하면서 교구를 사용하였다. 몬테소리는 이러한 교구들을 일반학교에 적용하였고 결국, 교구들은 각기 다른 목적에 기여한다는 사실을 발견하였다. 교육을 위한 교수매체로 뿐만 아니라 가르치는 것을 목적으로 하는 교구들은 장애우들에게 적용하여 사용했을 때 놀라울 정도로 교육을 가능하게 하였고, 정상아들에게 사용했을 때 어린이들의 자동교육을 이끌어 내는 데 성공적인 결과를 가져왔다.

몬테소리가 교육학적인 측면에서 어린이들과 성공한 것도 높이 평가할 수 있는 일이지만 의학적인 측면에서도 장애우들을 위한 의학적인 약물치료방법에서 교육적인 임상치료방법으로 전향하여 전 세계 장애우들에게 혜택을 준 것은 금세기의 놀라운 학문적 결과라고 할 수 있다. 교육적 임상치료방법은 그녀의 위대한 업적으로 기록되었다.

몬테소리는 이러한 측면을 강조하고, 교사들을 위한 시각적 도움을 주는 매체로 교구들을 사용하는 것과 어린이들을 위한 교구로 사용하는 것 사이의 중요한 차이점을 부각시켰다. 가르치는 것을 목적으로 하는 교수매체들(didactic materials)은 전통적인 교실에서 주로 사용되며 이 교구들은 교사가 자신의 수업을 학습자가 수동적으로 경청하는 집단 수업에서 자신의 설명의 이해를 돕기 위해 사용된다.

이와는 반대로 몬테소리 교실에서 사용하는 교구들은 발달을 위한 방법이며 어린이들의 정신적 발달을 촉진시키는 매체이다. 주입식 교육이 목적이 아니다. 내적 에너지에 대한 자발적인 이해를 유도하는 방법을 보여 주는 것이다(Montessori M., 1970, 조성자 옮김, 1996).

따라서 교구들은 어린이들이 작업을 자발적으로 이끌어가는 데 중요한 자리 매김을 했다. 교구들은 수업에 있어서 가르치는 데 도움이 되는 재료로 사용할 수 있지만, 이 교구들의 가장 중요한 역할은 어린이들에게 자신들의 내적 자아를 발달시키는 도구로 제공되는 것이다. 이것이 바로 교구들이 왜 자동교육을 위한 수단

인지에 대한 이유이다.

첫 번째 단계로 교사들이 어린이들에게 교구를 정확하게 제시한 것이 어린이들에게 필요한 모든 지식을 전달해 준 것이라고 믿고 생각한다면, 두 번째 단계인 실습 단계 없이 첫 번째인 제시 단계에서 세 번째인 평가 단계로 뛰어 넘는 실수를 초래할 수 있다. 교사는 반드시 어린이들을 두 번째 단계인 실습 단계로 유도하여야 하며, 실습 단계는 몬테소리 교육과정에 있어서 가장 중요한 단계이다.

다른 사람이 우리에게 어떠한 것에 대한 특정한 인상을 각인시켜 주기 위해서 말로 설명해서 어떠한 것에 대해 이해하는 것과 우리 스스로가 사물을 가지고 탐색해서 이해하는 것 사이에는 엄청난 차이가 대립된다. 전자의 이해과정이 부드러운 왁스로 만들어 낸 인상이라면 후자의 이해는 예술가가 대리석에 정확하게 모양을 구상하여 정확하게 조각한 예술품과 같다.

몬테소리 교구 디자인은 어린이들의 자동교육과 스스로에 의한 탐구와 발견이 가능하도록 구성된 우수성과 특수성을 포함하고 있다. 예를 들면, 어린이들 수준에서 감각, 수, 언어, 우주, 일상 교구를 사용할 때, 물론 아주 단순한 방법이라 할지라도 어린이들 스스로 이끌어 갈 수 있는 자동교육의 원리를 교구 자체가 포함하고 있다.

몬테소리는 어린이들이 자기훈련을 위해 집중하고 전념하는 데 도움을 줄 수 있는 도구를 제공할 뿐만 아니라 자동교육을 위해 탐구하고 그들 자신의 배움에 대해 책임감을 완성할 수 있도록 하기 위해서 5~7개 영역의 교구들을 디자인해서 개발한 것이다. 이러한 접근방법은 기존의 전통적인 교육에서 사용되었던 방법과는 완전히 다르다고 할 수 있다. 몬테소리 교실에서 디자인은 2가지 요소를 포함하고 있다.

첫째는 관찰과 밀접한 관계를 가진다. 교사가 어린이들을 관찰한다는 것은 무엇을 의미하는가? 관찰은 교실 환경과 연관된다. 관찰한 다음 어린이들의 행동 개선을 위한 환경을 새롭게 디자인하는 교수방법이다. 예를 들어, 한 어린이가 대그룹 활동을 할 때 작업에 몰입하지 못한다면 환경을 새롭게 디자인해서 개별 활동을 할 수 있도록 전환해 보는 것이다. 그래도 작업에 몰입하지 못한다면 다른 환경을 재구성해 주어야 한다. 이렇게 환경을 새롭게 디자인해 주기 위해서 관찰이 선행되어야 한다.

둘째로, 교구와 환경에 대한 디자인이다. 몬테소리는 무엇보다도 교구의 안정성과 미적 감각을 중요시하였다. 어린이들이 교구를 처음 접했을 때, 촉감, 시각, 온감을 자극할 수 있는 재료, 모양, 색상이 되도록 최대한 고려하여야 한다. 이러한 생각은 아마도 이탈리아라는 특유의 예술성에 대한 감각에 기인했을 것이다.

어린이들이 보았을 때 시각적인 매력을 느낄 수 있어야 하고, 손에 닿았을 때 촉감이 매력적이어야 하고, 어린이들이 색상과 모양을 봤을 때 가지고 놀고 싶은 내적 충동을 이끌어 낼 수 있어야 한다는 신념으로 교구를 개발하였다. 몬테소리가 관여했던 몬테소리 교구사인 이탈리아의 곤자가레디(Gonzagaredi)와 네덜란드의 니엔후이스(Nienhuis)는 어린이들을 위한 교재 교구사로서 세계적인 명성을 지금도 이어 가고 있다.

다니엘 핑크는 미래 인재의 6가지 조건으로 디자인을 들고 있다. 모든 사람들이 피카소와 같은 미술가 혹은 예술가가 될 수는 없지만 유능한 디자이너가 되어야 한다고 말한다. 그는 디자인을 다음과 같이 정의한다.

> 디자인이란 본질적으로 우리의 필요에 걸맞고, 우리 생활에 의미를 부여하기 위해 주변 환경을 만들고 꾸미려는 인간 본성으로 규정할 수 있다(Pink D., 2006, 김명철 옮김, 2012).

몬테소리는 어린이들의 필요와 욕구에 맞도록 발달 단계를 최대한 고려한 디자인으로 교구를 제작하였다. 그래서 그녀는 수 영역 교구를 제작하면서 심리 기하학, 심리 대 수학이라는 명칭을 부여하였다. 이러한 측면에서 환경을 새롭게 디자인할 때 어린이들의 심미적으로 고려하여야 하고 관찰이 필요하다는 몬테소리의 이론은 핑크의 이론과 일치하는 부분이다. 환경을 새롭게 디자인한다는 것은 어린이들의 필요와 욕구를 존중한다는 의미이다.

핑크는 여전히 현대 사회에서 디자인이 모든 전문 역역에서 중요하게 부각되는 이유에 대해서 언급하는데, 물질과 기술의 발달로 아름다운 디자인을 접할 수 있는 기회, 차별화 수단, 새로운 시장 개척의 방법, 많은 사람들의 디자인에 대한 감수성 개발에 따른 목적 변화를 위한 디자인 전개 등이다(Pink D., A, 2006, 김명철 옮김, 2012).

어쨌든 현대는 디자인이 창조해 나아가는 새로운 세상이다. 100년이 지난 지금도 몬테소리 교구 디자인은 어린이들의 내적 동기를 변화시킬 수 있을까? 어린이들의 미래를 새롭게 디자인하기 위해서는 그들의 물리적, 인적 환경을 감각적으로 디자인하여야 한다. 어린이들의 삶을 독창적으로 디자인할 수 있도록 말이다.

다양한 혼합연령으로 구성된 교실 수업은 준비된 환경의 또 다른 측면이다. 혼합연령반(Multi-age)으로 구성된 준비된 환경은 어린이들 사이에서의 자율성과 독립성을 증진시키는 교수방법이다. 서로 다른 연령대로 구성된 교실 수업에서는 동일한 연령별로 구성된 교실에서 할 수 없는 방법으로 공동체 생활의 협력관계를 경험할 수 있다. 사회가 단일 연령층으로 구성된 것이 아니라 가정이나 직장처럼 다양한 연령층으로 구성되어 있는 공동체임을 반영한 것일까?

혼합연령반 구성은 나이가 많은 어린이들에게 훌륭한 리더십을 발휘하는 것을 촉진하고, 어린 어린이들은 성인들이 아닌 나이 많은 또래의 어린이들이 보여 주는 리더십을 통해 자신들이 모방해야 할 롤 모델임을 알게 된다. 이러한 현상은 자기보다 한두 살 많은 어린이들의 행동을 모방할 수 있는 자연스러운 동기부여라는 장점을 포함하고 있다.

더욱이 다양한 연령대로 구성된 교실은 교사의 개입 없이 어린이들 일과의 많은 부분을 협력관계로 유지하며 독립적이고 자기주도적 수업방법을 증진시킨다. 이는 어린이들이 혼자 수행할 수 없는 연습 문제를 해결하고 작업을 더욱 효율적으로 수행할 수 있게 하는 시너지 효과를 얻어 낸다. 왜냐하면 어린이들은 같은 작업을 가지고 창의적인 차이점으로 생각을 교류하고 고민하기 때문에 나이가 많은 어린이들은 자신들보다 어린 어린이들을 도와줄 수 있다. 이러한 교실에서의 상호 보완적인 도움은 종종 성인인 교사의 도움보다 더욱 효과적인 경우가 있다.

자율적이고 독립적인 어린이로 양육하는 또 다른 중요한 요소는 교사와 어린이들 사이의 상호작용이다. 만약 교사가 대부분 시간을 어린이들의 행동을 통제하고 올바른 방향으로 나아가도록 안내하고 제시하는 데 활용한다면 몬테소리 교실은 자동교육을 위한 몬테소리 환경보다는 전통적인 교육 환경이 되어 버릴 가능성이 높다. 반면에 교사들이 어린이들의 내적 발달을 위한 권리를 지속적으로 존중해 준다면 어린이들의 성장을 보장하고 촉진해 줄 수 있다. 모든 몬테소리 교사들이 어린이들의 배우고자 하는 동기부여를 위한 본질적인 요소인 어린이들의 자기통제, 자기훈련, 자기학습을 방해한다면 어린이들의 일탈은 물론 교사 자신의 역할을 일탈하는 것이다.

어린이들이 자율적인 인간으로 성장하도록 돕기 위해서 필요한 요소로서 그들의 환경을 새롭게 디자인한다면 더 훌륭한 미래를 보장할 것이다.

2. 다른 학자들 사이의 자동교육에 관한 이론

자율 학습을 교육의 가장 중요한 목표로 다루고 있는 광범위한 문헌들로써 자율 학습에 관한 아이디어는 오랜 시간 연구되어 왔다. 몬테소리와 동시대의 피아제(Piaget)는 어린이들의 자율성과 활동을 중요시하는 교육철학이론을 새롭게 지지하였다. 그는 이러한 이론을 근거로 후에 인지적 구성주의라고 불리는 교육학적 접근방법의 주춧돌을 만들어 이 분야의 대부가 되었다.

피아제는 인지발달에 관한 발생학적 인식론을 포함하여 많은 업적을 남긴 심리학자였지만 생의 후기는 발생학적, 인식론적 철학자로서 자리 매김을 하였다. 그는 인지발달과정을 과학적으로 증명하는 발생학적 인식론이라는 교육에 관한 새로운 이론을 체계적으로 발달시켰다. 그동안 대부분의 철학자들이 '지식이란 무엇인가?'라는 명제에 매달려 일생을 보낸 것이 허무하다고 반증하면서 '지식이란 어떻게 형성되는가?'에 관심을 가지게 되었다(박덕규 옮김, 1992). 이러한 이론의 영향력은 교육 분야에 있어서 피아제를 거장의 반열에 올려놓았으며, 장기간 지속적인 연구를 한 학자로서도 세상에 알려져 있다. 젊은 나이에 학위를 취득하고 90세가 넘도록 끊임없이 연구에 매진하였다. 몬테소리와는 특별한 인연으로 아주 흥미로운 점은 두 학자가 친분을 유지하면서 학문적으로 교류하고 협력관계를 이루었다. 피아제가 몬테소리의 작업(work)이론에 관해 잘 알고 있었고, 몬테소리의 학문적 사고에 동의했을 뿐만 아니라 학문적 동반자로서 스위스 몬테소리협회의 초대 회장직을 흔쾌히 승낙하여 역임했다. 피아제는 몬테소리와 매우 유사한 결론에 도달하였는데 다음과 같다.

- 어린이들은 성인들과 다른 방식으로 사고한다는 공통점
- 발달은 구체적이고 연속적인 단계를 거친다는 공통점
- 교육은 구체적인 내용의 전달이라기보다는 마음의 힘을 발전시키는 것에 관한 것이라는 공통점
- 교육은 지적 기술에 관해 언급하는 것뿐만 아니라 어린이들의 통합적 발달에 관한 것이라는 공통점
- 어린이들은 반드시 교육에 있어서 능동적이고 적극적인 역할을 담당해야 한다는 공통점
- 활동은 어린이들의 자발적인 정신적 발달을 가능하도록 만드는 유일한 방법이라는 공통점

인지적 구성주의의 대부인 피아제는 교육과 이론에서 단순히 마음을 제공하는 것이 아니라 마음을 형성하는 것이라고 강조했다. 그는 어린이들이 7세 이전의 시기에 도덕성과 같은 주제에 대해 성인과는 질적으로 다른 생각을 갖고 있다면 어린이의 생각이 질적으로 성인들의 생각과 다를 것이고, 교육의 주된 목적은 지능과 도덕성의 추론 능력을 형성하는 것이라고 확신할 것이다. 그리고 이 능력은

외부로부터 형성될 수 없는 것이기 때문에 문제는 가장 적절한 방식들과 환경을 제공하여 어린이들이 자발적으로 구성하게 하는 것이라고 언급했다.

이러한 피아제의 이론은 몬테소리의 자유작업 원리와 동일하다고 할 수 있다. 준비된 환경 속에서 어린이들이 스스로 자기구성을 주도적으로 형성해 간다는 공통점을 가지고 있다. 어린이의 지능과 도덕성의 발달은 성인에게서 영향을 받을 수 있기 때문에 교사와 성인들의 역할은 어린이 스스로 발달할 수 있도록 적절한 환경을 제공하는 것이라는 결론에 도달하는 피아제의 견해는 몬테소리(Montessori)의 자동교육, 준비된 환경의 역할과 직접적인 관련이 있다(Piaget J., 1969).

피아제는 그의 인지발달 이론, 즉 인지 구조론에서 배움이나 학습은 어린이들을 자극하는 환경이 학습자의 유기체에 영향을 미칠 뿐만 아니라 학습자와 환경 사이에 상호작용을 한다고 주장했다. 피아제는 이러한 상호작용을 첫째, 동화는 유기체에 자극을 받음으로써 행동하고 기존의 지식을 기반으로 해석하는 것이다. 둘째, 조절은 유기체와 기존의 지식이 환경 자극으로 변형된다는 용어로 표현했다. 이러한 이론은 구성주의 이론의 기본적인 카테고리로서 기존의 지식과 새로운 정보를 내부에서 통합할 때 학습자는 적극적으로 지식을 구성한다는 것이다(Piaget J., 1972).

현재 구성주의와 관련된 학문을 어떻게 다양한 형태로 정확하게 정의하는가와 특정 주제들에 어떻게 적용되는가에 있어서 아직도 상당한 논쟁이 이어진다고 말할 수 있다. 지식은 학습자와 환경 간의 상호작용에 의해 구성된다는 것이 구성주의 이론인데, 이것이 바로 몬테소리의 철학에서 자동교육 이론과 자유개념과 일치하는 점이다.

구성주의의 일반적인 의미는 학습과 개념 형성의 이론으로, 개개인들은 의미하는 것과 그들이 접한 믿음과 새로운 아이디어 그리고 지식 사이에 이루어지는 상호작용에 기초하여 자신의 방법으로 이해한다고 말한다. 한편, 구성주의를 가장 기본적인 요소로 축소한 구성주의를 단순히 학습 또는 개념 형성의 이론으로 보는 견해도 있다. 이 이론은 사람들이 어린이들이 이미 알고 있고 사실이라고 믿었던 것과 그들에게 주어지는 경험을 통합함으로써 자신만의 의미와 이해를 형성한다는 것을 제안한다(Michael and D'Neil Duffty, 2012).

어쨌든 구성주의는 어린이가 지식을 발달시키는 과정에서 어린이 자신에게 적극적인 역할을 부여하는 것이다. 이러한 이론은 더 넓은 의미에서 몬테소리의 자동교육과 대부분 일치한다.

니일(A.S. Neill)이 서머힐(Summerhill) 열린 학교 운동에서 전형적으로 보여 주었던 낭만적 접근은 성인들의 간섭이 거의 없고 선천적이며 이미 양식화 혹은 도식화된 예정된 단계를 전개하는 것을 교육이라고 보았다. 나라 전역의 공립·사립학교에서 사용하는 일반적인 모델을 제공하고 문화를 보급하는 방식은 어린이를 백지상태로 간주하는 존 로크(John Locke)의 경험주의 철학적 관점과 행동주의를 대표하는 스키너(B. F. Skinner)의 자극과 반응의 결과를 교육에 적용한 방법에 기원을 두었다고 할 수 있다.

위에서 언급하고 있는 것처럼 몬테소리는 자신의 이론인 자동교육과 자율성을 지지했기 때문에 누구보다도 피아제와 존 듀이(John Dewey)의 관점을 포함한 구성주의와 공통점을 가지고 있는데, 학습자를 적극적인 참여자로 바라보는 관점이 그 공통점이다.

데브리스(DeVries)와 콜버그(Kohlberg)는 자기들의 이론과 몬테소리 이론을 구성주의의 관점에서 비교하려는 경향이 있다. 학자들 사이에 차이점이 엄연히 구별됨에도 불구하고 그들은 몬테소리가 낭만이나 문화를 보급하는 모델보다는 피아제와 듀이의 이론을 지지하고 있다고 결론을 내렸다(Michael and D'Neil Duffty, 2012).

핵심적인 요소는 몬테소리가 특히 기초적인 단계에서 일반적으로 교사가 주도하여 직접적으로 교육하는 문화를 보급하는 교육 모델보다는 구성주의와 오히려 더 많은 공통점이 있다는 것이다. 일반적으로 구성주의는 몬테소리의 자동교육과 자율성을 지지한다.

동기부여에 대한 몬테소리의 이론은 어린이들이 작업을 통해 자신의 내적 발달을 스스로 훈련할 수 있게 된다는 관념에서 출발한다. 어린이들은 준비된 환경에서 교구와 상호작용을 함으로써 자기주도적 학습자, 자율적·독립적인 작업자가 된다. 어린이들은 자율적인 활동을 통해서 문화를 극복하고 전 단계에서 흡수한 모든 교구와 재료를 가지고 집중력을 강화한다((Montessori M., 1952, 조성자 옮김, 1994).

이러한 이론을 근거로 교사의 역할은 두 요소로 나누어진다. 어린이 사회에서 그들의 훈련을 지지하기 위한 교실 안에서 리더십을 제공하는 것과 어린이들에게 자동교육을 지원하기 위한 준비된 환경을 제공하는 것이다. 자기훈련과 자동교육은 몬테소리 교실에서 외재적인 자극을 넘어서 내재적인 자극을 보호해 주는 근거가 될 수 있다.

V. 몬테소리 교실 안에서의 동기부여에 대한 이론

1. 몬테소리 교실 안에서 동기부여

몬테소리 철학에서 동기부여에 대한 이론들을 생각해 볼 필요가 있다. 내재적 동기부여의 개념은 몬테소리 개념의 총체적인 자유개념의 하부 요인인 자율성, 자동교육과 밀접한 관계가 있다. 그녀의 『어린이 정신』이라는 저서에서 페리(Peary)가 몬테소리는 새로운 교육방법을 발견한 것이 아니라 인간 정신을 발견을 한 것이라고 찬사를 보낸 것을 볼 수 있다(Montessori M., 1952, 조성자 옮김, 1994). 어린이들의 정신은 문화를 극복할 수 있는 능력을 가졌고, 그로 인해서 스스로 자기훈련, 자기구성을 할 수 있는 존재가 되는 것이다. 만약 어린이들에게 동기부여가 보상과 벌을 통해 외부적으로 격리된다면 이는 자율성을 촉진하는 역할을 방해하는 요인이 되어 부모와 교사에게 의지하는 어린이의 의존성을 증진시킬 수 있다.

반대로 만약 동기부여가 내재적으로 일어나거나 어린이 내부에서 우러나온다면 그것은 자동교육을 지지하고 활성화하는 역할을 한다. 이러한 이론이 바로 몬테소리의 내재적 동기부여를 지지하는 중요한 근거가 된다. 이미 자율적이고 자기주도적 학습 원리를 따르는 작업자들은 내재적으로 동기부여를 받는다. 어린이들이 자기들의 내적 에너지로 이끌어 가지 못한다면 자동교육은 이루어질 수 없다. 어린이들의 미소, 성취감, 작업을 즐기는 것, 만족감의 상징적 표현들은 동기부여의 힘이 내부에서 일어나고 있다는 외형적인 징표이다(조성자 편역, 1996).

몬테소리의 자동교육은 내재적 동기부여를 충족시켜 주고, 어린이들이 더욱 자율적인 학습자가 될수록 더 많은 동기부여를 받는다. 생각해 보면 자동교육과 내재적 동기부여라는 두 가지 이론들은 닭과 계란의 방식처럼 몬테소리 이론을 보완하는 훌륭한 길잡이다. 하나가 다른 하나에 선행될 수 없고 항상 같은 맥락에서 출발한다. 이러한 이론들은 어린이들의 경험에서 동시에 발생한다.

내재적으로 동기부여된 어린이들이 외재적으로 동기부여를 받은 어린이들보다 더 효과적으로 작업과 배움에 대한 열정과 흥미를 자극하는 것을 볼 수 있다. 몬테소리가 보상과 처벌에 대한 이론을 배제하는 이유가 바로 여기에 있다. 외적 보상은 순간적이고 내재적 동기부여는 지속적이다. 내재적인 동기부여에 대한 몬테소리의 생각이 현대의 연구에 의해 강력하게 지지되고 있다는 것을 알 수 있다.

2. 내재적 동기부여에 대한 학문적 연구

최근 수십 년간 발전되고 영향력 있는 내재적 동기부여의 목표를 지지하는 학문연구가 진행되어 왔다. 체벌이 부당하다고 반기를 들었던 비슷한 시기에 교육자들은 행동주의와 다른 상과 처벌의 효율성에 대해 반문을 제기하기 시작했다. 내재적 동기부여의 지지자들이 행동 변화 이론을 새롭게 정리하려는 경향이 있다.

심리학자이고 철학자인 스키너가 연구해 낸 이론의 산물인 행동 변화의 인위적 조작은 우리나라는 물론 전 세계에 영향력을 미쳤고, 학교 교육을 지배하였고 실제로 변화시켰다. 다. 보상과 처벌은 어린이를 성인이 원하는 대로 만들어 가는 교육이다.

보상과 처벌에 의한 동기부여 방식에 처음으로 도전장을 내밀고 새롭게 연구를 시도한 사람은 헤밀턴 대학(Hemilton College in Clinton, NY)에서 심리학을 전공한 에드워드 데시(Edward Deci)였다. 우연한 일이지만 이 대학은 스키너의 모교였다. 데시는 매우 어린 어린이들이 배움에 강렬한 열망을 보이나 그들이 성장하는 과정에서 점진적으로 그 원동력이 소멸된다는 연구 결과에 근거해 행동주의자들이 주장하던 이론에 차츰 차츰 이의를 제기하기 시작하였다(Deci E., 1995).

1969년부터 시작해서 수년 간 어린이들의 보상과 처벌의 부당성에 대한 연구를 계속한 데시는 보상과 처벌의 개념을 인정하는 것은 어린이의 배움에 대한 열정을 약화시킬 뿐, 어린이 교육에 아무런 영향력이 없다고 주장한다(Deci E., 1995).

행동주의자들의 고정관념은 유치원과 가정에서 어린이에게 배움이나 학습에 대한 내재된 동기가 거의 일어날 수 없다고 가정한다. 하지만 보상과 체벌이 없어도 몬테소리 교실에서 어린이들은 스스로 교구를 탐색하거나, 그룹 활동을 하거나, 또래들과 친사회적 활동을 지속할 수 있다는 것이 데시의 이론을 지지해 준다. 어린이들은 단지 스스로 만족하거나 외부적으로 보이는 즐거움을 위해 도전한다. 몬테소리 교실의 어린이들은 내재적으로 배움과 학습에 대한 동기를 부여받는다. 보상과 규칙, 통제는 즐겁고 만족스러운 배움의 상태가 아니라 무관심, 타의적, 의무감을 가지고 억지로 배우는 슬프고 만족스럽지 않은 배움의 상태를 증진시키는 것이라고 데시는 언급하고 있다(Deci E., 1995).

유아교육현장에서는 아직도 대부분 사용하고 있는 칭찬의 의미로 스티커 나누어 주기는 즉각적인 반응은 유발할 수 있지만 장기적 교육효과는 없는 것으로 나타난다. 유아·초등교육기관은 오랜 기간 동안 보상과 체벌이 어린이들의 행동을 약화시키는 것으로 나타났다. 아울러 내재적인 동기부여는 효과적인 결과를 발생시키는 열정적 학습의 장기적인 자극제라고 분명히 말할 수 있다. 내재적인 동기부여는 더 풍부한 경험과 더 훌륭한 개념적인 이해와 더 훌륭한 창의성과 외재적인 조절과 향상된 문제 해결과 관련되어 있다고 볼 수 있다. 보상과 체벌로 조절하는 행동은 내재적인 동기부여와 활동에 관련된 자신과의 약속 이행력을 약화시킬 뿐만 아니라 창의성과 개념적인 이해와 유연한 문제 해결력을 위한 어떠한 행동을 하는 데 부정적인 영향을 미칠 수 있다.

한편으로 현재 유아교육현장에서 활용되고 있는 뇌 과학 기능 이론에서 코르티솔 또는 엔돌핀이나 도파민은 학습과 유사한 활동에서 매우 다른 정서반응을 뒷받침하는 뇌 화학물질이다. 이런 화학물질은 과제를 회피하거나 아니면 더 신중한 학습을 원하는 내적 동기부여를 할 수 있도록 이끌어 낼 수 있다.

데시는 동기부여란 어린이들에게 주어지는 특별한 의미인 동시에 어린이들 스스로 자신에게 동기부여가 중요하다는 사실을 주목하고 있다. 그는 동기부여를 '삶의 힘'에 비유하고 있으며 이는 몬테소리가 사용한 호르메와 생명력과 유사한 의미를 가진다. 몬테소리는 어린이를 위해 마련된 환경에 호르메를 부여할 때 어린이들이 다음과 같이 말할 수 있다고 한다(조성자 저, 2006).

> 우리는 개인과 환경 사이의 변증법을 통해 인간 행위와 경험을 하게 된다는 사실에 주목하고 있다(Montessori M., 1952, 조성자 옮김, 1994).

마지막으로 데시는 제한된 자유 이론에 근거한 몬테소리의 이론은 자신이 속한 사회로부터 어린이들의 행위를 제한할 필요성이 있음을 인식했는데, 자율성을 지지한다는 것은 방종을 의미하는 것이 아니라 진실된 모습으로 다른 친구들과 자신의 삶에 대한 책임을 수용하여야 하기 때문이다.

알피 콘은 보상이 미치는 벌의 효과에 대해서 기술된 동기부여를 검토했다. 데시와 달리 알피 콘은 최초 연구를 수행하지는 않았지만 다른 연구자들의 의견을 통합하여 특별히 '동기부여의 우월성'이라는 자신의 견해를 핵심으로 일관성 있고 간결하며 설득력 있는 논거로 정리하였다.

우리는 몬테소리 교실에서 칭찬과 보상을 종종 활용한다. 예를 들면, 어린이들의 작업을 소위 말해서 정상화하도록 돕기 위해서 교사는 스티커, 별표, 인증서, 보상, 학용품을 제공하면서 동기부여를 자극한다. 교사들은 어린이들에게 필요 이상으로 칭찬을 해 준다. 칭찬 받은 어린이들은 순간적으로 칭찬 받은 행동이 마치 사실인 것처럼 착각하지만 학습효과는 없는 것으로 나타났다.

콘은 스키너의 이론이 비인간적이며 정상성이 부족하다고 주장을 하고 있다. 우리가 인지해야 하는 가장 중요한 것은 우리를 위한 실제 선택이 상벌 사이에 있는 것이 아니라 행위 조작의 모든 형식 사이에서 일어나고 있는 한편, 다른 측면에서는 그러한 상벌을 통한 통제에 의존하지 않는다는 것이다. 보상은 한 사람이 또 다른 사람의 통제 수단이라고 할 수 있다. 이들 두 사람은 서로가 다른 힘의 상태에 있으며 더욱 큰 힘을 가진 상대에게 궁극적인 혜택이 돌아간다. 이때, 더욱 큰 힘을 가진 상대가 보상을 결정하고 수여한다.

보상이라는 개념이 훨씬 더 악화된 경우는 보상이 그들 두 사람에게 오랫동안 영향을 미치지 않는 경우다. 만일 보상의 효과가 지속적으로 변화를 가져오는 그들의 능력으로 판단된다면 이와 같은 이론은 두 사람이 더욱 비참한 지경에 이르고 있음을 보여 줄 것이다. 장기간에 대해 콘은 보상이 역효과를 가져올 수 있으며 일단 보상이 없어지면 행위의 포기로 이어지는 중독성 의존을 생산하고 있음을 주장하고 있다. 콘은 보상에 대한 역효과 이론에 대해서 다음과 같은 결론을 내렸다.

> 우리가 원하는 것을 성취할 수 있도록 타인의 행위를 다룰 때, 윤리적 의문점을 가지고 있지 않을지라도, 명백한 진실은 이러한 전략이 역효과를 가져온다는 사실이다. 비록 사람들이 더 많은 경우 유혹을 통해 타인을 제어한다고 할지라도, 보상과 체벌이 타인을 제어하는 방법상에서 본질적으로 동일하다는 것을 우선으로 간주하고 콘(Kohn)은 이 경우를 사실로 믿고 있는 많은 이유를 나열하고 있다(Kohn A., 2001, 김달효 외 옮김, 2005).

콘이 보상의 실패에 대해 언급하는 다른 이유는 보상이 공동생활을 하는 어린이들이 서로 대항하여 상처를 줌으로써 상호 관계를 차단시킨다는 사실 때문이다. 이러한 경우 공동으로 작업하는 어린이들의 행위에 대한 이유를 무시하며 위험을 피하려 하며 단지 최소한의 요구사항이 있는 모임을 가지려 한다. 가장 중요한 것은, 어린이들 자신이 하려는 작업에 관해 사람들이 느끼는 방법을 변화시키려 하며 강조되는 부분을 일반적인 평균 수준으로 전달하는 것이다(Kohn A., 2001, 김달효 외 옮김, 2005).

콘은 부수적으로 특별히 어렵지 않은 작업에 대한 칭찬은 우리가 칭찬을 받는 사람이 매우 영리하다고 생각하고 있지 않은 사실로 해석될 수 있음과 칭찬이 다음의 실패를 피하기 위해 낮은 위험률을 전략적으로 도입하고, 가장 중요한 것은 칭찬이 직무 자체에 대한 흥미를 감소시키고 동기부여 자체를 과소평가하게 됨을 주장하고 있다. 콘은 불필요한 칭찬의 경우가 아니라면 특별히 긍정적 피드백에 반하지 않음을 분명히 피력하기 위해서 노력하고 있다. 그는 다양한 형식의 긍정적 피드백 사이를 식별하고 있다. 반면, 누군가가 특별한 작업을 얼마나 잘 수행하고 있는가에 관한 직설적인 정보 또는 참여자가 자신이 판단한 의미를 느끼도록 하는 용기 또는 통제 받고 있는 느낌을 구두로 전달한 보상은 한 사람이 다른 사람들의 허락에 의존하게 하며, 일반적으로 외부의 동기부여자보다 손상이 적음을 알 수 있다(Kohn A., 2001, 김달효 외 옮김, 2005).

다시 말하자면 어린이가 교사에게 적절한 그림을 제출했을 때 "아! 참 잘 그렸구나. 너는 앞으로 훌륭한 예술가가 될 거야!"라는 방식의 지나친 칭찬은 적절하지 않고 "나는 너의 그림에서 보여 주는 아름다운 색들이 인상적이구나!"와 같은 무엇인가 발전을 위한 암시적인 말을 해 주는 것이 적절한 동기부여가 된다. 교사는 그림을 그린 어린이보다 작품성으로 칭찬해 주어야 한다. 예를 들면, 일반적인 것이 아닌 특정한 것을 칭찬해 주어야 한다. 정도를 넘어서는 칭찬은 오히려 어린이들에게 허상을 만들어 줄 수 있다.

다니엘 핑크는 내재적 동기의 개념을 촉진시킨 가장 최근의 연구자 중의 한 명으로서 그의 저서인 『Drive』는 콘의 저서와 마찬가지로 효과적인 동기부여의 본질에 관한 이론을 오랜 기간 연구한 문서를 수집하여 연구한 것이다.

콘의 저서는 대부분 학교와 양육에 초점을 맞추는 경향이 있는 반면, 핑크의 연구 영역은 주로 경제계를 대상으로 하고 있다. 하지만 최근에 연구 대상을 교육현장과 연결하는 작업을 진행하여 전 세계의 교육자들을 놀라게 만들었을 뿐만 아니라 새로운 방법을 제시하고 있다.

핑크는 3가지 형식의 동기부여에 대해 이야기하고 있다. 동기 1.0은 역사 이전 시기인 사회가 복잡해지기 이전의 매우 호전적인 환경에서의 인간 생존에 관한 모든 것을 이야기하고 있고, 동기 2.0은 사회가 존재하는 한, 사회를 지배하기 위한 것으로 '당근과 채찍' 접근법에 관한 내용을 교육과 연결하여 흥미 있게 다루고 있다. 동기 3.0은 내재적 동기부여의 힘을 인정한 동기부여의 가장 최근 이론이다(Pink D., 2009. 김주환 옮김, 2012).

인간의 행위를 다루는 과학자들은 종종 우리가 직업을 통해 수행하는 것을 알고리즘적 직무와 체험적 직무라 불리는 두 가지 범주로 차이점을 분리한다. 알고리즘적 직무는 단일 경로를 통해 제품으로 이어지는 수립된 지침의 체계와 연관되어 있으며 체험적 직무는 우리가 새로운 해결책을 실험하고 창조할 것을 요구한다. 첫 번째 작업은 동기 2.0 당근과 채찍에 가장 적당하며 후자 작업은 동기 3.0에 가장 적합하다(Pink D., 2009, 김주환 옮김, 2012).

"과학은 높은 실적의 비밀이 우리의 생물학적 드라이브 또는 우리의 보상 및 체벌 드라이브에 있지 않고 우리의 세 번째 드라이브에 있음을 보여 주고 있다. 세 번째 드라이브는 우리 자신의 삶을 이끌어 가기 원하는 우리 마음 깊숙이 자리 잡은 간절한 바람이고 희망이며, 그를 통해 우리의 능력을 확장하고 확대하며 목적을 위한 삶을 살아간다"라고 핑크는 결론을 내렸다(Pink D., 2009, 김주환 역, 2012).

데시, 콘, 그리고 핑크에 의해 서술된 내재적 동기는 몬테소리가 교실에서 수행하기 원했던 동기부여와 일치하고 있다. 그녀는 이러한 결론에 도달하기 위해서 포괄적인 과학적 실험을 수행하지는 않았다. 그녀의 과학은 어린이들이 작업의 일부분을 완성했을 때, 그리고 그러한 과정을 통해 내적으로 성장함에 따라 얼굴 가득 웃음이 퍼지는 것을 수년간 관찰한 결과로 이루어진 드라이브, 즉 추진력과 같은 내재적 동기의 결과이다.

어린이들에게 내재적 동기부여가 이루어지기 위해 우리의 목적을 수립하여야만 하며 그러한 목적에 초점을 두어 논의한 모든 것이 목적 달성에 도움을 줄 것이다. 상기 목적은 어린이들의 자기훈련, 공동체 생활 위한 리더십, 어린이들에게 학습의 일부로서 자동교육을 권장하고 내적 동기부여자로부터 외적 동기부여자로의 동기부여를 일으킬 수 있는 기회를 제공받았을 때 추진력이 강화된다.

3. 몬테소리 교실 안에서 내재적 동기부여

듀피는는 어린이들에게 보상과 처벌은 영혼의 의자이고 정신을 위한 노예의 도구라고 말한다(Micheal a. D'Neil Duffy, 2013). 몬테소리는 또한 진심으로 작업을 성취한 어린이, 매우 훌륭하고 만족할 만한 결과로 끝맺음을 한 어린이들은 보상이라는 사소한 유혹에 절대 매혹되지 않고 또한 처벌이라는 작은 일에 두려움과 불안함을 느끼지 않는다고 말한다. 가장 효과적인 동기부여 요인들에 대한 논의에서 몬테소리는 명백하게 외재적 보상과 체벌에 대해 반대했다(Montessori M., 1950, 조성자 옮김, 1991).

몬테소리는 어린이들이 행동 결과에 따라서 칭찬 스티커, 상장과 같은 좋은 행동 메달나 사탕 등의 보상을 반복적으로 경험한 후에 무관심 또는 완전히 거절하는 반응을 보이는 것을 관찰하였다. 몬테소리는 상이나 체벌 중 하나는 포기해야 한다는 결론에 도달하였다. 그녀는 교실에서 교사가 어린이에게 칭찬의 대가로 목도리를 선물하였는데 몇 분이 지난 다음, 목도리를 즉시 어린이집 바닥에 던져버리고 똑같은 행동을 재연하는 것을 관찰하였다(Montessori M., 1952, 조성자 옮김, 1996).

반대로 몬테소리는 어린이에게 가장 좋은 동기부여 요소는 어린이가 자신의 작업에 집중해 있을 때 자신 내부에서 진행되는 발전과 만족감을 경험하는 것이라고 주장했다. 자기발전과 만족감이 그 무엇보다도 창조적인 작업을 유발하는 욕구와 기쁨을 형성한다는 것을 관찰을 통해서 경험하였다. 몬테소리는 자유작업을 통해서 교육된 어린이들은 진실하고, 절대로 자기를 하찮은 존재로 만들지 않고 실망시키지 않는 상을 원하는데, 이는 "어린이의 활동이 시작한 내재적 삶 속에서 인간의 힘과 자유의 탄생이다"라고 언급하였다(Montessori M., 1950, 조성자 옮김, 1991).

몬테소리는 어린이들의 내재적인 충동을 설명하기 위해 열정적인 그리스 여신의 이름이기도 한 호르메(horme)라는 단어를 사용했다. 어린이가 독립심을 획득하는 것은 어린이가 처음 세상에 발을 디디는 순간부터 시작된다. 신생아가 발달을 시작할 때, 자신을 완벽하게 만들고, 걸어가는 경로에서 발견되는 모든 장애물을 극복하면서 관계를 맺어 간다. 어린이들의 본성을 이끌어 가고 있는 생명력은 그들의 내부에서 활동적이고, 목표를 향해 노력할 수 있도록 이끌어 주는 것이다. 이러한 힘은 펄시 눈(Sir Percy Nunn)에 의해 호르메(horme)라고 부르게 되었다(Montessori M., 1952, 조성자 옮김, 1994).

호르메는 어린이들을 리더로 만들 수 있는 신성한 욕구, 모든 진화의 근원을 움직이고, 성장에 필요한 물리적·정신적 에너지를 필수적인 힘으로 촉진시키고, 삶의 희로애락을 만들어 가고, 우주 안에서 살아가며, 모든 삶을 지지해 주는 마력을 지닌 내적 에너지이고 역동적인 힘이다.

몬테소리 교실에서 훌륭한 교사는 어린이들에게 훌륭한 습관 들이기를 강화하여야 하다. 물론 교사 자신도 훌륭한 습관을 가지고 있어야 한다.

어린이들이 성공적인 삶을 살아갈 수 있는 조건은 누구에 의해서가 아니라 자신의 노력으로 미래의 비전과 목적을 성취하는 것이다. 성공할 수 있는 어린이들은 지금 현재 활동하고 내일의 꿈과 희망을 가지고 미래 비전을 생각하면서 움직인다. 자신의 인격과 능력을 사랑과 더불어 최대한으로 개발하여 기쁨과 즐거움을 어린이들과 공유할 줄 알고 능력이 있는 교사가 지혜로운 교사들이다.

훌륭한 리더를 양육하는 교사는 어린이들의 일상적인 일들을 빠짐없이 기록하고 긍정적으로 안내하여야 한다. 어린이들은 공장에서 찍어 내는 물건도 아니고 빈 그릇에 물을 채우는 물동이도 아니다. 리더는 협력관계를 유지할 때 더욱 더 효과적이다. 3개의 긴 막대가 하나씩 따로 분리될 때는 아무런 힘과 효과를 가져오지 못하지만 셋을 합하여 삼각관계를 만들면 협력이라는 원리를 활용하여 더 큰 효과를 낼 수 있다.

자신이 누구인지를 알고 있는 것은 내가 무엇을 해야 하는가를 알 수 있도록 안내해 준다. 어린이의 진실성을 양육하는 것은 교사의 지식을 어린이들에게 가르치는 것이 아니라 잠재능력을 일깨워 창조적인 활동으로 이끌어 주는 것이다. 교사는 어린이들의 내재적 동기를 불러일으킬 수 있는 훌륭한 조정사 역할을 하여야 한다. 자기 자신을 깨달을 수 있는 지혜는 자기가 알고 있는 지식의 양을 진솔하게 아는 것이다. 자기의 지식은 자기만이, 그리고 자기가 제일 잘 알 수 있다.

프랑스 철학자이자 진화론자인 앙리 베르그송(Henri Bergson)은 모든 종들의 생존 경향과 진화과정을 이끌어 가는 원동력은 생명력, 즉 내적 에너지의 힘을 빌려온다고 주장했다. 진화의 힘인 에너지가 바로 엘란 비탈(Elan vital)이라고 하는 생명력이다(조성자 저, 2007). 인간의 본능적인 힘인 생명력, 역동적인 힘이 진화를 이끌어 간다.

그 후에 몬테소리는 '인간의 의지는 바로 내재적인 힘(horme)으로부터 진행되고 이 내재적인 힘은 물질적인 것이 아니라 진화과정 그 자체에 있는 삶의 에너지라고 주장하였다. 이는 모든 삶의 형태가 진화를 거부할 수 없게 만들고, 진화과정으로부터 행동하려는 충동이 일어난다고 언급하였다(조성자 저, 2012, a).

몬테소리는 어린이의 의지 궁극적으로 복종과 그녀의 행동에 대한 동기부여의 3단계로 향하게 하는 운동으로 바로 내부의 힘에 의해서 이루어진다고 주장한다.

4. 몬테소리 교실 안에서 외재적 동기부여

몬테소리는 외재적 동기부여로서 보상과 처벌에 대해서 다음과 같이 말한다.

보상과 처벌은 비정상적인 혹은 강요된 노력의 장려책이라 할 수 있다. 따라서 우리는 어린이들의 자연적인 발달 과정에서는 어린이들과 보상 혹은 처벌과의 관계를 부정적인 요소라고 할 수밖에 없다(Montessori M., 1910).

예를 들어, 어린이들의 학습결과를 점수화하고, 벌점을 주고, 우등생 명단을 발표하고, 별표 스티커를 남발하고, 또는 독서 프로그램을 수행한 다음 보상으로서 주어지는 피자파티, 보너스와 같은 모든 보상행위들은 몬테소리 교실에서는 불가능한 일이다. 반드시 형식적이고 객관적으로 해야 할 조언 이외에는 어린이들에 대한 교사의 평가를 허락하지 않는다. 몬테소리 교실에서 작업을 하는 어린이들은 작업은 물론이고, 긍정적인 생각과 친사회적 행동을 표현하는데, 이러한 현상은 어린이들의 내재적 동기부여의 저해요인이 없기 때문이다.

전통적 교실에서 어린이들을 가르치고 올바른 행동을 하도록 이끌기 위해 외재적 보상을 자주 활용한다고 볼 수 있다. 다른 전통적 교실에서는 어린이들이 올바른 행동을 하지 않을 경우에 벌점을 주거나 혼자 구석에서 손을 들고 있게 하거나 쉬는 시간을 줄이거나 청소나 잡다한 일을 시킨다. 바른 행동을 하는 어린이들에게 스티커를 붙여 주고, 휴식 시간을 늘려 주고, 숙제를 줄여 주고, 심지어 물건으로 보상하면서 칭찬하는 것이 일반화되어 있다. 대부분 전통적 학교에서 일반적으로 학습에 대한 동기부여를 위해서 활용하는 외재적 보상방법은 점수와 별표 스티커를 나누어 주는 일일 것이다. 물론 어린이들에게 점수는 그들의 이해도를 평가하기 위한 측정 숫자에 불과할 수 있지만, 다른 측면에서 점수는 어린이가 평가를 잘 받았을 때는 보상으로, 평가를 잘 받지 못했을 때는 처벌로도 생각할 수 있다. 어린이들에게 평가가 자존감을 낮추고 수치심을 유발할 수 있는 무기가 될 수 있다. 대부분의 학부모들은 어린이들의 평가와 점수가 자기들이 누릴 수 있는 특권과 우월감을 결정하는 잣대처럼 생각하기도 한다.

일반적으로 사용하고 있는 평가와 점수 같은 외재적 보상은 어린이가 영유아보육기관과 학교에 가는 것을 즐거워 하지 않고, 좋아하지 않았기 때문일 수도 있다. 다른 어떤 방법으로도 동기부여가 되지 않는 어린이들에게 교사가 가지는 선입견이 어린이들을 불편하게 할 수도 있다. 또한 어린이집이나 유치원에서 작업하는 학습 내용에 어린이의 흥미를 유발할 수 있는 요소와 동기가 전혀 없고, 어린이 스스로 교실에서 작업을 위해서 자유롭게 선택할 수 있는 선택권의 범위가 매우 좁거나 없기 때문일 수도 있다.

다른 한편으로 어린이가 무엇인가를 작업할 때 다른 어떠한 방식에도 동기부여가 되지 않는다면 외재적 보상은 단지 어린이가 학습을 시작하는 데 도움을 유발할 수 있지만, 교사들은 어린이들의 집중력 향상을 위해서 보상 시스템을 생각 없이 종종 사용한다. 예를 들어, 걸음마를 배우는 영아들, 화장실에서 배변 훈련을 하는 영아들에게 잘했다는 징표로 초콜릿을 준다. 일반적으로 회사에서도 마찬가지이다. 일을 잘하는 사람은 성과금을 올려 주거나 그에 대한 보너스 수당을 지급한다. 이처럼 외재적 보상은 영유아보육기관과 초등학교에서 일반적으로 활용되고 있다.

하지만 알피 콘(1993)을 비롯해서 반복적으로 주장한 것처럼, 최근에는 이러한 보상이 어린이들에게 부정적 영향을 미친다는 정설을 지지하는 학자들이 많다. 물론, 몬테소리는 이미 100년 전에 관찰을 통해 외재적 보상에 부정적 개념을 가지고 있었다. 즉각적인 결과가 아주 강하게 나타나기 때문에 이러한 외재적 보상을 사용하지만 몬테소리는 관찰 결과가 장기적인 결과를 가져오지 못하는 어리석은 일이라고 결론을 내렸다(조성자 역, 1996).

몬테소리는 보상과 평가를 어린이들의 학습을 방해하는 가장 큰 요인 중 하나로 간주하였다. 현대의 유명한 심리학자와 교육학자들이 연구 결과에서 몬테소리의 판단이 옳았다는 것을 적극적으로 증명하고 있다(Lilliard A., 2005). 외재적 보상을 단기 효과로 보았을 때, 장기적으로는 이러한 외재적 보상이 어린이들을 훌륭한 방향으로 변화시키는 행동을 방해한다고 보고한다(Alfie Kohn, 2001, 김달효, 성병창, 허승희 옮김, 2005). 어린이들의 스스로 학습하고자 하는 동기부여, 인지능력, 창의력, 친사회적 행동 등에 외재적 보상과 평가가 부정적인 영향을 끼친다. 유아교육기관에서 무엇인가 작업을 배우려는 욕구와 동기를 어린이들이 잃어버리기 시작한다면, 어느 정도의 적절한 보상이 필요할지 모르지만 기존의 모든 교육기관의 체계는 어린이들에게 큰 학습 효과를 부여하기 위해 계속 외재적 보상과 점수제를 사용하며, 숙달성향이 수행목표성향보다 학습과 발달에 있어 긍정적인 환경을 만들어 간다는 신념에 변함이 없다.

몬테소리 교실에서 동기부여와 보상에 대한 이론은 만약 한 어린이가 이미 자기가 선택한 작업을 시작할 때 적절하게 동기부여가 되었다면 예상되는 보상이 사실상 그가 작업 활동과 작업이 완성되었을 때 느낄 수 있는 흥미를 방해할 것이다. 몬테소리 교실에서 작업은 어린이들이 흥미와 관심을 가지고 무엇인가를 탐색하고 배우는 활동이므로 외재적이 아닌 내재적으로 동기가 부여되어야 한다.

몬테소리 교실에서 3~4세 어린이들이 동기부여에 대한 결핍을 보인다는 이야기는 사실적으로 애매하다. 이 시기의 또래 어린이들은 자기 환경 안에 있는 모든 사물과 사람 그리고 어떠한 종류의 것을 배우는 것에 흥미를 느끼고 그에 열광하는 민감기를 나타낸다. 어린이들은 만족할 줄 모르고, 지칠 줄 모르는 호기심과 에너지를 본능적으로 가지고 있다. 그러나 이 어린이들이 학교에 들어갈 즈음에 작업과정에서 내재적 동기부여의 결핍을 경험하고 작업에 싫증과 어려움을 느낀다.

릴리아드는 실제로 전통적인 학교교육에서 어린이들의 내재적 동기부여가 매년 감소한다고 보고한다(Lilliard A., 2005). 물론 동기부여가 안 되는 이유는 자유선택의 부족, 작업내용이 어린이들의 마음을 촉진하지 못하는 부분, 협력관계의 부족, 작업이 전혀 흥미롭지 않다는 것과 현재의 교육제도가 점수나 다른 외재적 동기부여 요소들에 지나칠 정도로 의존하기 때문일 수 있다.

물론 보상이 모두 부정적 영향을 가져오는 것만은 아니다. 보상행위는 항상 무엇인가 주어질 것이라고 예상이 되거나 금전, 상 혹은 점수와 같이 실재적으로 제시하면 그만큼의 댓가를 원할 때 부정적 영향을 미친다. 보상은 주어진 과제에 대한 댓가가 개방적일 때 악영향을 미친다. 그러나 유아교육기관 특히 몬테소리 교실에서 가장 훌륭한 과제는 개방적인 과제이다. 예를 들어, 그림을 그리는 형식 또는 리포트의 형식을 구체화하지 않는 과제를 의미한다. 다시 말하자면 형식이 훌륭하다고 해서 최상의 점수를 받는 것이 아니므로, 이러한 과제는 개인의 판단하에 각자가 가장 좋다고 생각하는 방식으로 완성하게 된다. 그러므로 라이언과 라과르디어는 외재적 보상은 종종 개방적인 해결책을 필요로 하는 과제에 악영향을 미치는데, 이는 외재적 보상은 결과가 예상되는 피상적 수준의 전략이기 때문이라고 말한다(Ryan & Laguardia, 1999).

이처럼 외재적 보상의 동기부여를 감소시키는 조건들은 특히 학교에서 쉽게 찾아볼 수 있다. 어린이들은 이미 학습과정에서 자신이 수행해 낸 결과에 따라 보상이나 평가를 받을 것임을 알고 있고, 이러한 보상들이 실제로 자기들에게 부여되기 때문이다.

일반 교실에서 외재적 보상이 동기부여에 끼치는 부정적인 영향은 보상이 주어질 것으로 미리 예상되거나 어린이가 이미 그 활동에 흥미를 느끼고 있었을 경우에 자주 나타난다. 누군가에게 평가되는 것은 역시 어떠한 활동을 수행하는 데 부정적인 영향을 미친다. 라이언과 데시는 어린이들은 자율성을 향한 근본적인 욕구를 지니고 있으며, 이러한 자율성이 그들이 올바르게 성장하는 데 자양분이 된다고 말한다(Ryan & Deci, 2000). 어린이들에게 내재적 동기부여를 할 수 있는 가장 훌륭한 요소 중의 하나인 자유선택이 결정할 수 있다는 감정적 욕구와 필요성을 충족시키면 내재적 안정감과 더불어 마음을 풍요롭게 만든다. 인간은 본능적으로 자기가 안전하고 평화로울 때 일에 대한 동기부여를 더 많이 받을 수 있다. 너무나 많은 선택의 기회가 사람을 나약하게도 할 수 있고 통제 능력을 약화시킬 수 있으나 어떤 선택은 분명히 즐거운 행동이다.

자연적인 교육 환경과 동기부여를 연관지어 흥미로운 것을 연구한 리차드는(De Charms R., 1976) 교실 내에 자발적 행위자의 경향과 타율적 행위자의 경향이 있음을 정의하였다. 자발적 행위자 경향이 모여 있는 교실에서 어린이들은 각자 자기들이 원하고 생각한 것을 반영시키려고 발언권을 가지기 위해 노력하였다. 자발적 행위자들이 모여 있는 교실의 교사는 진정한 의미에서 권위 있는 부모와 같았다. 따뜻하고 포용력이 있으면서도 분명하면서 일관된 규칙을 제공하여 어린이들로 하여금 스스로 행동하는 방법을 익히도록 안내하였다. 어린이들은 교사의 말을 잘 수용하고 이해하는 태도였다.

대조적으로 타율적 행위자들이 모여 있는 교실의 교사는 어린이들을 마치 군대에서 대장이 명령으로 통제하는 병사처럼 다루는 것을 목격하였다. 또한 타율적 행위자 교실의 교사는 통제적이고 직접적인 소위 '권위주의적인' 스타일을 수용하였다. 리차드의 연구는 자발적 행위자의 교실에서 어린이들의 내적인 동기부여가 잘 이루어지고 더 높은 책임감을 가지는 경향을 보여 주었다. 또한 어린이들이 타율적 행위자 교실에서보다 외재적 동기부여 효과를 많이 얻어 내는 결과를 보고하였다(De Charms R., 1976).

타율적 행위자 교실의 교사가 학급 목표를 어떻게 변경할지 안내를 받았을 때 모든 것은 교사의 지시로 행동하기 때문에 외재적 동기부여의 힘에 따른 안내였다. 몬테소리 교실에서 교사들이 때때로 학습의 목표를 어린이들과 관계없이 창조할 수 있다는 점을 제시한다. 교실에서 어린이들이 생각하는 제한된 자유개념에 의한 통제가 작업과 학습과정의 안녕감에 영향을 주는지를 보여 주었다. Deci, Schwartz, Sheinman & Ryan은 몬테소리 교실에서 교사가 좀 더 자율성을 지향하는 경향이 있을 때, 어린이들은 학습에 더 많은 내적 동기를 부여하고, 자신을 더 유능하다고 생각하고, 높은 자아 존중감을 표현했다고 말한다(Deci, Schwartz, Sheinman & Ryan, 1981).

사소한 일이지만 한 어린이가 교사 혹은 친구들 중 누구에게로 갈지를 결정하는 것은 교실에서의 어린이가 통제능력을 얼마만큼 발휘하는가에 달려 있다는 것을 관찰을 통하여 보여 주었다. 몬테소리 교실에서 교사가 자기 반 어린이들에게 얼마나 자율성을 부여하는지와 동기부여는 관련이 있다.

Ryan & Grolnick의 연구는 4~6학년 어린이를 대상으로 그들의 역량, 자존감, 동기와 통찰력이 어떻게 관련되었는지를 조사한 결과, 자발적으로 교실 환경을 통제할 수 있는 능력이 있는 어린이들은 전반적으로 학업성취도가 뛰어나고, 학습에 더욱 의욕적이었으며, 숙달 동기에 몰입하는 현상을 보였다(Ryan & Grolnick, 1986).

몬테소리 교실이 어린이 내면의 창조적이고 건설적인 활동을 자극하도록 특별하게 설계되어 생산적인 선택을 할 수 있는 준비된 환경일 때 어린이들이 자율적이고 독립적으로 성장한다고 생각하였다. 계획한 활동을 위한 교구의 수량이 충분하지 못하거나 집중을 할 수 있는 조건이 아니거나 또래 친구들과 긍정적이고 건강한 관계 맺기가 어려운 환경에서 자유선택은 혼란을 야기할 수도 있다. 몬테소리 교실 환경이 어린이의 선택과 통제를 용이하게 하는 방법은 정리정돈을 통해서이고, 대체 가능한 교구들이 질서 정연한 상태로 놓여 있을 때 선택을 하는 것이 좀 더 쉬워진다는 것은 잘 알려진 상식이다. 몬테소리 교실, 환경에서 정리정돈된 상태를 중요시하는 이유는 교구들을 교실 선반 위에 혹은 탁자나 카펫 위 등, 눈에 쉽게 띄도록 진열하는 것은 어린이가 교구들을 사용하고 있을 동안 어린이의 교구 선택을 돕는 데 용이하도록 하여 내재적 동기유발이 일어나도록 하기 때문이다.

어린이들이 교실을 걸어 다니면서 현재 사용하고 있는 교구를 정리하는 것은 어떤 것을 사용할 수 있는지를 쉽게 관찰하기 위해서다. 즉, 선택을 용이하게 하는 또 다른 특징은 어린이들의 손이 닿을 수 있는 높이와 거리에 교구가 놓여 있다는 것이다. 몬테소리 교실에 있는 교구장은 어린이들의 생물학적 조건을 고려해서 모두 높이가 낮고, 대개는 어린이들의 팔 길이만큼 깊어서 손이 닿기가 쉽다. 어린이가 교구를 교구장에서 꺼내어 잠시 동안 작업하다가 다시 제자리에 정리정돈하기에 편리하다.

어린이가 쉽게 선택하고 통제할 수 있으며, 다른 특징은 교실용 교구장을 어린이가 어려움 없이 이동할 수 있고 어린이용 크기로 구성되었다는 것이다. 어린이들은 자기들의 필요와 원하는 것에 알맞게 교구장들을 재배치할 수도 있다. 어린이용으로 제작한 이동식 교구장들은 책걸상, 세면대 가구 등으로 몬테소리를 개혁 교육자로 인정하는 데 큰 역할을 하였다(Elkind, 1997). 몬테소리는 다음과 같이 언급하였다.

> 어린이집 가구 문제에서 중요한 개선점은 책상과 긴 의자 혹은 고정식 의자를 하루 빨리 폐기하는 것이다. 나는 책상을 견고하고 단단하면서도 동시에 가벼워서 4살의 어린이도 쉽게 들 수 있는 팔각형의 다리를 가진 테이블을 만들도록 지시하였다. 어린이들이 앉기에 편리한 작은 의자들을 디자인하고 제조했다. 모든 어린이들에게 자기가 가장 편리하고 안전하게 앉을 수 있는 자리를 발견하여 선택할 수 있도록 허락을 한다. 어린이들이 환경으로부터 해방되고 자유로워짐은 물론, 교육의 수단과 방법 그리고 내재적 동기부여를 할 수 있는 기회를 제공한 것이다. 가구와 교구장을 통하여 어린이들은 자기의 움직임을 조절하는 학습을 하였다(Montessori, 1910).

몬테소리의 준비된 환경 속에 있는 교구, 교구장, 가구, 교재들은 자아 통제력과 선택의 가능성이 이미 기본적으로 내재적 동기유발과 연관된 환경인 것이다.

VI. 내재적 동기를 촉진하기 위한 전략들

아직도 몬테소리의 철학이 내포하고 있는 모든 이론들은 현대 아동연구가들이 많이 연구하고 있는 내재적 동기 이론과 동일한 개념이기 때문에 신 몬테소리 학파는 꾸준한 연구를 하여야 할 과제에 관심을 가지고 이러한 이론들을 실천으로 옮기는 작업이 필요하다. 몬테소리 교실에서 공동생활을 하는 데 필요한 리더십을 위한 기술을 제공하거나 어린이들의 자동교육이나 자기훈련을 지지해 주는 등의 기본 원칙에 대해 논의하여야 한다. 이러한 전략들이 몬테소리 방법을 통해 몬테소리 교실의 어린이들에게 동기를 촉진해 줄 수 있다. 더 중요한 것은 내재적 동기부여를 촉진할 수 있는 환경을 실제적으로 구성하고 어린이들이 간단한 방법으로 내재적 동기를 부여받는 것이다. 몬테소리 교육환경을 좋아하는 어린이들이든 그렇지 않은 어린이들이든 그 사이의 모든 어린이들이 우주 안에서 자기의 위치와 역할을 수행할 수 있는 리더로 성장할 수 있도록 도울 것이다.

몬테소리 교실에서 중요한 과제 중 하나는 어린이들이 공동체 삶과 교실의 평화로운 분위기를 만들어 가는 것이 얼마나 중요한 것인지 배우고, 그들이 스스로 독립적으로 살아가고, 만족하며, 행복한 자유인으로 살아갈 수 있도록 적극적으로 지지해 주는 것이다. 만약 어린이들 각자의 자유로운 활동과 행동에 어떤 제약을 가한다면 그들의 활동이나 공동체 생활을 자연스럽게 훈련하는 감각을 발달시키고 양육하는 시간과 에너지를 낭비할 것이다. 몬테소리 교실은 어린이와 어린이, 어린이와 교구, 어린이와 교사, 어린이와 환경 사이에 상호작용을 하면서 만들어 가는 수많은 경험과 일상에 관한 경험, 그리고 인지발달을 촉진하는 모델들로 구성되어야 한다.

몬테소리 교실은 어린이들의 심리 운동장인 동시에 지식을 생산하는 지식 작업장이고, 동시에 지식 근로자들이 모인 장소이다.

1. 어린이들이 공동체 활동을 할 수 있는 환경구성

몬테소리 교실은 어린이들에게 공동체 활동을 할 수 있는 환경구성을 제공해 주어야 한다. 몬테소리 교실은 인종, 나이, 종교를 초월한 비종파로 특별한 교실을 운영하였다. 혼합연령으로 반을 구성하여 공동생활의 장점을 촉진하려고 노력한다. 연령의 차이점을 극복하면서 사회는 모든 계층의 사람들이 모여 사는 것처럼 서로 다른 연령의 어린이들이 교실에 한데 모여 혼합연령으로 생활하며 매년 새로운 학급을 만들어 가는 교육환경을 구성하였다. 혼합연령반 구성을 통해서 교사들은 어린이들에게 보다 다양한 다중적 공동체를 구성해 주었다.

한 교실의 모든 어린이들이 참여하는 작업 활동을 자유롭게 할 수 있도록 환경을 제공해 왔다. 어린이들은 교실에서 하루의 시간을 보내는 동안 교실에서 조직생활, 공동체 생활, 질서와 규칙을 경험한다. 모든 어린이들이 서로가 어울려 생활하면서 친구들에게 양보하기, 인내하기, 배려하기, 주고받기, 협력하기 등을 학습하게 된다. 한편, 서로 협력하면서 자기보다 강한 친구와 자기보다 약한 친구들도 나와 같은 귀중한 사람들이라는 것을 알아 가게 된다.

어린이들은 공동체 생활을 통해서 친구들의 이름과 가족을 알아 가고, 친구들과 어울려 놀이를 하고 함께 살아가는 방법을 학습한다. 어린이들은 친구들과 놀이를 하면서 자기가 대장이 되어 리드하고 때로는 다른 대장 친구의 리드에 따라서 행동하기도 한다.

몬테소리 교실에서 어린이들은 놀이를 통해 규칙, 대인관계, 자기의지, 역할에 대한 기본적인 기술을 학습한다. 몬테소리 교실에서 어린이들은 리더가 되기도 하고 리더에게 복종하는 자세를 동시에 학습한다. 어린이들에게 놀이는 리더십을 훈련하는 훌륭한 방법이 된다.

어린이들은 친구들과의 관계를 통해서 다른 생명체를 보살피는 방법을 학습한다. 정원을 가꾸고 동물을 키우면서 보살핌의 리더십을 훈련한다. 우리들이 살아가는 세계는 모든 연령층, 모든 생명체인 사람, 동물, 식물들에게 보살핌의 리더십을 필요로 한다.

어린이들이 친구들과 서로 교감하고 관계를 형성해 가는 것은 정서적인 안정감을 유지하도록 돕고 작업의 집중력을 촉진하는 탁월한 효과를 발휘한다. 원에 입학할 초기에 어린이들이 교사, 친구들, 원에서 일하는 직원들을 알아가는 데 약간의 시간이 필요하지만 공동체 생활을 형성해 가고 자기 원에 소속감을 가지는 것은 안정되고, 평화로운 원 분위기를 형성하는 데 필요한 것들이다. 어린이들은 공동체 생활 속에서 훌륭한 리더가 될 수도 있지만 친구들로부터 소외감을 느낄 수도 있다.

어린이들은 공동체 생활에서 가정을 떠나 다른 사람들과 더불어 살아가는 방법을 경험한다. 자아와 타자아의 관계에서 배려하기, 양보하기, 존중하기, 기다리기, 질서 지키기, 다른 사람들과의 차이점을 인식하고 수용하기 등을 학습한다.

2. 어린이들의 자연활동

어린이들에게 자연은 자장 훌륭한 학습장소이고 가장 편안한 심리 운동장이다. 현재 우리나라의 모든 유아교육기관에서 실시하고 있는 숲 활동 내지 숲 어린이집, 숲 유치원은 자연 속에서 자연과 더불어, 자연을 사랑하면서 생활하는 습관을 기르기 위한 자연 친화적 프로그램이다. 자연활동이란 어린이들의 자연에 대한 사랑, 자연 생활에 대한 적응력 키워 주기, 자연을 존중하기, 자연과 친해지기, 자연의 변화를 알기, 자연 속에 생존하는 모든 생명체들을 관찰하고, 알아 가고, 사랑하고, 자연물을 활용하여 학습하기 등과 같은 활동을 의미한다(김영숙 옮김, 2004).

자연은 인간에게 가장 솔직한 스승이고, 건강을 제공하는 공동 치유 공간이고, 자동 치유장소이다. 따라서 어린이들과 매주 2~3회씩 자연활동을 하는 것은 어린이들의 생물학적 건강과 심리학적 안정감에 특효약이라 할 수 있다. 자연의 변화에 따라서 인간이 변화되어 가는 자연적 과정은 어린이들에게 인간이 자연의 일부분이라는 것을 인식시키는 것이다.

자연활동은 어린이들에게 공동체 의식을 강화할 수 있다. 자연활동의 한 방법으로 한 학기에 한 번은 어린이들과 야영활동을 함으로써 함께 자고, 함께 먹으면서 원에서 지내는 시간보다 더 긴 시간을 친구들과 보내고 자기 스스로 모든 것을 관리해야 하는 경험을 할 수 있다. 자기 원에 정원이나 운동장이 있다면 그곳에 텐트를 치거나 가급적 가까운 장소에서 공동체 생활을 훈련하는 것이다. 물론 반드시 야영이 아닌 제 3의 장소를 선택할 수 있지만 휴양림이나 야영을 권장하는 이유는 어린이들이 완전히 자연 속에서 하루를 지내면서 자연이 인간에게 주는 모든 것을 체험할 수 있기 때문이다.

자연활동은 어린이들이 자연의 주기와 자연현상에 관한 직접적인 경험을 할 수 있는 중요한 학습현장이다. 자연에 관한 교육 목적이 이루어지는 것은 물론 어린이들에게 자기 스스로 적응하고 자신을 돌보는 방법을 배우게 하는 기회를 마련해 준다. 부모의 보살핌 없이 단순히 친구들과 더불어 서로 보살피며 생활하는 공동체 의식도 발달시킬 수 있다(김영숙 옮김, 2005).

어린이들은 자연 속에 조용하게 앉아서 자연의 소리들을 듣는 침묵활동을 할 수 있다. 어린이들은 가을에 낙엽을 한곳으로 모아 낙엽 속에 누워서 파란 하늘을 보며 하루의 즐거운 시간, 친구들과 잘못한 행동, 친구들과 아주 잘한 행동, 약속한 일을 지키거나 지키지 않은 것 등을 생각할 수 있다. 자연활동을 통해 어린이들은 독립심, 관찰능력, 자연을 사랑하고 가꾸기, 생태계에 대한 의식, 건강교육은 물론 원 밖에서 자연과 더불어 자연과 함께 생활하고 관찰하는 능력을 키워 나간다. 육체적·정신적 건강을 유지하여 건강한 인성으로 발달시켜 훌륭한 리더가 될 수 있다. 교육은 인간의 삶과 생명을 도와주는 것이다. 자연은 인간의 지혜를 순수하게 만들고 더불어 살아가는 방법을 알아 가도록 만든다.

3. 어린이들의 예절과 인성교육

몬테소리 교실에서 어린이들에게 일상생활에 필요한 생활예절을 가르치는 것은 그들이 살아가는 데 필요한 사회적 기술, 인성, 교실 안에서 의사소통하는 데 필요한 기술, 가정·영유아교육기관에서 의사소통에 필요한 기술, 공동체 생활에서 필요로 하는 규칙과 질서를 가르치는 것이고, 어린이들이 성장하여 사회에 나가기까지 사회생활에 필요한 다양한 사회적 기술을 선행학습으로 배우는 것이다(이수경 저, 2006).

몬테소리 교실에서 친구들과 어떻게 지내야 하는지, 교구를 어떻게 다루어야 하는지, 교사와 어떤 관계를 유지하여야 하는지, 교실에 찾아온 손님에게 어떻게 인사하고 안내하여야 하는지, 친구가 도움을 필요로 할 때 어떻게 도와주어야 하는지, 원에서 어린이들을 도와주는 사람들에게 감사의 말을 어떻게 표현하는지, 원 밖에서 아는 사람을 만났을 때 어떻게 하여야 하는지를 배우게 된다. 몬테소리 교실에서 이루어지고 있는 일상영역의 학습들은 그대로 어린이들의 인성교육과 연결된다. 어린이들을 위한 인성교육이란 거대한 제목을 가지고 주제별로 교육하는 것이 아니라 일상생활에서 필요한 덕목들을 자연스럽게 일상생활을 통해서 학습할 수 있도록 지도하여야 한다.

몬테소리 교실에서 인성교육이란 몬테소리의 정상화 개념과 공통되는 개념이라 할 수 있다. 어린이들이 올바른 사회적 관계를 맺으면서 살아갈 수 있도록 돕는다는 것은 그들의 일탈 행동을 사랑이라는 거대한 에너지를 활용하여 정상화로 진화하도록, 소위 말해서 착한 인성, 올바른 인성으로 양육하는 것이다.

교실 공동체를 훌륭하게 유지하기 위해서 어린이들이 교실에서 반드시 지켜야 할 사항에 대해서 어린이들이 이해하기 쉽게 목록으로 만들어서 잘 보이는 곳에 걸어 놓는 것이 중요하다. 몬테소리 교실에서 가꾸고 있는 정원에 있는 식물, 교실에 있는 화분, 동물, 어항 속에 있는 열대어들을 위해서 당번을 정하여 공동 책임감을 가지도록 하는 것도 바람직하다. 어린이들에게 자기 주변에 있는 모든 생명체들을 보살펴야 한다는 책임감과 다른 생명체들이 우리들과 밀접한 관계로 연결되어 중요한 역할을 서로 공유하고 있다는 것을 가르쳐야 한다. 교실의 모든 어린이들이 순서대로 활동에 참여할 수 있도록 배려하여야 한다.

어린이들은 이러한 활동을 통해서 책임감을 인식시킬 수 있으며 교실 환경을 자연과 더불어 깨끗하게 유지해야 하는 책임감과 정해진 규율을 지켜 나가는 능력을 키울 수 있는 좋은 기회가 될 것이다. 리더십이 강한 어린이들의 특징을 살펴보면 자기 생활에 책임감을 가지고 자기가 하는 일에 열정을 보이는 어린이들이다.

4. 몬테소리 교실에서 어린이들을 위한 규칙과 권리

몬테소리 교실에서 정해 놓은 규칙과 권리들은 모든 어린이들이 지켜야 할 행동의 기준점이 된다. 모든 어린이들은 인격적으로 존중받을 권리, 교육받을 권리, 사랑받을 권리, 부모를 가질 권리를 가지고 있다. 이러한 규칙과 권리는 몬테교실에서 어린이, 교사, 교구, 환경만큼이나 중요하다. 왜냐하면 이러한 요소들은 어린이들이 생활하고 활동할 때 통제를 할 수 있는 기준점이고 잣대이며, 반드시 필요한 것과 원하는 것의 차이점을 알려 주기 때문이다.

교사들이 알아야 하는 것은 규칙과 권리는 정직하고 정상적으로 살아가는 어린이들의 행동 척도이고 도구라는 것이다. 민주적인 교실의 특징은 모든 어린이들이 질서와 규칙을 철저하게 지키는 것이다. 규칙은 어린이들의 인성을 올바르게 양육할 수 있는 도덕적 덕목이다.

어린이들에게 착하다, 착하지 않다는 기준점이란 무엇을 의미하는가? 아직 윤리적·도덕적 판단이 발달하지 않았기 때문에 규칙을 정해 놓고 해도 되는 것과 해서는 안 되는 것, 할 수 있는 것과 할 수 없는 것, 원하는 것과 필요한 것을 변별할 수 있는 판단력의 가장 정확한 척도가 규칙이다. 몬테소리 교실을 정상적으로 만드는 것은 규칙이므로 규칙을 모든 어린이들에게 똑같이 공평하게 적용할 때 교실을 정상적으로 운영할 수 있다.

몬테소리 교실에서 권리는 어린이들에게 주어진 가장 가치 있고 정당한 힘이다. 모든 권리는 모든 어린이들에게 정의롭게 분배되어야 한다. 어린이 헌장이나 백서에서 언급하고 있듯이 어린이들에게는 다양한 권리가 주어진다. 왜냐하면 그들은 아직 육체적·정신적 요소들이 발달하지 못했기 때문에 성인들은 어린이들의 권리를 대신 부여하여 철저하게 지키도록 권고하고 있다. 그러나 어린이들을 바르게 양육하여야 할 권리는 우선적으로 부모에게 양도된다.

몬테소리 교실에서 정해진 규칙과 권리들 역시 모든 어린이들에게 평등하게 부여되어야 한다. 어린이들을 위한 규칙은 중요한 사항이기 때문에 모든 어린이들이 쉽게 볼 수 있는 곳에 걸어 놓아서 모든 어린이들이 빠른 시일에 인지할 수 있도록 하여야 한다.

모든 어린이들 개인이 누릴 수 있는 자유는 다른 어린이들의 권리를 인정하는 범위 내에서 허용된다는 개념을 강조할 필요가 있다. 어린이들의 권리에 대한 사항들은 그들 스스로 자기훈련을 양육하는 능력을 발달시킬 수 있다. 어린이들의 권리는 존중되어야 하고, 인정되어야 하고, 권리로서 자기위치의 자기역할을 수행할 수 있고 우주적 사명감을 수행할 수 있어야 한다.

몬테소리 교실에서 모든 어린이들은 다른 어린이들, 환경의 방해를 받지 않고 작업할 권리가 있다. 어린이들은 교구를 자유롭게 선택할 권리가 있고, 자기가 원하는 장소에서 작업할 권리가 있고, 가장 안정된 장소에서 작업할 권리가 있다. 어린이들은 유아교육기관에서 권리, 즉 공동체에 속할 권리를 갖는다. 공동체 속에서 자아 정체성을 형성할 권리가 있다.

어린이들의 이러한 권리를 인정할 수 있는 도구가 바로 규칙이다. 그러나 더 중요한 것은 이러한 규칙과 권리가 어린이들이 생활하는 기관에서 절대적으로 필요한 것을 성취하기 위한 도구이어야 한다. 몬테소리 교실에서 교사들이 어린이들을 위한 규칙을 정할 때 그들에게 도움이 될 것인지, 긍정적인 행동과 마음을 촉진시킬 것인지, 어린이들이 지키기에 적절한 것인지, 서로 공유할 수 있는 것이지를 판단하여야 한다. 서로 공유하고, 개개인의 자유를 제한하면서 책임감을 가지고 자유롭게 활동하고 작업할 수 있는 교실에서 공동체의 한 일원으로 살아가는 데 도움을 줄 수 있어야 한다.

몬테소리의 모든 교실에서 정해진 규칙과 권리를 어린이들이 정확하게 인지하고 수용하기 위해서 교사들은 모든 어린이들이의 합의를 이끌어 내어 어린이들에게 주지시키고 홍보물을 만들어 벽에 걸어 놓고 누구나 다 볼 수 있도록 하는 것이 중요하다. 이렇게 함으로써 어린이들 스스로가 만든 규칙을 스스로가 인지하고 지켜 나감으로써 단순히 강요와 억압에 의해서 혹은 교과서적인 내용에 의해서 짜여진 규칙보다 훨씬 더 효과적으로 교실의 생활이 통제·관리될 수 있을 것이다. 미래를 이끌어 갈 수 있는 강한 어린이는 자기 환경 속에서 정해 놓은 규칙을 지키고 자기의 권리는 물론, 다른 친구들의 권리까지 인정할 수 있는 정의감을 가지고 있어야 한다.

5. 어린이들을 위한 평화교육

몬테소리는 어린이를 위한 교육에서 끊임없이 평화에 대한 중요성을 요구함에도 불구하고 평화학(Science of Peace) 또는 평화문화(Cultur of Peace)가 온 세상에 존재하지 않는다는 것은 인간의 이기적 욕망의 결과라고 말한다(조성자 저, 2011).

평화학은 실제로 끊임없는 연구, 서로 간의 이해관계, 종교적 분쟁, 평화에 대한 갈망, 평화를 실천하려는 행동과 생각들과 서로 긴밀하게 연결되어 지속적으로 연구되어야 한다. 평화학이라는 이름으로 연구되지 않기 때문에 평화학을 어린이들을 위한 학문의 한 영역으로 간주되어야 한다(Montessori M., 1970, 조성자 옮김, 1990).

전 세계의 어린이들에게 경악스러운 9.11 테러 사건은 우리들의 세상에 평화에 대한 의미를 바꾸어 놓았을 뿐만 아니라 평화의 의미가 무엇인지 진심으로 인지하도록 도와주었다. 평화를 위한 우리 모두의 공동적인 갈망과 희망을 온 세상에 전하게 되었다. 세계는 점점 더 많은 사람들이 동정과 너그러운 화해의 행동으로 폭력과 보복에 반대하는 이미지를 만들어 내는 효과를 위해서, 모든 어린이들은 자신이 긍정과 평화가 무엇인지 행동으로 실천하기 위해서 그 기회를 열심히 찾아내고 있다. 몬테소리 교실에서 어린이들에게 평화교육을 실천하기 위해서 다음과 같은 의미를 인지시켜야 한다(조성자 저, 2011).

- 평화에 대한 인식전환을 시작하여야 한다. 어린이들은 '이 세상에 평화가 울려 퍼지기'를 외치면서 지금보다 훨씬 더 평화로운 세상, 평화로운 마음을 창조하도록 노력하여야 한다. 세계의 모든 성인들은 어린이들이 평화의 길로 더 빨리 나아갈 수 있는 방법이 무엇인지 탐색할 수 있도록 도와주어야 한다. 어린이들이 힘을 모아 나 자신부터 평화를 외칠 수 있도록 평화 공동체를 만들어야 한다. 왜냐하면 평화는 나로부터 시작하기 때문이다.
- 어린이들이 평화의 길을 걸어가는 데 장애물을 제거해 주어야 한다. 어린이

들에게 평화의 길을 걸어가도록 안내하는 것은 결코 쉬운 일이 아니다. 세상의 모든 어린이들이 평화의 길을 걸어가는 데 방해하는 장애물들이 너무 많다. 평화를 만들어가는 데 장애물은 언제든지 어린이들을 환영하는 자세를 준비하고 있다. 모든 어린이들은 평화의 오아시스와 파라다이스에 도착하기 위한 같은 목표를 가지고 힘겨운 여정을 떠나야 한다. 오늘도 어린이들의 평화의 여정은 시작되고 있다. 어린이들에게 힘겹게 시작하는 평화의 여정도 평화에서 출발하고 마지막 목적지도 평화라는 공동의 목적을 가지고 걸어간다는 것을 인식시켜야 한다.

- 몬테소리 교실에서 평화는 항상 어린이들의 아름다운 파트너가 되어야 한다. 평화는 세계의 모든 어린이들의 파트너십의 차원에서 영혼을 움직이는 정의로운 용기, 영혼을 자각시키는 힘, 영성을 사랑하는 에너지, 자유, 그리고 아름다움으로 어린이들의 정신 속에서 살아가고 싹트도록 도와주어야 한다.
- 평화는 어린이들의 영적인 유전인자인 DNA 속에서 일생 동안 함께 발달하고 성숙되어야 할 어떤 것으로 정착시켜야 한다. 우리들은 인간의 인간화, 육화, 정상화로 진화하면서 사랑의 축에서 이루어지기를 바란다. 사랑의 힘으로 진화하는 과정에서 평화가 항상 영원한 친구처럼 동반한다. 어린이들에게 평화는 아주 특별하고 진실한 인간의 진화론적 도전이라고 가르쳐 주어야 한다. 평화는 그냥 얻어지는 것이 아니라 노력하는 어린이들에게만 주어진다.
- 어린이들은 우주에서 살아가는 생활을 진심으로 사랑하고 즐기는 미래 우주 가족의 한 구성원으로서 우리와 모든 풍요로움과 함께 더불어 살아가는 방법을 찾아 주어야 한다. 우리들은 어린이들과 함께하는 일상생활 속에서 항상 평화를 갈망하고 탐색하여야 한다. 어린이들은 항상 평화를 좋아하고 평화로운 분위기에서 생활하기를 본능적으로 원한다. 정의와 평화를 원한다고 의사소통은 어려워도 성인들의 눈에서 확인할 수 있다.

– 평화는 다양한 의미를 포함하는 다중적 개념을 가진다. 모든 어린이들은 현실적으로 각자가 원하는 평화를 기원한다. 엄마가 없는 어린이는 엄마가 있으면 평화라고 생각하고, 장난감을 원하는 어린이는 장난감을 가지면 평화롭다고 말한다. 어린이지만 평화에 대한 다른 가치관을 가졌다. 어린이들이 원하는 것을 가졌을 때 평화로워진다.

지금 전 세계가 전쟁문화를 평화문화로, 폭력문화를 비폭력문화로, 정의롭지 못한 사회를 정의로운 사회로, 지배자 모델교육을 파트너십 교육모델로, 물질적인 문화를 정신적이고 영성적인 문화로 변화시키고 확산하려는 노력을 끊임없이 연구하고 실천하고 있다. 이렇듯 몬테소리 철학에서 평화교육은 어린이교육을 위한 가장 중요한 핵심적 영역이다.

어린이들은 일상생활에서 발생되는 기본적인 행동양식과 지식과 지속적으로 환경 속에서 전수되는 지식과 아이디어, 가치 등을 모방하여 새로운 문화를 창조한다. 교사들은 미래의 어린이들이 무엇을 배워야 하는지, 어떻게 자라야 하는지, 어떠한 환경과 세상이 그들을 행복하게 만들 수 있는지 미리 예견하여야 한다. 이러한 예견을 위해서 몬테소리는 평화를 유지하는 것이 교육의 목적이라고 말한다. 1936년 브뤼셀의 유럽 평화회의에 앞서 그녀는 다음과 같이 연설하였다.

> 교사와 성인들, 그리고 어린이와 어린이들의 관계 속에서 깊은 존경과 관심의 뿌리가 없으면 우리 환경 속에서 평화의 문화도 나타날 수 없을 것이다. 평화문화는 교사와 어린이들뿐만 아니라 동료 교사 사이, 어린이 모두가 평화교육 문화 확산 과정에 포함되어야 한다. 어린이들을 위한 평화교육과정과 평화문화 확산에 대한 인식과 이해에 대한 필수적 요소가 없으면 어린이들은 평화를 파괴하는 고립된 환경을 만들어 갈 것이다(Montessori M., 1970, 조성자 옮김, 1996).

몬테소리는 평화문화에 대한 지식, 평화문화 확산에 대한 과정은 일관성을 유지하면서 전승되고 확산되어야 한다고 말한다. 어린이들을 위한 평화문화의 가치는 사회가 과학화, 산업화, 문명화되고 현대화되면서 다각적으로 영향을 끼친다. 어린이들의 생명에 대한 경외심, 나눔, 겸손, 사랑, 우정의 태도는 파트너십 문화, 다른 사람을 배려하는 것은 평화문화가 우선적으로 영향력을 미친다. 그러므로 어린이들을 위한 평화문화 태도는 다시 재생산되어야만 하고 성인사회에서 어린이들과 젊은이들이 상호작용할 수 있도록 교육과 실천적 활동을 통해서 도움을 주어야 한다.

몬테소리 교실의 현재의 시간은 교사와 성인들이 신뢰하고, 따르고, 사랑하는 어린이 곁으로 다가가서 희망과 즐거움, 평화와 안전함, 그리고 행복한 교실을 만들어 주면서 그들을 진심으로 보살펴 주어야 하는 시간이다. 어린이들을 위한 평화문화교육의 확산에 대한 자신의 생각을 공유하는 한국의 모든 몬테소리인들, 평화를 갈망하는 모든 사람들, 평화를 원하는 모든 어린이들, 평화의 가치를 알려고 노력하는 모든 사람들과 평화문화 연구들과 함께 공유하여야 한다.

교사들은 어린이들에게 평화문화를 확산하기 위해서 평화교육에 대한 새로운 인식의 전환, 우리의 문화, 인종, 종교, 사회적 계층을 초월하여 새로운 가치가 없는 수많은 다른 종류의 분열인 이상의 가치들, 소외계층, 갈등을 겪는 어린이들과 반대로 평화문화에 필수적인 요구들을, 모든 어린이들이 갈망하는 평화문화를 확산하도록 도와주어야 한다(조성자 저, 2010).

몬테소리는 어린이들이 교육에 대한 선물을 받았다고 말한다. 모든 어린이들에게 평화를 위한 교육은 필수적인 요소이며 우주교육, 평화교육은 인간을 교육하는 산업기술이 아니며 평화를 나누려는 실천적 행위이다. 평화교육은 어린이와 어린이들 사이에서 발생하는 것이며 보살핌, 공동체 삶, 나눔, 모든 사람들과 함께하는 열정적 자세에 뿌리를 둔 절대적인 사랑과 인류애에 근거한다(Daniel J., 2013).

평화에 대한 관점은 몬테소리 교실에서 평화에 대한 노래를 부르면서 평화의 의미가 무엇인가에 대한 생각을 표현하도록 도와주어야 한다. 모든 몬테소리 학교에서는 보다 다양한 언어를 사용하여 평화라는 단어에 대한 개념을 어린이들에게 인식해 줌으로써 평화를 어린이들에게 소개시켜 주어야 한다. 세계 평화에 관심을 가지고 특별한 날을 정하여 축하하면서 지구촌에서 전쟁과 싸움이 벌어질 때 갈등 문제를 해결할 수 있는 평화로운 방법에 대한 이야기를 나누어야 한다.

몬테소리 교실에서 평화 수호를 위한 환경구성을 하려면 저자의 『몬테소리의 평화교육의 이론과 실제』를 참고할 수 있다(조성자 저, 2010). 맥팔란드는 몬테소리의 평화교육을 자기인식, 환경인식, 문화인식, 공동체 인식으로 구분하였다. 나의 정체성 만들기, 나의 몸 관리하기, 인류 공동체 만들기, 평화 테이블, 어린이들에게 평화의 색에 대한 신비를 알려 주기, 평화의 등불 만들기, 평화의 고리 사슬 만들기, 평화문화 인식하기, 평화의 중요성 인식하기, 평화의 중재자 또는 피스메이커 만들기, 존중의 의미 알리기의 활동을 통해서 구체적으로 평화문화를 확산한다.

몬테소리의 평화교육은 그녀의 교육철학의 주춧돌 역할을 하는 우주교육과 아주 밀접한 관계가 있으며, 이를 어린이들에게 평화적 감각을 훈련하는 방법으로 도입하였다. 그녀의 우주교육의 3가지 핵심요인인 '나는 누구인가?, 나는 어디에서 왔는가?, 나는 왜 지금 여기에 있는가?'와 관계된다(조성자 저, 2010).

몬테소리 교실에서 이루어지고 있는 인간의 역사, 우주의 역사, 모든 생명체들의 전-관계, 바다의 이야기, 땅의 이야기, 다문화, 인류공동체에 대한 내용들은 문화 영역, 우주 영역에서 학습한다. 이러한 우주교육의 기초는 다음에 어린이들이 세계를 열 수 있는 열쇠 역할을 한다.

6. 갈등 해결을 위한 기술 배우기

인류 공동체를 만들어 평화로운 환경에서 살아가기 위해 교사들은 최선을 다하지만 여전히 다른 어린이들과의 갈등은 존재한다. 실제적으로 몬테소리 교실은 어린이들에게 내재적 동기를 유발하기 위해서 자유작업을 허락해야 하기 때문에 갈등이 더 심해질 수 있다. 하지만 전통교실처럼 어린이들이 하루 종일 책상에 앉아 교사중심의 교육과정으로 수업을 운영한다면 이야기할 시간이 없기 때문에 갈등이 더 심화될 것이다. 몬테소리 교실에서 특히 자유작업 시간을 잘 활용하지 못한다면 혹은 잘못이 아닐지라도 작업과정에서 어린이들 사이에 갈등을 일으킬 수 있다.

몬테소리 교실에서 갈등을 일으키는 요인들을 관찰을 통해서 분석해 보면 다음과 같은 요인들이 작용할 수 있다. 예를 들면, 2명 이상이 작업할 때, 표출되는 감정을 억제하지 못할 때, 교구작업에 선택이 불가능할 때(교구가 한 개만 있는데 서로 양보하지 않을 때), 어린이들이 곤란한 상황에 빠져 있을 때, 특별히 한 어린이가 강한 욕구를 가졌을 때 갈등이 일어날 수 있다. 이러한 상황은 몬테소리 교실에서 종종 일어날 수 있는 일이지만 교사들은 갈등을 해결할 수 있는 방법과 기술을 제공할 수 있어야 한다. 윌리암 그레이들러(William Kreidler)는 갈등해결을 위한 기술로 다음의 4가지를 제공한다(Kreidler W., 1984 , 조성자 옮김, 2006).

표 3-1 갈등해결을 위한 기술

갈등해결을 위한 기술	갈등상황 파악하기
누가 관련되어 있는가?	어린이 수, 나이, 발단단계, 갈등정도, 어린이들의 요구사항
시간의 적절성	갈등해결을 위한 충분한 시간을 가지고 있는가? 인내와 기다림이 필요할까? 우선 한 어린이를 진정시킬 필요성이 있는가? 해결하기에 너무 빠른 시간일까?
특정한 해결 기술이 필요한가?	문제가 무엇인가? 갈등의 정도가 얼마만큼인가? 문제를 해결하는 데 필요한 기술이 무엇일까? 어린이들이 기술을 교육받을 필요가 있는가?
갈등해결을 위한 공적인 방법	공적이어야 하는가? 아니면 개인적이어야 하는가? 어린이들은 공적인 방법에 당황하는가? 어린이들은 해결방법 과정에서 긍정적이고, 생산적이고, 도움이 된다고 생각할까? 어린이들에게 해결책이 도움이 될까?

모든 어린이들에게 갈등해결을 위한 기술로 불만스러운 교실 분위기, 싸움, 감정, 의견 차이에 가급적 안전하고 구조화된 방법을 제공하여 결과론적으로 갈등

을 긍정적이고 유익한 목적으로 활용하여야 한다.

그러므로 교사는 어린이들의 갈등해결을 위해서 우선적으로 갈등기술과 방법을 선택할 수 있어야 하고, 갈등이 더욱 강화되어 싸움으로 발전한다면 떼어 놓기, 진정시키기, 중재하기, 적극적으로 경청하기, 달래기, 이야기 나누기, 모든 상황을 잠시 동안 잠정적으로 중단하기를 통해서 적극적으로 갈등을 해결할 수 있어야 한다. 왜냐하면 갈등이 오랫동안 지속된다면 교실 분위기 전체가 갈등에 오염되기 때문이다(Kreidler W., 1984 , 조성자 옮김, 2006). 모든 어린이들에게 일어나는 갈등은 긍정적인 측면도 있다. 예를 들어, 어린이들 사이에 갈등이 일어나지 않는다면 자기성장, 자기학습, 자기변화를 일으킬 수 없을 것이다.

한편, 어린이들은 몬테소리 교실의 평화로운 작업 분위기 속에서 서로 간의 충돌을 해결하는 방법을 배우고, 서로를 지도하고, 배려하고, 양보하고 안내해 주는 공동체를 이끌어 가는 리더십의 자세와 방법을 배운다. 어린이들도 나-전달방법을 적용하여 단어를 정확하게 활용하는 방법, 자신의 정서적 상태인 불쾌함, 좌절감, 공포와 같은 감정을 표현하는 데 사용하는 적절한 방법을 학습하여야 한다. 어린이들은 또래 친구들과 상호작용하면서 서로 다른 생각의 차이점과 갈등을 해결하기 위한 윈윈(win-win) 전략을 찾는 방법을 배울 수 있다.

7. 관심을 집중시키는 활동

어떻게 하면 어린이들의 관심의 집중화 현상과 집중력에 대한 능력을 개발하고 보호하고 지지할 수 있는지에 관심을 가져야 한다. 교사들은 몬테소리 교실에서 어린이들이 다른 친구들과 한데 어울려 무질서할 때 환경을 어떻게 변화시켜 그들을 다시 안정된 상태로 이끌어 갈 것인가를 생각하여야 한다. 교사들은 정상적으로 안정된 분위기로 이끌어 가야 한다는 사실에 동의하면서 극복할 수 있는 어려움은 어린이들의 활동을 방해하거나 개입하는 시간을 고려하여 안정된 환경에서 탐색 활동을 할 수 있도록 노력하여야 한다.

영아들 사이에서 상호작용으로 서로 쳐다보는 것, 서로 만나는 것, 서로 흥분하는 것을 몸으로 시작한다. 영아들 사이의 대화는 자기들의 몸이다. 발현적 학습놀이를 위한 보물상자는 많은 영아들이 공동작업을 하는 데 필요하다.* 작은 바구니 속에 영아들이 집에서 익숙하게 접하는 도구들을 담는다. 그리고 영아들이 마음대로 넣고 꺼낼 수 있고 공동작업을 할 수 있도록 구성한다(Jakson S., & Goldschmid E., 1994, 조성자 옮김, 2012).

몇몇의 영아들은 전혀 흥분하지 않고 보물상자 옆에 앉아서 자기가 원하는 물건을 꺼내어 발현적 놀이를 즐긴다. 서로 다른 요구와 원하는 것이 같을 때 갈등이 일어날 수 있지만 교사의 개입 없이 스스로 해결하고 집중력, 자율성, 독립심을 발달시킨다. 모든 작업과정은 개인적인 전략으로 욕구불만과 만족감을 해결하고, 인내하고, 극복하는 것을 이해하는 것으로 모두 영아들의 사회적 능력에 의해서 통제하고 통제받는다.

몬테소리 교실에서 어린이들의 집중력 강화는 어린이들이 좋아하는 음악을 듣기, 침묵 게임, 평화 테이블 활용하기, 명상활동, 유아요가활동과 숲 활동, 자연 산책하기 등과 연관 지을 수 있다. 몬테소리 교실에서 하루 일과 중 적절한 자유시간을 활용하여 촛불을 켜고, 모든 전기 제품을 끄고 잠시 혼자 있는 시간을 가지도록 훈련하는 것을 권장한다. 자연의 소리를 들으면서, 자기가 좋아하는 음악을 들으면서 조용한 시간을 가지는 것은 어린이들의 정서적 안정감과 집중력을 강화하는 방법이 될 수 있다(Jakson S., & Goldschmid E., 1994, 조성자 옮김, 2012).

몬테소리 교실에서 뇌운동, 심호흡운동, 요가운동은 어린이들의 정신과 자세를 바르게 하면서 집중력을 키울 수 있는 운동이다. 몬테소리 교실에서 어린이들이 요가활동, 스트레칭, 숨쉬기 운동을 통해서 내적 평화를 느끼도록 한다. 뇌호흡운동은 이런 운동과는 다른 과학적 기술을 기반으로 하고 있지만 유아교육현장에서 종종 활용되는 운동이다. 뇌호흡은 뇌의 특정 부위를 자극하여 집중력을 향

* 보물상자는 영아들이 집에서 많이 본 물건들을 가져와 손으로 집어넣고 꺼낼 수 있도록 구성한 바구니다. 내용물은 일주일에 2번 정도 교체하면 된다.

상시키고 심신을 안정시키는 데 도움을 주는 활동과 여러 가지 동작으로 구성되어 있다(조성자 저, 2012, b).

몬테소리 교실에서 어떤 활동을 선택하든지 간에 이러한 모든 활동들은 어린이들의 정신적 안정감을 강화해 주고 도와주기 위해서 계획된 활동이며 이런 모든 활동은 낮 시간 동안 어린이들의 몬테소리 교실활동에 도움을 주기 위한 것이다. 시간은 대략 5~10분 정도를 활용하여 집중력을 강화하는 훈련을 하고 후에 자기수양, 자기관리, 자아만족감에도 도움이 될 수 있다.

8. 어린이들의 긍정적인 행동을 격려하기

어린이가 의미 있는 작업에 몰입할 때는 어린이 스스로 선택한 작업에 집중할 수 있도록 불필요한 자극을 제거할 수 있는 자신의 능력을 발휘한다. 어린이 자신이 스스로 내면의 능력과 힘을 개발하여 진행하면서 스스로 내적 동기부여에 필요한 기쁨과 평화, 그리고 행복감과 만족감을 경험하게 된다.

이러한 어린이들의 특성에서 나타나는 모든 현상에는 긍정적인 생각과 행동 모두가 포함된다. 어린이들이 의미 있는 일에 몰입할 때 어떻게 하면 어린이의 부정적인 행동이 사라지는지 몬테소리는 다음과 같이 말하였다.

> 우리가 처음으로 학교를 개원했을 때 이러한 요소들에 대한 이해가 부족했어요……. 어린이의 관심을 집중시켰다면 어린이가 관심을 가지고 자기환경에 있는 자료(교구)를 가지고 연습을 반복함으로써 집중력을 발휘하게 합니다(Montessori M., 1970, 조성자 옮김, 1996).

물론 가정에서도 활동에 스스로 참여하는 어린이들에게 방해되지 않도록 많은 기회를 제공할 수 있어야 한다. 처음에는 어린이들을 격려해야 할 수도 있다. 하지만 어린이들이 작업에 집중하고 몰입한 다음에는 부모들이 한걸음 뒤로 물러나 어린이 스스로 자신의 관심에 따라서 자유롭게 작업할 수 있도록 해야 한다.

부모들은 어린이들에게 정신적인 음식과 물리적인 음식 두 가지 모두가 필요하다는 것을 잊지 말아야 한다. 유아교육자들은 내재적 동기로 인한 발달이 자발적으로 일어날 때, 성공적으로 작업하고 정상화되어 내적 규칙이 적극적으로 발달되어 간다는 것을 잊어서는 안 된다.

교사와 부모가 알아야 할 것은 어린이들이 우리를 보고 모방하는 것보다 우리가 말하는 것을 듣고 행할 때 발전 가능성이 높다는 것이다. 교사는 어린이들을 위해 아주 중요한 모델이 되어야 한다. 어린이들은 교사와 부모가 말하는 단어 또는 설득력 있게 이해시키는 우리들의 주장에 반응을 보이는 것보다 성인들의 행동을 그대로 모방하는 확률이 훨씬 적다는 연구 결과가 있다(Gallensky E., 2010).

반면, 어린이들은 성인의 행동과 환경을 그대로 흡수하는 특성을 가지고 있다. 그러므로 부모와 교사들의 생활 규칙과 질서가 완벽하지는 않지만 모든 몬테소리 가정과 모든 몬테소리 유아교육기관의 어린이들에게 끝없는 사랑과 겸손함을 증명할 수 있을 때 존경받는 몬테소리 어린이로 성장할 수 있을 것이다.

인간은 살아가면서 무수히 많은 오류를 범하지만 인간 스스로 수정하여 긍정적인 생각과 행동으로 통합하는 방법을 찾아야 한다. 부모와 교사가 진솔하게 어린이들에게 자신의 실수를 인정하는 정도가 겸손의 정도가 된다고 말할 수 있다. 진솔한 겸손은 부모와 교사의 정신세계를 긍정적이고 건강하게 만들어 간다. 부모와 교사가 어떻게 어린이들에게 신뢰성 있는 따뜻한 장소를 만들어 주고 보여주느냐는 매우 중요한 교육모델이다. 일반적으로 이미 알고 있듯이 성인들의 깊고 충분한 사랑을 받고 자라는 어린이들이 우리 미래에 밝은 평화의 빛과 사랑의 등불을 밝혀줄 미래의 자산이다. 부모와 교사가 베풀어 준 충분하게 넘쳐나는 사랑이 그대로 어린이로부터 되돌아올 때 우리들은 그 사랑을 따라야 한다. 어린이들의 오염되지 않은 순수한 사랑이 전달되어질 때 우리들은 그들을 가장 아름다운 이상세계인 안전한 장소로 안내할 수 있을 것이다. 어린이들이 받은 진실한 사랑은 그들의 긍정적인 행동실천의 동기가 된다.

성인들이 어린이의 긍정적인 행동을 격려하는 또 다른 중요한 방법은 우리가 어린이의 행동을 볼 때 그들의 순수하고 사려 깊은 행동을 격려하는 것이다. 이러한 격려는 다시 우리들이 그들에게 만들어 주는 감정은행 계좌에 양적·질적으로 추가금을 예치하는 것이다. 그리고 후에 두 사람들이 원했던 욕망을 향상시킬 수 있을 것이다. 물론 부모와 교사들이 어린이들을 바라보는 인식의 렌즈를 깨끗하게 해서 긍정적인 행동을 정확하게 '보는 것'을 훈련하여야 한다. 종종 부모와 교사들이 비판하는 렌즈를 통해 어린이들을 판단하는 경향이 있다면, 어린이들은 부모와 교사의 행동을 계속해서 모방하기 때문에 롤 모델로서 행동을 조심하여야 한다. 부모와 교사가 존경과 감사의 렌즈를 통해서 보는 경우에는 어린이들이 긍정적으로 행동하는 것을 순간순간 볼 수 있을 것이다. 부정적인 행동을 볼 때는 이와는 정반대의 감각을 흡수할 것이다. 부모와 교사들의 긍정적인 행동을 본 다음 그들이 행동을 표출한다면 적절한 기회에 어린이의 행동에 감사하고 인정해 주고 격려해 주는 것이 중요하다.

만약에 가정에서 어린이가 저녁 식사를 준비하는 데 도움을 주었다면 이때 어린이에게 도움을 주어서 감사하다는 것을 알려 주거나 교사가 교실을 정리하는 데 도움을 주었을 경우에 "고마워, 참 기분이 좋아"라고 말하는 것은 서로 공감대과 친밀감을 주고받는 것을 인정하고 마음을 함께한다는 측면에서 아주 중요한 역할을 한다. 이러한 간단한 어린이의 도움이 우리를 위한 도움이 되고 하나가 되는 경험을 하게 될 것이다. "도움을 줘서 고마워. 너는 내가 재미있게 저녁 식사를 준비하도록 해 줬어!" 감정은행 계좌에 저축해야 할 필요하고 단순한 덕목이다.

우리는 어린이가 또래 친구들과 자신의 장난감을 공유하면서 놀이에 몰입하는 것을 볼 수 있다. 재미있는 놀이를 한 다음 어린이들이 서로 작별인사를 할 때 교사는 다음과 같은 말을 할 수 있다. "선생님은 오늘 네가 친구와 한 팀이 되어 함께 장난감을 가지고 놀이하는 것을 보았을 때 무척 흐뭇하고 안심이 되었단다. 그리고 행복감까지도 느꼈단다. 그래, 아주 훌륭한 하루였어"와 같이 간단한 표현이지만 격려차원에서 즐거운 단어들이다.

성인들이 어린이들의 긍정적인 행동을 인식하고 인정하는 시간과 기회를 공유하는 것은 자연스럽게 어린이에게 즐거운 경험을 만들어 주고, 강화하고, 어린이가 생활하면서 이와 비슷한 경험을 반복할 수 있는 가능성을 열어 주는 것이다.

성인들이 어린이들을 위해 진솔하게 그들의 긍정적인 행동을 격려해 주는 것은 그들이 건설적이고 창조적인 행동을 선택할 수 있는 자신감을 가질 수 있도록 협력해 주는 핵심적인 요소가 될 수 있다. 어린이들이 고민하는 경우, 이는 부정적인 행동으로 이어질 수 있는 선택의 가능성이 높다. 어린이들의 부정적인 색각이나 불만족감은 자기들의 내면세계를 표출하여 자신을 보고하는 방법이거나, 친구들과 자신에 대한 어려움을 표현하는 것이다. 우리가 이러한 어린이들을 볼 때, 우리는 진심으로 어린이들에게 무슨, 어떤 일이 일어나고 있는지 즉각적으로 알아내어 해결하고 서비스를 제공할 수 있어야 한다.

어린이가 자기 문제를 교사에게 진솔하게 표현하고 이야기하도록 격려하려면 완벽하게 어린이의 이야기를 이해할 수 있도록 적극적으로 경청하고 공감해 주어야 한다. 만약에 부모와 교사가 정확하게 어린이의 이야기를 이해했다면, 우리는 어린이에게 그 상황에서 어떻게 할 수 있을 것인지, 어떻게 생각하는지 물어 볼 수 있다. 어린이가 무엇을 해야 할지에 대해 결정을 하게 되면, 우리는 어린이가 선택한 결과를 존중해 주고, 격려해 주면서 도움을 줄 수 있어야 한다. 만약에 어린이가 우리들에게 의견을 요구하는 경우, 우리는 몇 가지 제안을 하여 어린이들의 마음을 안정시킨 다음에 결정은 어린이 스스로 할 수 있도록 남겨 두는 것이 효과적이다. 부모와 교사의 진실한 격려는 두 사람 사이를 긍정적이고 무조건적인 관계로 형성해 준다.

어린이 스스로가 다른 친구와 사람을 도와주고 협력해 줄 수 있는 기회를 제공하는 것은 자신의 삶 전체에 걸쳐 헌신적으로 봉사하는 방향으로 동기부여를 할 수 있는 에너지를 제공받는 것과 같다. 이러한 동기부여는 지속적으로 기쁘고 행복한 추억을 만들 수 있는 아주 긍정적인 방법이 될 수 있다.

CHAPTER 04

어린이들의 자기주도적 학습이론과 자율성을 지지하는 전략들

I. 어린이들의 자기주도적 학습이론과 자율성을 지지하는 전략들

몬테소리 교실에서 어린이들에게 본질적인 내재적 동기를 촉진하고, 자율성, 자동교육, 작업을 스스로 할 수 있도록 훈련하는 방법은 몬테소리 교육철학의 핵심요인인 동시에 원리가 된다.

어린이들이 스스로 배움에 대하여 책임감을 가지는 방법을 제공하고 있지만 교사들의 행동모델이 어린이들에게 말로 표현하는 훈육방법보다 훨씬 더 효과적으로 영향을 미친다는 연구 결과에 교사들은 주목하여야 한다. 교사들이 어린이들에게 무엇/어떤 것을 가르치려고 노력할 때, 평가하고 필요 이상의 기대를 거는 것이 어린이들의 학습 욕구를 저하시키고 방해할 수도 있고 그들에게 불필요한 책임감을 부여할 수도 있을 것이다.

1. 몬테소리 교실에서 어린이들의 질문에 대답하기

교사들이 어린이들에게 질문에 대한 답을 즉시 강요하는 것은 그들의 작업 욕구를 저하시키는 것이다. 교사가 어린이들에게 즉각적인 대답을 원하는 것은 교실에서 교사가 상호작용을 차단하는 것처럼 보일 수 있다. 교사들은 어린이들에게 무엇인가 가르치기를 원할 때 교수방법에 대하여 고려하여야 한다(Michael & Duffy D'Neil, 2012). 다시 말하자면 교사가 어린이들에게 즉각적으로 직접 대답하는 습관을 들인다면 몬테소리 교실에서 원하는 자기주도적 학습방법, 자동교육, 자유작업에 상반되어 타율성 내지 의존성을 향상시키는 결과를 가져온다. 몬테소리 교실에서 교사가 어린이들에게 질문할 때 다음과 같은 방법을 고려해 볼 수 있다.

- 네가 그 질문에 대한 답을 어떻게 찾을 수 있을지 정말 기대된다.

- 난 너희들의 대답이 무엇인지 무척 궁금해. 만약 대답을 한다면 어떻게 그런 답을 생각했을까?
- 내가 기대했던 것보다 훌륭하게 생각하여 답을 했구나. 참 훌륭하고 용감해.

교사는 어린이들이 스스로 답을 찾고, 생각해 보고, 다른 친구들과 이야기를 나누어 보고 답하도록 기다려야 한다. 교사는 자기가 알고 있다는 이유만으로 어린이들이 탐색하고 스스로 찾아서 답할 기회를 박탈해서는 안 된다.

듀피는 질문에 대한 답을 위해서 3단계 교수방법을 적용하였다. 첫째, 어린이가 자기 자신에게 해답이거나 답을 알아낼 수 있는 방법을 생각하게 하고, 둘째로 친구에게 도와달라고 부탁하고, 마지막으로 자기보다 나이 많은 친구에게 도움을 요청하도록 한다(Michael &Duffy D'Neil, 2012). 물론 3단계를 거치면서도 만족스럽고 객관적인 해답을 얻지 못했다면 교사들에게 도움을 청할 수 있다.

교사들이 지혜로움을 보여 주고 교사의 역할을 성실하게 수행하기 위해서는 단순하게 직접 문제에 대한 답을 알려 주기보다는 "내가 어느 쪽으로 방향을 잡아야 하는지 가르쳐 줄까" 혹은, "이 문제를 해결하기 위해서 어디서 정보를 찾아봐야 할지 함께 알아볼까?"라고 말하면서 항상 어린이 스스로 답을 찾을 수 있는 기회를 주어야 한다.

2. 몬테소리 교실에서 작업 내용 수정하기

위의 교사와 어린이들의 질문에 대한 답을 주고받는 방법들은 내용의 통제와 밀접하게 관련되어 있다. 교사들은 문제에 대한 답을 알고 있을지라도 모든 것을 바로 말해 주지 않는다. 예를 들면, 우주영역 수업을 진행할 때 동물을 변별하는 방법을 알려 주거나 한국의 역사에서 세종대왕의 업적에 대한 지식을 자랑하듯이 알려 주기 위해서 학습내용을 구성하는 것이 바람직하다. 흥부와 놀부 이야기를 나눌 때나 미운 오리새끼와 같은 동화책 이야기를 나누는 수업은 인상 깊으면서

도 주제 전반을 다루어 어린이들이 스스로 흥미와 관심을 이끌어 내어 자기들이 프로젝트에 참여하고 진행하면서 알고 싶은 욕구를 충족시켜야 한다. 다시 말하자면 어린이들의 내재적 동기를 불러일으켜 지루하지 않고 재미있어야 한다. 이야기 나눔 시간 동안 그 동화의 핵심내용, 내용으로 인한 생각의 변화, 지속적으로 탐구할 수 있는 기회를 어린이들에 주어야 한다.

교사가 직접 진행하는 수업은 간단하면서도 핵심내용을 어린이들에게 전달하여야 한다. 교사는 어린이들 스스로 생각할 수 있는 기회를 제공하고 스스로 흥미와 관심을 가지도록 시도하여야 한다(Epstein P., 2013). 그러나 우주의 탄생이나 태양계의 출현, 생명의 진화, 인류의 역사와 사회와 같은 주제의 내용들은 어린이들 스스로 답을 찾는 것이 거의 불가능하기 때문에 어린이들의 알고자 하는 열정을 자극하기보다는 함께 이야기를 나눔으로써 수업을 진행하여 그들의 욕구를 충족할 수 있도록 도와주어야 한다.

3. 몬테소리 교실에서 작업을 점검하기와 오류를 수정하기

일반적인 교실에서 교사의 역할 중 가장 중요한 것은 어린이들을 관찰하는 것이다. 몬테소리 교실에서 중요하게 생각하는 것은 어린이들이 작업과정에서 스스로 오류를 발견하여 수정하는 것이다. 몬테소리는 어린이들이 교구작업과정을 오류수정이 가능하도록 구성하였고 개발하였다. 예를 들면, 모든 영역에서 응용활동 편을 제시하면서 작업 결과물을 스스로 확인할 수 있기 때문이다.

교사가 수정해 주는 것보다 어린이 스스로 오류를 발견하고 수정하는 것은 작업 성취감과 심리적 만족감에 차이점이 있다. 교사가 잘못을 지적하고 수정해 준다면 어린이들은 부끄러움, 수치심, 무기력감, 자기가 알고 있는 것에 대한 불확신감으로 작업에 대한 집중과 관심에 방해를 받을 수 있다. 반대로 자신이 오류를 발견하여 수정하는 방법을 알아 가는 것은 자기작업을 자유롭게 이끌어 가면서 스스로 잘못을 인식하는 인지능력을 발달시킬 뿐만 아니라 작업에 대한 만족감과 자신감을 가질 수 있다. 교사는 어린이들 스스로 할 수 있도록 협력해 주어야 한다. 특히 작업을 스스로 독립적으로 이끌어 갈 수 있는 능력은 어린이들에게 스스로 자기주도적으로 학습을 훈련하는 중요한 요소가 된다(Epstein P., 2013).

교사들이 어린이들의 작업결과를 검사하는 방법은 자기가 만족스럽게 진행한 작업이라 할지라도 교사의 검사와 평가 없이는 올바르지 않을 것이라는 불확신감을 줄 수 없다는 느낌을 가질 수 있다. 어린이와 다른 어린이가 교구-작업의 결과를 가지고 자기의 생각을 이야기하면서 자기의 생각을 확인하는 방법은 어린이들에게 스스로 작업에 대한 자신감은 물론 교구작업의 주도권을 가지게 하고 결과적으로 보다 더 많은 것을 알고 싶어 하고 호기심을 유발하는 마음을 가질 수 있는 조건이 된다(Epstein P., 2013).

이러한 상황은 몬테소리 교실에서 교사가 어린이들의 작업을 확인하고, 감독하고, 협력하고, 호기심에 대한 책임감을 포기한다는 것이 아니다. 교사의 과업은 어린이들이 학습하는 것을 관찰하고 가끔 그들이 필요하다고 표현할 때 적극적으로 개입하여 중간 중간 확인해 주는 것이다. 어린이들이 현재나 미래에 리더십을 발휘하기 위해서 벌어지는 상황의 옳고 그름을 판단하고 이해와 신뢰심을 가지는 것은 대단히 중요하다. 리더자의 자질은 개인 한명 한명에 대해서 많이 알면 알 수록 효과적이다.

4. 몬테소리의 교실에서 포트폴리오 만들기

포트폴리오는 일정기간을 거쳐서 작업한 결과와 모든 성과물을 집약하여 기록한 어린이들의 작업일지이다. 어린이들이 작업과정에서 영역별 주제로 어떻게 작업을 진행했는지를 증명해 주는 것이다. 몬테소리 교육에서 포트폴리오는 점수로 평가하는 일반학교의 평가방법을 대체할 수 있는 훌륭한 평가방법이 될 수도 있다.

어린이들은 교사의 도움을 받아서 자기 이름과 날짜가 기록되어 있는지를 확인하고 그동안 작업한 여러 가지 결과물 중에 포트폴리오에 삽입할 의미 있는 작업 결과를 선택하여야 한다. 어린이들의 작업결과물 선택은 자기들이 특별히 자랑스러워하는 작업결과를 의미하며 자기들의 최고 작품을 선택하고 표현한 것이다(Barron M., 2007, 조성자 김의향 옮김, 2009). 어린이들이 선택한 작업결과물들은 몬테소리 교실의 다양한 영역에서 현재까지 작업 진행과정을 알려 주는 것이다. 또한 교사에게 지난해의 작업과 비교할 수 있고, 지금까지 성취한 것이 무엇이고, 무엇이 더 진행되었는지를 증명해 주는 것이다.

포토폴리오 작업은 부모교육, 부모참여수업, 부모 회의를 준비하는 데 가장 확실한 기초 준비 자료로 활용된다. 부모들은 자녀들이 몬테소리 교실에서 하루 종일 무엇을 했는지 정확하게 알 수 있다. 포르토폴리오 작업은 무엇을 소홀히 해서 중요한 과정이 빠졌는지, 더 첨가할 것은 무엇인지, 더 보완해야 할 부분은 무엇인지를 잘 알 수 있다. 어린이들의 작업을 지도하고 평가할 때 활용할 수 있다(Epstein P., 2013).

포토폴리오를 만들어 가는 훈련은 후에 어린이들이 자기계획을 세우고, 공동체를 위한 행사 준비물을 점검하고, 그룹 활동을 구성하는 데 훌륭한 리더 역할을 할 수 있도록 한다(Epstein P., 2013). 더 중요한 것은 어린이 스스로 자신의 작업결과를 확인할 수 있다는 점이다. 그리하여 스스로 작업 시간을 활용할 수 있다.

5. 몬테소리 교실에서 창의적 활동과 작업결과

어린이들은 언제나 작업을 한 다음 적절한 교구를 활용하여 무엇인가를 다시 재창조하는 작업을 진행하여야 한다. 단순하게 외우거나 배운 것을 그대로 복습하는 것이 아니다. 이러한 것은 몬테소리 교실에서 종종 볼 수 있는 주 작업이 끝난 다음, 새로운 창조 작업의 진행과정이다(조성자 편역, 1996). 어린이들에게 일어나는 창조적 작업은 먼저 행한 작업에 완전히 몰입되어 작업을 마친, 다음 자아 만족감이 충족한 상태에서 자연스럽게 일어나는 현상이다.

또는 몬테소리 교실에서 맞벌이 가정을 위한 방과 후 작업의 한 방법이다. 방과 후 작업을 할 경우 중요한 3단계 교수방법 중 2단계 교수방법이다. 첫 번째 단계는 교사가 알려 주는 것, 두 번째 단계는 어린이들이 스스로 연습하거나 보다 많은 정보를 추구하는 것, 세 번째 단계는 어린이가 얼마나 주제에 관해서 배웠는지를 평가하는 어린이-교사 사이의 평가방법이다.

교사들은 종종 첫 번째 단계에서 어린이들이 두 번째 단계를 경험할 기회를 주지 않고 바로 세 번째 단계로 넘어간다. 그러한 과정에서 어린이는 아무것도 정확하게 배울 수 없다. 몬테소리는 올바르고 진정한 배움은 어린이 스스로 인지발달을 이끌어 가는 교구작업을 통하여 새로운 무엇인가를 발견하고 기존의 지식을 확장시키는 것이라고 말한다(Epstein P., 2012). 이러한 이론의 결과는 몬테소리의 자동교육의 원리와 연결된다.

자동교육은 어린이들에게 준비된 환경을 제공하고, 자유를 허락하면 스스로를 교육할 수 있는 능력을 갖게 된다는 것으로 몬테소리 교육철학의 핵심 개념이다. 어린이들은 자기 스스로 오류를 수정하고 창조할 수 있는 자존능력을 가지고 있기 때문에 이러한 기회를 제공하면 실제로 필요한 능력을 스스로 터득한다는 것이다.

몬테소리의 자동교육원리는 스스로 작업할 수 있도록 구성한 교구작업과 연결되어 있다. 이러한 관계는 어린이들을 자동교육으로 이끌어 가고 작업의 본질적인 내재적 동기를 유발시키며 어린이들에게 작업하는 과정에서 어린이 자신이 주도권을 가질 수 있도록 지지해 준다.

교사는 어린이들의 작업에서 도구의 교육적 가치를 신뢰하여야 한다. 어린이들은 놀라운 본능적 에너지와 직관력을 가지고 있다. 어린이들은 교사와 친구들의 말을 이해하는 것보다 태도와 동작을 흡수하고 이해하는 것에 능숙하고 천부적인 능력을 가지고 있다. 만약 어린이들이 몬테소리 교구로 작업하기를 원치 않는다면 교사는 자기 스스로에게 진심으로 "우리 스스로도 몬테소리 교구가 학습효과가 있다고 생각하고 있는지?"라는 질문과 반성을 해 보아야 한다.

교사들의 또 다른 중요한 책임감 중 하나는 교구를 사용하는 방법을 정확하게 제시해 주고, 작업을 이끌어 갈 수 있는 훌륭하고 세련된 기술자가 되도록 협력해 주는 것이다. 작업이 정상적으로 진행되기 위해서 교사는 교구를 어떻게 사용하는지 완벽히 이해하고, 주저함 없이 능숙하게 조작할 수 있어야 한다. 순간순간 세련된 교구제시방법을 위해서 충분한 연습이 필요하다.

교사들은 어린이들이 교구작업을 할 수 있도록 지도하여야 한다. 교사가 교구 사용법을 훌륭하게 제시하여도 어린이들이 직접 교구를 만져 보고 사용해 보기 전까지 사용법을 이해하지 못한다면 아무런 효과가 없다. 몬테소리 교실에서 훌륭한 몬테소리 어린이가 되려면 몬테소리 교육의 이론과 실기에 가장 익숙한 학습자가 되어야 한다.

II. 어린이들의 리더십을 위한 훌륭한 습관 들이기

몬테소리 이론에서 습관이란 어떠한 의미를 포함하고 있는가?

스티븐스 코비(Stephen R. Covey)는 습관이란 지식과 기술, 그리고 욕망의 혼합체라고 말한다(김경섭, 김원석 옮김, 1994). 지식이란 무엇을 해야 하는지에 대한 답을 주는 것이며 왜 해야하는지를 지속적으로 추구하고 탐구하는 이론과 철학, 그리고 실천의 패러다임이다. 지식을 탐구하는 습관을 들이는 것은 인간이 지혜롭게 살아가는 데 많은 도움을 주고 훌륭한 지식을 만드는 습관은 인간을 자유롭게 살아가도록 안내한다.

훌륭한 습관을 위한 기술은 훌륭한 습관을 만들어가는 방법이다. 그러므로 훌륭한 기술을 어떤 방법으로 개발하여 습관을 만들어 가느냐가 중요하다. 습관을 위한 기술을 위해서 질서의식, 규칙적인 생활하기, 건강관리하기, 계획을 세워서 우선순위 정하기, 자신과의 약속 지키기, 도전정신을 양육하기, 열성적으로 자기 일을 수행하기, 그리고 정확한 목적을 가지기 등의 자기 생활에 초점을 맞추어야 한다.

욕망은 하고 싶어 하는 것, 원하는 것을 실천하는 데 필요한 내재적 동기를 자극하는 욕구이다. 어린이들에게 어떻게 하면 내재적 동기부여를 할 수 있는가를 연구하여야 한다. 훌륭한 부모와 훌륭한 교사는 어린이들의 욕구를 밖으로 이끌어 낼 수 있는 환경을 제공하는 사람들이다. 어린이들에게 '왜, 무엇을'이라는 지식에 대한 습관, 원하는 것을 할 수 있도록 돕는 협력관계, 도전, 열정에 대한 습관, 어떻게 해 나가는가에 대한 기술이 아마도 훌륭한 습관을 만들어 가는 기본적인 요소라고 할 수 있다. 어린이들의 습관은 훌륭한 평생 동안의 자동 제어 장치를 만드는 것과 같다.

몬테소리 교육철학의 핵심이론은 자유개념이다. 그녀가 어린이들의 관찰을 통해서 실증적으로 증명한 자유개념은 훌륭한 습관과 자동교육을 이끌어 내는 방정식이 있다. 어린이들이 작업과정에서 언제 가장 집중력이 강화되고 몰입 상태에 도달하는가에 초점을 맞추었다. 이러한 논리는 우리들이 이미 잘 알고 있는 육하원칙(六河原則)의 논리에 적용될 수 있을 것이다.

1. 몬테소리 교실에서 누가(Who) 어린이들에게 훌륭한 습관을 들이도록 안내해 줄까?

어린이들은 자기가 원하는 것을 할 때 자유로워지지만 자기가 원하는 것을 위해서는 수많은 인내와 노력이 필요하다. 몬테소리는 습관을 작업 활동을 반복적으로 할 때 이루어지는 결과로 보았다(조성자 편역, 1996). 어린이들이 자기작업을 활동적으로 여러 번 반복하면 습관이 된다는 것이다. 아침 7시에 일어나는 것을 오랜 시간 동안 지속적으로 반복한다면 알람시계가 없어도 자동적으로 7시에 눈이 떠지는 것이다. 반복활동이 습관을 만든 것이다.

몬테소리 교실에서도 마찬가지다. 작업의 정교성, 규칙, 질서를 지키는 것을 훈련을 통해서 자기 것으로 만든다면 그것이 바로 훌륭한 습관이 되는 것이다. 한편, 모든 사람들이 가지고 있는 개개인의 특성은 어디에서/어떻게 형성된 것인가? 대부분 모든 사람들은 좋은 습관과 나쁜 습관을 동시에 가지고 있을 것이다. 좋은 습관은 그 습관의 본질이 가지고 있는 것 중 좋은 점을 훈련을 통해서 자기 것으로 만든 것이고, 나쁜 습관은 그 습관의 본질을 왜곡한 것이다. 습관은 자신이 노력한 결과이다.

교사들은 어린이들에게 해야 할 일과 하지 말아야 할 일, 해도 되는 일과 하면 안 되는 일을 구분하여 지도해 주어야 한다. 훌륭한 습관을 위해서 교사들은 생활규칙을 정하여 교실 벽면에 붙여 놓을 수 있다. 학습훈련으로 길들여진 훌륭한 습관은 다른 어린이들에게 모범이 되는 것은 물론 객관적인 평가를 받을 수 있고, 공동체를 이끌어 갈 수 있는 리더의 자질을 가지게 된다. 나 자신이 스스로 만들어 낸 습관은 자신의 삶을 행복하게 만든다.

2. 몬테소리 교실에서 어린이들이 무엇을(What) 가지고 훌륭한 습관을 형성할 수 있을까?

몬테소리 교실에서 어린이들이 작업을 하는 것은 단지 인지발달을 위한 것만이 아니다. 그들이 사회 속으로 옮겨졌을 때 사회의 적응능력을 배우고, 작업을 통해서 논리, 언어적 상호작용, 교실에서 자기의 위치와 역할을 알아 가는 방법을 학습하는 것이다.

어린이들은 반복활동과 가르침이 없이는 절대로 훌륭한 습관을 형성할 수 없다. 습관은 길들여지는 것이다. 어린이들은 작업활동과 반복활동과 가르침을 통해서 형성되는 것에는 틀림없다. 생활하는 데 반드시 필요한 것을 우선으로 습관들여야 한다. 작업할 내용과 목적을 가지고 훌륭한 습관을 만들어 갈 수 있다.

3. 어린이들은 어디에서(Where) 훌륭한 습관을 형성할 수 있을까?

어린이들의 습관형성에 환경과 문화가 중요한 역할을 한다. 가정에서 이미 무질서한 생각과 행동에 노출된 어린이들은 소위 고집이라고 말하는 강하고 약한 정신적 에너지를 가진 두 종류로 구분된다. 강한 정신적 에너지를 가진 어린이들은 오히려 교사를 지배하고, '예'보다는 '아니요'라고 말하고, 반항적인 욕구가 강하다. 이러한 어린이들은 교실에서도 무질서한 행동을 한다. 반면, 아주 순종적인 어린이들은 자존감이 높고, 모든 일에 즐거워하고, '예'라는 말을 자주 사용한다. 가정과 몬테소리 교실은 어린이들의 습관을 긍정적 혹은 부정적으로 형성하는 가장 중요한 장소가 된다.

몬테소리 교실은 집중력이 강하고, 독립적으로 작업하고, 인내심이 있고, 사회성이 있는 안정되고 질서 있는 어린이들만 모인 곳이 아니다. 그렇기 때문에 몬테소리 교실은 훈련을 통해서 극복할 수 있는 훌륭한 놀이터이어야 한다. 그들에게 가장 중요한 것을 단점을 장점으로 변화시켜 훌륭한 습관을 만들어 주는 것이다. 교사가 어린이들을 잘 관리한다는 것은 교실환경에서 교구작업을 통해서 직접적인 효과를 얻어 내는 것만이 아니라 어린이들에게 가장 훌륭한 습관을 들이고 치료가 가능한 요양소 역할을 하는 것이다.

4. 몬테소리 교실에서 어린이들은 언제(When) 훌륭한 습관을 형성하여야 하는가?

훌륭한 습관을 들이는 시기는 항상 정해져 있는 것이 아니라 그때그때 발달 단계에 필요한 삶의 모델을 만들어 가는 것이다. 어린이들에게 좋은 습관은 살아가는 데 편리한 길잡이가 될 수 있지만 나쁜 습관은 쉽게 형성되는 반면, 살아가는 데 항상 장애요인이 된다. 무엇이든 쉽게 얻어지는 것은 큰 도움을 주지 못한다. 중요한 것은 모든 사람들이 좋은 습관만 가지고 있는 것이 아니라 좋은 습관과 나쁜 습관을 동시에 가지고 있지만, 어떤 상황에서 우리들의 선택과 결정한 행동에 의해서 좋은 습관 혹은 나쁜 습관을 가지고 있다는 것이다.

5. 몬테소리 교실에서 어린이들은 왜(Why) 훌륭한 습관을 형성해야 하는가?

어린이가 소중한 사람으로 성장하려면 어린이는 다른 친구들을 용서하기 전에 나 자신을 용서하고, 다른 친구를 사랑하기 전에 나 자신을 사랑해야 한다. 어린이 자신을 진심으로 사랑하고, 몬테소리 교실에 있는 모든 어린이들과 더불어 생활하는 방법을 습관 들이고, 자신보다 어린 동생 친구를 보살피는 것을 습관을 들이는 것은 후에 어린이들의 도덕성을 발달시키는 준비를 실천하는 것이다. 어린이들이 훌륭한 습관을 들이는 이유는 어린이의 인성을 위해서이다.

6. 몬테소리 교실에서 어린이들은 어떻게(How) 훌륭한 습관을 들일 수 있을까?

어린이들이 훌륭한 습관을 들이기 위해서는 훌륭한 부모와 교사를 만나야 한다. 훌륭한 습관은 개인 생활은 물론 대인관계도 성공적으로 이끌어 갈 수 있다. 지금까지의 육하원칙을 통해서 6가지의 훌륭한 습관을 만들어 가는 방법을 생각할 수 있다. 몬테소리 교실에서 어린이들이 훌륭한 습관을 형성하도록 안내해 줄 수 있는 것은 물리적 환경과 인적 환경으로 2가지 측면에서 생각할 수 있다. 훌륭한 습관은 창의성을 만들어 낸다.

핑크는 창의성이 우주 공간을 자유롭게 넘나들 수 있는 능력과 관계가 된다고 말한다(Pink D., 2011, 김영철 옮김, 2012). 창의적인 어린이들은 자기가 하는 일에 만족감은 물론 작업에 몰입하면서 다른 친구들이 알아내지 못하는 작업을 전체적으로 통합하면서 그 관계를 알아 가는 능력이 뛰어나다. 창의력이 뛰어난 어린이들은 자기의 전문영역을 발달시키고 깊이 있는 생각과 행동을 하고 의지력이 강하다. 차츰 차츰 우주 전체가 서로 연관되고, 전-관계를 가지고 개체적으로 움직이지만 결과적으로 하나라는 개념을 가지게 된다. 창의적 어린이들은 항상 새로운 사고에 도전하는 습관을 가진다.

CHAPTER 05

어린이들의 환경에서 내재적 동기부여 분석하기

I. 과학적으로 분석하는 알피 콘의 4가지 내적 동기이론

교사들은 어린이들에게 동기를 부여하고 작업에 참여하는 것을 확실하게 하기 위해 몬테소리의 자유작업 세계 속으로 들어가서 방법을 탐색할 수 있다. 어린이들의 작업은 하루 일상 중에서 정서 상태, 시간, 요일, 날짜에 따라서 다르게 나타날 수 있다. 더 중요한 것은 교사-어린이-환경과의 상호작용과 교실에 들어오기 전 어린이-가정환경-부모와 상호작용 상태도 밀접한 관계를 가진다는 것이다. 독립적이고 열정적으로 작업을 이끌어 가던 어린이들이 갑자기 변화해서 산만하고, 교구작업에 집중하지 못하고, 무질서한 반응을 보인다.

어린이들의 이러한 행동은 작업에 몰입하고 집중하는 다른 친구들의 작업을 방해하고 분위기를 혼란스럽게 만든다. 다른 친구들의 생산적이고 창의적인 작업과 활동을 계속하려는 노력을 방해할 뿐만 아니라 그들의 작업 시간과 에너지를 비생산적으로 소비하도록 한다.

몬테소리 교실에서 교사들은 내재적 동기부여가 되지 않은 어린이들을 어떤 방법으로 촉진하여야 하는가? 듀피는 오랜 기간 동안 과학적 연구 결과를 통해서 내적 동기를 촉진하는 데 선택, 내용, 협력, 그리고 도전이라는 4가지 중요한 요소를 발견하였다(Michael and D'Neil Duffy, 2012).

듀피가 말하는 4가지 요소들은 이미 몬테소리 교실에서 적용하고 있지만 그녀의 교육방법에서 더 과학적이고 학문적으로 체계화시키지 못했다. 즉, 몬테소리 학파들은 학문의 시대적 발달과정에 있어서 내재적 동기를 유발하는 요인들에 대한 연구를 이루어 내지 못한 상태였다.

분명한 것은 몬테소리 교실에서 내적 동기유발에 대한 이론은 체계적인 연구의 필요성을 요구한다. 그러나 4가지 요소는 내적 동기 속에서 오랜 시기 전부터 사회과학 연구에 의해서 확인되고 있다. 한편, 내재적 동기를 촉진하고 지원하기 위해서 이 4가지 요소를 효율적으로 사용할 수 있는가에 대한 답을 줄 것이다. 내재적 동기부여를 위한 목적은 어린이들에게 동기부여하는 방법을 탐색하는 것이다.

몬테소리 교실에서 교사들은 어린이들이 원하는 작업을 할 수 있도록 다양한 방법을 제공하여 그들이 자율적으로 작업에 참여하도록 협력한다. 그러나 지금 여기에서 논하고 있는 내적 동기가 몬테소리 교육의 목표는 아니다. 단지 몬테소리의 자유작업이 어린이들의 내재적 동기유발을 돕는 것은 분명하다.

콘은 "교사들이 어떻게 어린이들에게 내재적 동기부여를 할 수 있을까?"라는 질문은 동기의 본질을 잘못 해석하고 있을 뿐 아니라 통제의 전형적인 예에서 볼 수 있는 동기의 죽음 바로 그 자체라고 말한다(Kohn A., 1992, 이영노 옮김, 2009). 콘은 다시 교육자의 사명감은 어린이들에게 내재적 동기를 부여하도록 촉진하는 것도, 수동적으로 바르게 앉아 있도록 강요하는 것도 아니라고 말한다. 교육자의 일은 학습이 가능하도록 환경을 준비해 주는 것이다(Kohn A., 1992, 이영노 옮김, 2009).

그렇다면 콘이 말하는 환경의 의미는 무엇일까?

한편, 몬테소리의 핵심 주제인 어린들에게 실제적으로 내적 동기를 촉진하는 준비된 환경의 요소들은 무엇을 의미하는가?

이러한 환경요인들은 외부적으로 작업에 집중하지 못하는 어린이들에게 더 효과적으로 다가갈 수 있는 요소와 내적 동기에 관한 현대 연구가들의 연구와 일치하는가를 발견하는 것이다. 몬테소리 교육철학의 근본적인 이해와 내재적 동기에 대한 연구가들의 일치점이 있다는 것에 동의하는 것이다.

특별히 콘은 자기통제, 자기주도적 학습, 내적 동기에 대한 몬테소리의 이론인 자유작업과 자유선택, 어린이들의 정신적 현상을 활용하는 교수방법의 원리를 (민감기, 흡수정신, 영적태아, 생명력, 네불라) 신뢰하는 내재적 동기부여의 연구자다. 이러한 이론은 핑크가 『드라이브』라는 저서에서 밝히는 이론과도 매우 유사하고 거의 동일하다(Pink D., 2009, 김주환 옮김, 2012).

콘이나 드라이브는 몬테소리의 관점에 잠재적으로 치우치지 않고, 소위 말해서

4가지, 선택(Choice), 내용(Contens), 협력(Collaboration), 변화(Chanllenge)라는 주제가 주요한 영향력을 미치게 된다고 말한다.

콘과 핑크는 어린이들의 내적 동기에 대한 문헌을 조사했다. 교사의 명령에 따라 움직이도록 어린이들을 조종하는 것보다 그들이 내적 동기를 가지고 활동할 수 있는 학습 환경을 제공하여 학생들에게 동기부여하는 방정식과 같은 과학적 공식이다(Kohn A., 1992, 이영노 옮김, 2009). 두 저자가 최근 몇 해 동안 미국몬테소리협회(AMS)의 특강에 초대되어 세계의 몬테소리인들에게 자기들의 이론을 부족함 없이 강연하였다. 세계의 몬테소리인들은 그동안 몬테소리 교실을 운영하면서 발생한 문제들을 해결해 주는 데 중요한 역할을 하였다고 찬사를 보내고 인정하였다.

몬테소리의 학습목표와 동일한 콘과 핑크의 학습목표는 그 속에 포함된 이론들을 분석하여 훨씬 체계적이고 더 과학적인 연구에 근거한 것이다. 몬테소리인 들이 해야 할 작업이 바로 체계화되고 과학적인 실증적 연구라 할 수 있다. 두 사람의 제안은 몬테소리의 일화적 관찰보다 훨씬 더 과학적이라 할 수 있다. 몬테소리 교사들은 콘과 핑크의 이론으로부터 새로운 이론을 접목할 수 있는 유연성을 배울 수 있어야 한다.

몬테소리 연구가이며 전문가인 안젤린 스톨 릴라드(Angeline Stoll Lillard)는『천재 뒤의 과학』(Montessori : The Science behind the Genius)이라는 저서를 출판하여 몬테소리 교실에서 실증적으로 어린이들의 내재적 동기를 일으킬 수 있는 8가지 원칙에 대해서 언급하고 있다. 릴라드는 어린이들의 활동과 인지의 연관성, 선택과 자기통제, 인간 학습과정에서 관심과 흥미의 중요성, 외적 보상과 동기, 자기 또래로부터 얻어지는 학습결과, 환경과 정신 속에서 질서감, 성인과의 상호작용 형태와 어린이들의 결과에 대한 연구에서 결과적으로 동기화라는 주제를 가지고 적극적으로 자기 이론을 서술하고 몰두하여 이야기하고 있지 않지만, 경험적인 연구를 근거로 동기를 유발할 수 있는 요소를 포함하고 몬테소리 원리에 적용하여 적극적으로 지지하면서 연구하고 있다(Lillard A. S., 2005). 릴라드의 몬테소리 관점이 콘과 핑크와 같은 전문가 관점과 일치한다는 것을 이해할 수 있도록 서술하고 있다. 몬테소리의 이론과 흡사한 연구 결과를 제시하며 동기유발을 연구하는 다른 학자들이 제시하는 C로 시작하는 4가지 요소에 대해 살펴본다.

1. 선택(Choice) : 무엇을 선택할 것인가?

어린이들의 내재적 동기부여의 연구자들 모두가 동의한 첫 번째 요인은 바로 자유선택(choice)이다. 전문가들 모두 선택이 내적 동기를 촉진하는 필수 요소라 주장하고 있다. 몬테소리 교실에서 자유작업의 선행조건인 자유선택과 같은 요소이다.

콘은 교실에서의 선택을 주장하면서 어린이들에게 자기결정을 허용하지 않을 뿐만이 아니라 동기를 자주 이동하고 분산시키는 것을 어린이들에게 허락하지 말아야 한다고 주장한다. 그러기 위해서는 매일 어린이들이 어떤 작업을 해야 하는지, 어린이 자신이 할 수 있는 것이 무엇인지 선택과 결정에 필요한 준비 시간을 제공하여야만 한다(Kohn A., 1992, 이영노 옮김, 2009).

몬테소리 교사들의 역할은 교실에서 어린이들의 작업 시간을 방해하지 않고 지속적으로 작업에 몰입하도록 준비된 환경을 제공하는 것이다. 몬테소리 교실에서 개별 활동을 제외하고 대부분 시간은 개인적인 선택을 중요시하고 그렇게 할 수 있도록 교실환경이 준비되어 있기 때문에 어린이들에게 자기가 할 수 있는 무엇인가를 결정하고 선택할 수 있는 시간이 주어진다.

핑크는 몬테소리의 자유작업과 자유선택 과정에서 발생하는 일련의 과정에서 얻어지는 결과로 자율성이라는 전문 용어를 제시한다. 핑크는 자율성과 독립심의 차이점에 대해서 자율성은 단호하고 자립적이고 아무에게도 의존하지 않는 행동이 아니라고 한다. 어린이들의 경우에 자율성은 자율적이고 다른 친구들과 즐겁고 행복하게 상호의존할 수 있는 긍정적 태도를 의미하고 자유선택과 함께 행동화하는 과정을 의미한다(Pink D., 2009, 김주환 옮김, 2011).

핑크는 동기부여의 3가지 요인에서 첫 번째로 자율성과 자기주도적 동기부여의 힘, 둘째로 숙련과 몰입에 이르는 길, 셋째로 목적과 의미 있는 삶에 대해서 언급하고 있다. 그에 따르면 자율성이란 책임감을 무시하는 것이 아니라 어떤 운영체계와 작업에 반드시 책임을 져야 하되 책임을 지는 방법은 인간의 조건에 대한 전제 하에서 자율적으로 만들어져야 한다(Pink D., 2009, 김주환 역, 2011). 몬테소리의 이론에서 독립심과 상호작용은 핑크의 상호작용 이론과 유사하다. 중요한 것은 핑크는 자율성을, 콘은 선택의 요소와 자유선택을 통하여 행동화하는 것이다. 몬테소리의 자율적 작업이나 자동교육에 대한 개념을 콘과 드라이브는 직접적으로 언급하진 않았지만 그들의 요점은 선택의 개념과 연관되어 있다.

선택과 자율성은 확실히 밀접한 관계가 있다. 일반적으로 선택은 자율성을 충족시키고 자율성은 선택을 필요로 한다. 몬테소리 교실에서 어린이들의 자유선택 없이 혹은 반대로 자율성이 주어지지 않는 상태라면 자동교육은 전혀 이루어지지 않을 것이다.

머레이는 내적 동기의 한 요소로 자율성이라는 용어를 사용한다. 어린이들의 내적 동기 요소들 중에 선택이 어린이들의 동기부여에 근원이 됨을 분명히 언급한다.

릴라드는 저서에서 선택의 요소에 대해서 언급하고 있는데 교사와 부모, 즉 성인들과 어린이들에게 선택을 제공하는 것은 대부분 긍정적인 결과와 관련이 있다. 어린이들은 더 많은 통제에 있다고 생각할 때 더 잘 배우고, 더 잘 기억하고, 과제를 더 잘 해결한다. 또한 과제에 더 적극적으로 오래도록 참여하지 않는다는 결론을 내렸다(Lillard A. S., 2005).

릴라드의 긍정적인 결과는 연구자들의 전략이 효과적인지 아닌지, 그 전략이 실제적이고 지속적인 동기를 가져오는지 아닌지를 결정하는 기준을 제시한다. 그녀는 몬테소리 교실에서 외적 보상을 강하게 거부하면서, 외적 보상은 순간적이지 절대로 동기부여를 일으킬 수 없다고 말한다(Lillard A. S., 2005). 어린이들에게 보상보다는 항상 질문하고, 호기심을 장려하고, 피드백을 주는 것이 내재적 동기부여에 영향력을 미친다는 것이다. 이러한 어린이들은 동기가 오랜 기간 동안 지속되는 것을 관찰하여 증명하였다.

2. 내용(Contents) : 어떤 / 무슨 내용일까?

어린이들을 연구하는 전문가들은 학습내용(content)이 내적 동기에서 중요한 역할을 한다는 것을 이미 증명하였고, 잘 알려진 사실이다. 몬테소리 교실에서 교사들이 가르치고, 어린이들에게 학습한 것에 대해서 질문하고 이야기 나누는 것은 그들이 동기부여가 되었는지 아닌지에 대한 것을 알아가는 데 중요한 영향을 미친다.

콘은 학습내용이란 의미 있는 것 혹은 '알 가치가 있는 것'이라고 주장했다. 어린이들은 학습내용에 따라서 동기부여를 할 수 있는 것과 연결되기 때문이다.

어린이들은 몬테소리 교실 밖의 생활과 주변 환경으로부터 관심, 호기심, 욕구를 갖고, 그들 자신의 시각과 관점, 사물에 대한 감각상을 만들고 의미를 정하고 체계적으로 나타내는 방법을 가지고 교실로 걸어 들어온 호기심 천국의 어린이들이다.

콘은 "교사들이 무엇을 가르치고 어떻게 가르쳐야 하는지는 어린이들의 본성과 현실적인 세상을 고려하여야만 한다"고 말한다(Kohn A., 1992, 이영노 옮김, 2009). 몬테소리 교육은 어린이들을 개별화 혹은 소그룹, 대그룹으로 구성한 교육과정과 교육학적 접근방법으로 어린이들 발달수준에 적절한 교육방법을 제공하고 있다. 이러한 교육방법은 콘이 언급하는 내용과 일치한다.

내용의 요소를 포함하면서도 콘이 언급하는 무엇인가를 넘어선 목적이라는 다른 용어로 대처하여 사용하고 있다. 가장 생산적이고 가장 만족하는 것이 아니라(Pink D., 2009, 김주환 옮김, 2012), 가장 강하게 동기부여된 어린이들이 자기들의 욕구를 초월해서 더 고차원적인 원인과 연결시킨다.

몬테소리 교육은 특히 우주교육과정을 통해서 6~10세 정도의 어린이들과 초기 아동기의 어린이들이 자신의 세계를 넘어서고, 더 넓은 세상을 열 수 있는 열쇠를 손에 얻어서 우주의 문을 열고 그 속으로 힘차게 들어갈 수 있는 능력을 기르는 데 분명히 많은 노력과 기여를 했다.

머레이는 몬테소리야말로 흥미가 내면화된 어린이들에게 동기를 조성하는 자기결정의 중요한 동반자라고 믿었다(Murray A., 2011)라고 언급하면서, 이러한 동기의 요소를 흥미 혹은 의미라고 서술했다.

릴라드는 흥미라는 주제에 대해 저서의 대부분을 할애하고 있다. 그녀는 서두에서부터 몬테소리 교육은 흥미를 불러일으키고, 어린이들이 이미 개인적으로 관심 있는 학습과 문제에 대해 배움의 열정을 가지도록 구성되어 있다고 확신하면서 서술을 시작하고 있다.

어린이들의 자유선택은 개인적인 관심에 근거하고 이러한 관심은 교육방법에 직접 연결되고 귀결되는 것은 당연한 결과일 것이다. 어린이들이 무엇을 하려고 선택한다는 것은 무엇을 하고자 하는 것에 흥미가 있다는 것을 의미한다. 또한 이러한 현상은 내재적 동기에 근거한다(Lillard A. S., 2005).

3. 협력(Collaboration) : 어떻게 협력할 것인가?

협력(collaboration)이란 단어는 콘이 인용한 내재적 동기의 또 다른 요인이다. 릴라드는 협력이 어린이들의 내적 동기와 밀접한 관계가 있다고 언급했다. 콘은 피아제와 듀이와 같은 아동교육학자들의 학습에 대한 정의를 항상 새로운 정보와 사고를 공유하는 결과이고, 다른 누군가의 해석에 도전하고, 자기 자신의 해석을 고려하며, 사회적 지지 속에서 문제를 해결하려고 노력하는 것이라고 해석하고 있다. 그러나 몬테소리 교실에서 어린이와 교사 사이의 협력을 유지할 기회를 지나쳐 버리는 경향이 종종 있다고 말한다. 몬테소리 교실에서 자유의 개념을 올바르게 이해하지 않는다면 개인학습방법을 선택할 때 책임감 있는 자유보다는 무책임한 자유개념으로 이해될 수 있다. 콘은 긍정적이든 부정적이든 어떤 일을 수행하는 좋은 이유가 있을 때 벌어지는 상황은 두 사람 혹은 두 그룹이 협력관계를 유지하면서 대부분 토론식 교육방법에서 사용하는 단어를 사용하고 있다고 말했다(Kohn A., 1992, 이영노 옮김, 2009). 몬테소리 교실에서 교사-어린이-환경들의 협력관계가 이루어지는 경험을 하게 될 때 어린이들은 가장 내재적 동기를 일으키게 된다. 협력은 몬테소리 교실에서 교사-어린이들 사이에 일어나는 일반적인 활동 방식이다(조성자 저, 2012). 몬테소리는 이러한 관계를 다음과 같은 그림으로 표현하고 있다.

그림 5-1 어린이-교사-환경의 상호작용

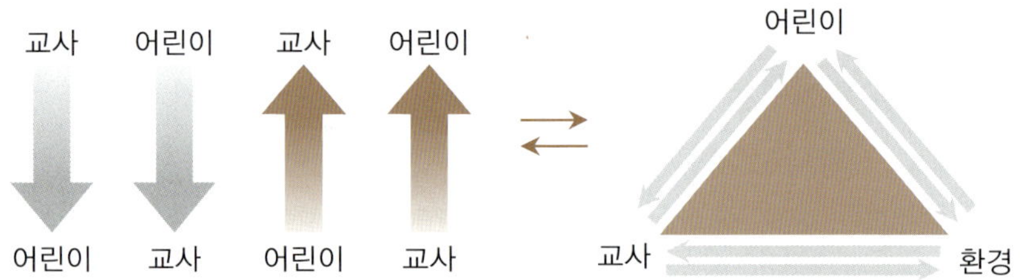

내적 동기를 위해 어린이들에게 중요한 것은 자기 환경에 있는 다른 사람들과 함께 상호작용하여 관계를 가지며 감정을 느끼는 것이다. 반면, 상호관련으로부터 일어나는 협력이라는 의미를 언급하고 있다. 몬테소리 교육은 동기부여를 만들어 가는 하나의 방법으로 어린이들의 사회적 성향의 힘에 분명히 영향을 미치게 된다. 인간에게 주어지는 자유는 모든 것을 찾아 헤매도록 만드는 동적인 생명력을 부여해 주는 힘을 가지고 있다.

릴라드는 저서를 통해 정의한 '또래 친구들로부터 배우는 학습'에 대한 결론에서 협력이란 또래를 학습장으로 이끌어 내고, 어린이들의 만족도를 높은 수준으로 만들어 보여 주는 학습으로서 동기부여에 지대한 기여를 한다고 말한다(Lillard A. S., 2005).

콘, 핑크, 릴라드의 모든 이론들은 어린이들 사이의 공동 작업이나 협력이 내적 동기를 향상시킨다는 결론에 동의하고 있다.

리안 아이슬러(Riane Eisler)는 인류 공동체의 협력관계인 미래의 파트너십 학교는 물론 유아학교를 포함해서 지구상에 생존하는 생명체의 신비에 대한 경이로움과 놀라움에 대한 느낌을 간직할 것이고, 지구에 살아가고 있는 다양한 종의 생명체에게 협력과 배려가 얼마나 중요한 부분인지 배울 것이라고 주장한다(Eisler R., 2000, 조성자 옮김, 2011). 그녀는 협력이 모든 생명체들의 기쁨이 된다는 것을 파트너십 교육에서 의도하는 핵심이라고 말한다. 파트너십, 협력관계를 통해서 인간의 다양성, 하나의 같은 기원을 가진 종족, 인간의 거대한 잠재능력의 개발이 가능하다는 것을 가슴 깊이 느끼게 될 것이다.

4. 도전(Challenge) : 어떻게 도전할 것인가?

핑크는 도전이라는 요소를 숙달한다(mastery)라는 단어로 사용하고 핑크는 숙달의 필수조건이라고 말한다(Pink D., 2009, 김주환 옮김, 2012). 몰입은 집중력의 상위 단계로 한 순간에 일어나는 현상이지만 숙달은 오랜 시간이 지나는 동안 쌓고 쌓서 얻어지는 지적 작업의 결과들이다.

핑크의 도전이라는 요소의 통솔력은 3가지 법칙을 가지고 있다. ① 숙달을 마음가짐으로 보는 측면이고, ② 숙달을 고통으로 보는 자제력 측면이고, ③ 숙달을 하나의 점근선(漸近線)으로 보는 입장이다.

스탠포드 대학의 심리학자 교수인 스웩은 사람들이 무엇을 믿는가가 무엇을 성취하는지에 영향력을 미친다고 말한다(김주환 옮김, 2012). 자기 자신의 능력과 믿음이 자신을 해석하는 방법과 성취의 한계를 결정하는 것이다. 무엇인가를 성취하기 위해서 시련의 시간 동안 숙달하는 것을 고통이라고 말하는 것과 성공하느냐, 실패하느냐는 자신의 의지적 활동에 달려 있다. 장기간 동안의 목표를 향한 인내와 열정이다. 인내와 열정, 그리고 도전과 의지력은 무엇인가를 얻기 위해서 엄청난 고통을 감내하여야 한다(Pink D., 2009, 김주환 옮김, 2012). 타고난 재능보다는 열정적인 연습을 반복하고 반복한 결과이다. 숙달은 엄청난 고통을 동반한다. 그래서 어느 한 분야에서 프로가 된다는 것, 장인(將印)이 된다는 것, 자신이 사랑하고 좋아하는 일을 즐기고, 지루한 기분이 드는 날에도 열심히 일에 심취하는 사람들의 결과이다.

어떤 것에 숙달하는 것은 점근선이란 곡선이 서로 접근하여 만나 동행하지만 절대로 서로 만나지 않는 선을 의미한다. 관심을 집중하여 숙달하는 것은 최선을 다해서 가장 가까운 곳으로 다가가지만 서로 만나지는 못한다. 완전한 숙달은 실현 불가능하기 때문에 항상 좌절감을 주지만 다시 도전하는 정신을 요구하는 매력을 가진다(Pink D., 2009, 김주환 옮김, 2012).

머레이는 도전을 능력(competence)이라고 말한다. 이는 자기가 최대한으로 지배할 수 있는 능력이 있을 때 지속성이 가능하다는 것이다. 머레이는 능력(competence)이 다른 모든 요소와 연관이 있고 인간들의 능력은 미래를 위한 성공의 기대감을 만들어 간다고 말한다. 이러한 기대감은 새로운 도전적 작업과 만나는 방향으로 전향하는 매력적인 노력에 동기를 부여한다(Murray A., 2011). 결과적으로 능력은 한 단계, 한 가지 일에 만족하지 않고 끊임없이 다음 단계에서 만나는 새로운 작업과 창의적 작업에 도전해야 하는 작업들이고 자신과 싸우면서 어린이들을 격려해서 그들에게 자신감을 만들어 주는 것이다.

반면, 릴라드는 어린이들의 숙달과 동기의 문제를 흥미와 관심이라는 주제의 논의 과정에 포함시킨다. 몬테소리 교실에서 어린이들의 관심을 집중시켜 만족스럽게 작업을 완성하기 위해서 여러 번 반복하는 자아 지배력의 단계를 거친다(Lilliard A. S., 2005). 몬테소리 철학에서는 숙달이라는 용어를 자주 사용하지 않지만 자동교육의 원리가 바로 숙달과 연결되는 것이다.

핑크는 무엇에 '숙련되었다'라는 것은 어떤 것에 대해 더 발전적이고 더 훌륭하고 보다 나은 것을 가지려고 하는 욕구로 정의하면서 그는 사람들에게 '자기의 작업에 너무 흥분하거나 반대로 전혀 신나지 않는' 감정을 주는 활동들을 피해야 한다고 주장했다(Pink D., 2009, 김주환 옮김, 2012).

교사들은 어린이들이 도전과 성공, 그리고 작업을 마친 다음에 느끼는 자아 성취감 사이에서 행복한 균형을 찾는 것이 어린이들을 가르침과 배움의 길로 인도하는 일과 관련이 있다는 것을 알아야 할 것이다. 작업을 열정적으로 마친 어린이들의 표정은 '내가 얼마나 열정적으로 작업을 했고, 즐겁게 했고, 참으로 수고했는데'라고 말한다. 교사들은 모든 어린이들에게 매일 어린이가 원하는 것, 좋아하는 것, 할 수 있는 것을 성취할 수 있도록 협력하고 노력하려고 하는 그 이상의 무엇인가 새로운 것을 발견하여 제공하는 것이다.

릴라드는 저서에서 반드시 해야 하는 수행목표를 위해 노력하는 어린이들과 숙달을 위한 욕구 충족을 위해서 열심히 노력하는 어린이들을 비교하면서 다시 말하자면, 숙달 지향적인 어린이들은 자기가 선택한 작업을 숙달시키기 위해 작업과 학습에 흥미와 관심을 가진 어린이들이라고 말한다. 숙달 지향적인 어린이들은 도전을 좋아하는 경향과 도전을 고집하는 경향이 있다. 반대로 수행목표 지향적인 어린이들은 자기작업을 보기 좋게 보이도록 하기 위해서 하기 쉬운 일을 좋아하는 경향이 있다(Lilliard A. S., 2005)고 릴라드는 말한다.

동기의 요소에서는 숙달이나 능력보다 도전(challenge) 정신을 더 선호한다. 도전은 어린이들의 작업에서 그들 수준에 알맞은 적절한 수준별 난이도를 찾아 주고, 자기들이 해야 하는 작업에 대한 노력을 필요로 하면서, 게으름과 무질서보다는 성공을 위해서 어린이에게 용기를 북돋아 주는 것도 포함하고 있다.

4개의 C인 선택, 내용, 협력, 도전을 과학적으로 연구하여 언급한 학자들의 이론과 몬테소리 철학의 핵심 요인인 내재적 동기부여를 촉진하는 준비된 환경이론은 상당 부분 일치한다. 몬테소리 교실에서 준비한 환경 자체는 4개의 C를 촉진하는 현장이라 할 수 있다. 교사들은 준비된 환경 안에서 4가지 요소들에 특별한 관심을 가져서 어린이들에게 적용하고 촉진해 준다면, 교실 운영에서 정상적으로 반응하지 않고, 실패했던 무질서한 분위기를 변화시키고, 동기부여가 되지 않는 어린이들에게 쉽게 다가갈 수 있는 전략으로 활용할 수 있을 것이다.

교사들이 생각하여야 할 것은 작업과정에서 모든 어린이들 개인에게 만족스럽게 다가갈 수 있고 적용할 수 있는 마치 마술과 같은 공식이나 방정식은 없을 것이라는 사실이다. 하지만 교사가 4개의 C요소를 완전히 이해하고 관심을 가진다면 어린이들에게 동기부여가 될 것이다. 4개의 C에 관심을 주목하는 것은 동기부여가 이루어지지 않는 어린이들에게 긍정적인 기회를 제공하여 결국에는 즐거움과 열정으로 생산적이고 창의적으로 작업에 참여하게 될 것이다. 그래서 몬테소리 교실에서 교사들은 어린이들에게 배움을 향한 열정을 가지도록, 배움을 사랑할 수 있도록 4가지 요소를 지지하고 촉진해 주어야 한다.

II. 어린이들의 동기부여 능력 기르기

앞 장에서 강조하는 것처럼 선택은 내적 동기부여 중 하나의 중요한 열쇠라고 모든 전문가들이 언급하고 인정한다. 몬테소리 교육철학과 교실에서 자유선택은 이미 어린이들의 자동교육과 정상화, 민감기 그리고 자기계발에 대한 필수적인 조건을 제공하는 것이다. 어린이들은 자유선택 없이 책임감 있게 자기주도적 학습 원리를 개발하거나 자기 자신을 위한 학습방법을 변화시킬 수 없다. 선택은 모든 사람들에게 주어진 가장 훌륭하고 아름다운 선물이다.

더욱이 어린이들에게 자유선택이 없이는 내적 동기부여를 개발할 수도 일으킬 수도 없으며, 이미 교실에서 사라지는 보상과 처벌인 외부 동기부여에 의존할 수밖에 없을 것이다. 외재적 동기부여는 자유선택보다는 강요와 명령에 의존하고 있다.

1. 어린이들의 동기부여 능력으로서 선택요소

몬테소리는 선택의 자유가 인간의 존엄성을 이끌어 낸다고 말한다(조성자 편역, 1996). 자유를 성취한 어린이들이 자유로워질 수 있도록 가능하게 만드는 것은 작업 목표와 관계되어 있다. 이러한 작업 목표가 다시 어린이들의 내적 동기와 연결되는 것이다.

몬테소리 이론에서 선택은 이미 자동교육과 자기계발에 대한 필수적인 필요조건이다. 자유선택의 기회가 주어지지 않는 어린이들은 자기들 책임이나 자기주도적 감각을 개발하거나 자기 자신의 학습에 변화를 가져올 수 없다. 더욱이 선택하지 않는 어린이들은 내적 동기부여를 받을 수 없으며, 보상과 처벌의 외부 동기부여에 의존할 수밖에 없을 것이다.

콘은 작업과정에서 학생들에게 자유선택의 기회를 주어야 하는 이유의 세 가지 요소에 대해서 언급하고 있다.

(1) 자유선택은 어린이들과 또래 친구들 사이의 관계를 긍정적으로 형성하고 더 존중하는 방법이다.
(2) 자유선택은 어린이들이 다른 친구들과 함께 공동으로 활동하고 작업할 때 적극적인 참여를 이끌어 내고 즐겁게 가르칠 수 있다.
(3) 자유선택은 계속되는 학습과정에서 단순히 '더 나은 것보다 더 훌륭한 결과'를 유발한다(Khon A., 1992, 이영노 옮김, 2009).

교사들이 어린이들을 교육한다는 것은 더 많은 지식을 제공하여 더 나은 훌륭한 삶을 살아갈 수 있는 길을 열어 주기 위해서, 보다 나은 미래를 위해서, 어린이들의 능력을 개발해 주기 위해서, 더 많은 학습결과를 가져오기 위해서다.

콘은 교사들이 다음과 같은 선택의 긍정적인 결과들을 생각해 볼 것을 권장한다. 교사들이 고려할 것은 어린이들이 주어진 시간에 선택한 작업에서 더 많은 작업을 완성하고 만족해하는 특성을 보였다는 것이다. 바로 이러한 현상은 동기부여의 훌륭한 지표가 될 수 있다(Pink D., 2009, 김주환 옮김, 2012).

몬테소리 교실에서 교사들이 어린이들에게 자기결정을 촉진하고 훈련한다면 비몬테소리 교실의 어린이들보다 기본적인 일상생활에 필요한 배려, 질서, 안정, 도덕성, 편안함과 같은 사회적 기술이 긍정적인 결과로 나타난다고 말한다(Montessori M., 1973).

어린이들에게 작업을 위해서 개인적으로 책임감을 부여하고 비 몬테소리 교실의 어린이들보다 자존감, 자신감, 책임감은 물론 창조적 작업능력이 발달되어 가는 것을 시각적으로 볼 수 있다. 어린이들의 작업이나 교육에서 자동교육과 자유선택은 아주 긍정적인 의견을 가지고 있다.

어린이들의 기본적인 본능은 호기심과 자기주도적 활동을 전제로 시작한다. 호기심과 자기주도적 활동이 없는 6개월 된 영아와 1살 된 영아들에게도 이러한 성향이 있음을 확신할 수 있다. 교사들은 이러한 본능을 어떻게, 무엇을 관찰할 것인가? 발견할 수 있는 방법을 연구하여야 하는데, 교사는 어린이들이 모든 세상과 모든 환경에 호기심을 가지고 탐색하는 것처럼 그들의 행동에 대한 호기심과 관찰방법을 알아 가는 것이다.

만약에 유아기부터 성인기까지 사람들이 게으르고, 움직이기 싫어하고, 힘이 약해진다면 과연 이러한 현상을 인간 본성 때문이라고 할 수 있는가? 현대의 뇌 과학이나 심리학자들의 연구는 도전과 훈련이 육체적 무기력감을 능가할 수 있다고 말한다. 영아 자신이 뇌의 주인공이 되어 뇌를 움직이는 운동을 많이 했을 때, 뇌와 부지런히 놀아 줄때, 뇌와 친한 친구가 되어 줄 때 뇌는 자신이 원하는 대로 안내하는 곳으로 따라갈 수 있다(조성자, 2012, B).

어린이들에게 자율성이 단계적으로 사라진다면, 그들의 본능적으로 발생하는 호기심을 밖으로 드러낼 수 없는 환경이나 상호작용을 할 수 없는 부적절한 환경에 대한 책임을 교사와 부모에게 추궁할 수 있을 것이다. 몬테소리 교실에서 자유선택은 자율적이고 또래 친구들과 공동체를 만들어 상호의존적인 활동을 할 수 있는 기회가 주어지도록 구성되어 있다.

행동과학자들은 사람들의 자율적 행동으로 인한 내재적 동기부여를 어린이들의 공동체 생활, 놀이 활동, 창의적 생산성, 재창조적 작업으로 확장하여 그들 스스로 피로감을 느끼지 않고, 심리적 안녕감을 더 고차원적인 수준에서 유지하고 교실에서 작업을 지속시키고 향상시켜 다양한 작업을 시도하고 교구에 대한 개념의 이해를 향상시킨다고 말한다(Pink D., 2009, 김주환 옮김, 2012).

핑크는 선택을 중요하게 지지한다. 사람들이 무엇, 어떤 것을 할 때, 어린이들이 어떤, 무엇에 몰입할 때, 그들이 어떻게 몰입하는지, 그들이 누구와 함께 무엇에 몰입하고 있는지 주목하여야 한다. 어린이들에게 자율성이란 책임을 포기하는 것을 의미하는 것이 아니다. 핑크는 과제, 시간, 기술, 팀에서의 선택은 작업과 과업의 성공적인 결과에 가장 많은 영향을 미친다는 실험 결과에 대해서 논증하고 있다(Pink D., 2009, 김주환 옮김, 2012).

자유선택은 몬테소리 교실 운영방법과 밀접하게 연결되어 있다. 어린이들이 자기들의 작업을 하기 위해서 결정하는 하루 작업과정에서, 그들이 작업을 접근하는 방법에서, 자기들이 함께 작업할 친구들과의 선택과정에서 올바르고 자유롭게 선택을 할 수 있도록 배려하여야 한다. 물론 선택하는 영역에서 그 누구도 완벽한 선택을 할 수 없지만 모든 어린이들은 선택방법이 대단히 중요하기 때문에 가능한 한 선택을 최대화할 수 있어야 하다. 예를 들면, 0~3세 미만의 영아들은 아직 선택의 폭이 넓지 않기 때문에 선택의 범위를 최소화하기 위해서 교구를 작은 바구니에 하나씩 담아 제시하고, 3~5개 이상을 교구장에 놓아두지 말아야 하다.

릴라드는 선택의 중요성은 교사와 어린이들 사이에 선택의 기회를 제공하는 것이 교육자와 피교육자 사이의 긍정적인 결과와 관련되는데, 어린이들이 작업과 기억을 잘할 수 있고, 바람직하게 문제해결 능력을 양육하고, 어린이들의 자아통제 능력을 훈련하고, 작업에 적극적으로 참여하도록 만든다고 말한다(Lillard A. S., 2005).

릴라드는 어린이들이 기억하는 모든 것, 문제해결 능력, 오랜 기간이나 장기간 작업이나 과제에 참여하도록 선택하는 것에 대한 장기간 관찰과 프로젝트에 소위 말해서 표준 릴라드방법이라는 제목을 덧붙였고, 이러한 연구물들은 표준 연구원들이 구체적인 기술의 효과가 있는가, 없는가를 증명하는 데 사용하고 있다. 그녀는 선택이 이러한 결과들을 성취하는 중요한 동기부여 요소로 보여 주는 연구들로 활용하고 있다. 어린이들에게 그들의 동기부여를 유지하도록 요구하는 선택을 최대한으로 제공하였을 때 동기부여가 일어나고 있는지 아닌지에 대한 검증이 필요하다.

2. 동기부여 능력으로서 작업과 학습요소

교사들은 어린이들에게 어느 정도, 얼마만큼까지 그들의 작업에 선택권이 주어지는가를 생각할 필요가 있을 것이다.

교사가 7세의 어린이들에게 우리나라 역사 알기에 대한 프로젝트 수업을 하기 위해서 모두 함께 긴 두루 마리로 역사 연대표를 만들자고 제의했을 때 과연 모든 어린이들이 역사 연대표를 만들면서 흥미와 관심을 갖고 적극적으로 참여하려고 할까? 항상 적극적이지 않는 한두 명의 어린이가 있을 수 있다. 관심이 없는 어린이는 연대표를 만드는 것보다는 혼자서 화이트보드에 자유롭게 그리고 쓰기를 원할지 모른다. 교사가 중요하게 생각하여야 하는 어린이들의 선택을 가능하도록 만드는 확실한 방법 중의 하나는 역사 연대표와 관련된 응용편을 선택하도록 만들 수 있다. 예를 들면, 우리나라보다는 우리 집 역사 알아가기, 나의 역사 알아가기로부터 시작해서 우리나라 역사와 연결시키는 방법을 선택하는 것이다. 교사는 어린이들의 선택을 자유롭게 하고 만족스럽게 하기 위한 학습 재료를 충분히 활용할 수 있도록 응용편의 재료에 관심을 가져야 한다.

어린이들은 원래 작업과 연결된 응용편 작업으로 창의력과 새로운 도전에 대한 만족감과 더불어 작업 속으로 빠져들 수 있다. 이러한 어린이들은 자기가 선택한 작업을 마친 다음 또 다른 응용편으로 나의 역사, 가족의 역사, 우리나라의 역사, 아시아의 역사, 세계의 역사, 태양계의 역사에 관한 관심으로 확대되어 우주 전체에 대해서 알기 위한 작업을 선택하게 될 것이다.

어린이들이 제2의 창조 작업을 위해서 한 가지 작업으로 끝맺음을 하는 것이 아니라 또 다른 창의력과 도전 정신을 보여 주게 될 것이다. 어떤 상황이 되면 자유롭게 선택할 기회를 가지게 되고, 다음 단계에서 또 다른 작업을 선택할 기회를 어린이들에게 제공할 수 있다. 예를 들어, 어린이의 역사는 단순하게 어린이 가정의 역사와 연결되어 있는 것이 아니라 어린이 자신에서부터 태양계까지 연결되어 있는 프로젝트를 선택하여 우주 전체에 대한 관심까지 이끌어 낼 수 있다. 세계 각국의 의상문화, 음식문화, 종교문화, 사람들의 이야기, 문화의 이야기, 문명의 이야기로 발전하는 과정은 어린이들 스스로 이끌어 가는 우주교육과정이다. 어린이들에게 우주에 존재하는 모든 생명체에 관한 이야기는 우리가 서로 연결되어 전-관계를 가지고 살아가야 하는 우주생태 수업을 자연스럽게 선택하게 한다.

몬테소리 교실에서 작업을 위한 자유선택은 어린이들에게 내재적 동기부여를 성취하는 데 유익한 교육방법이다. 자유선택은 어린이들에게 모든 상황을 통제하고 자기가 원하는 것과 필요한 것을 변별할 수 있는 능력과 생각을 가지게 하고, 작업에 몰입하고, 흥미와 관심을 가지도록 만들어 더 훌륭한 결과를 생산하도록 만든다. 작업과정에서 일어나는 어린이들의 만족감과 성인들이 작업을 즐기면서 하는 것은 같은 성향이므로 작업과 일에 있어서 선택은 모두가 즐기면서 자기 일을 하는 데 필요하고 중요하다.

콘은 어린이들이 어떤/무슨 자료로 작업을 할 것이고, 언제부터 시작할 것이고, 어떻게 어린이들을 평가할 것인가를 알고 있는 교사는 자신의 일에 대한 흥미와 관심을 통제한다. 결정권과 자유선택의 기회를 빼앗긴 어린이들에게 동기부여가 되지 않는다(Kohn A., 2006). 교사와 어린이들 모두에게 선택은 하루 일과를 즐겁게 진행할 수 있는 신경안정제와 같은 특효 치료제이다.

3. 동기부여 능력으로서 시간요소

"시간은 금이다"라는 속담이 있다. 시간은 인간이 살아가는 데 자기행동을 조절하는 나침반이다. 우리들은 시간에 자신의 몸을 맡긴다. 몇 시에 일어나야 하는지, 먹어야 하는지, 작업하여야 하는지, 모두 시간이 알려 준다. 그래서 우리들이 살아가는 과정에는 모두 시간표가 있다. 작업시간표, 수업시간표, 하루 일과 시간표 등이다. 예를 들어, 어린이들이 언제 작업하기를 원하는지, 언제 작업 효과가 정점에 도달하는지, 언제 작업에 집중하는지에 관해서 교사들이 생각해 보아야 하는 중요한 요소이다.

만약 몬테소리 교실에서 교사가 이미 정해 놓은 시간표에 따라 첫째 시간에는 감각영역 그 다음에는 수영역을 해야 한다고 어린이들에게 말한다면 어린이들에게 자유선택이라는 중요한 요소를 빼앗아 버린 것이다. 이렇게 되면 어린이들이 스스로 시간을 조정하고 분배하여 정확하게 사용할 수 있는 능력과 계획을 세워 생활할 수 있는 기회를 잃어버리게 된다.

한편, 교사가 어린이들의 작업 시간을 제한했을 때 선택한 작업에 대한 즐거움을 빼앗아 가는 오류가 발생할 수도 있다. 물론 작업을 마치는 데 시간을 제한하는 것은 주어진 시간을 적절하게 활용하여야 하는 시간 개념을 통제할 수 있지만 어린이들의 경우 자유선택은 자유작업을 전제로 하기 때문에 시간제한으로 그들이 집중력을 중단할 필요는 없다.

긍정적인 측면에서 어떤 종류의 작업이든 마쳐야 하는 시간을 알아야 합리적인 것도 있다. 교사들은 어린이들이 진심으로 자기작업에 몰입해서 작업하기를 선택한 이상 시간제한이라는 이유로 너무 빨리 그들의 노력과 집중력을 중단해서는 안 된다. 우리 국민성은 모든 일을 너무 빨리 서두르는 습관이 있어 어린이들의 정서를 그르치는 경향도 있지 않을까 하는 생각이 든다. 어린이들의 작업 내용에 따라서 교사의 적절한 판단이 필요한 부분이다. 어린이들이 교구·교재를 선택했다는 것은 그들이 작업할 시간을 선택할 자유가 포함되어야 한다는 것이다. 만약 어린이들에게 시간을 제한한다면 내재적 동기가 그만큼 줄어들 수 있다.

몬테소리는 어린이들을 정상화로 이끌어가고 배움에 대한 진정한 열정으로 이끌어 가기 위해서는 최상 수준의 집중력이 수학이나 언어에 능통한 것보다 더 필요하다고 언급했다(Montessori M., 1952, 조성자 옮김, 1994).

몬테소리 교실에서 어린이가 감각훈련보다 동물에 더 관심이 많다면 우리는 그 어린이가 감각영역에 들어가기 전에 동물에 대한 가장 기초적인 지식에 더 몰입할 수 있도록 허락해 주는 것도 감각훈련을 더 자유롭게 하기 위한 방법이 될 수 있다. 어린이는 동물에 대한 관심으로부터 나온 영향력으로 기쁨과 집중력이 감각영역활동으로 연결될 수 있기 때문이다. 즉, 주 작업을 위해서 준비 단계를 즐기는 것이 그대로 주작업으로 연결되는 것이다. 반대로 만약에 교사가 어린이들에게 감각영역 활동을 고집했다면 그는 자기가 할 작업을 하루 종일 미루고, 지루해하고, 결국 작업에 몰입하지 못할 것이다.

몬테소리 교실에서 '이것이 먼저고 저것이 나중에'라는 규칙에 얽매이는 이유 중에 하나는 어린이들에게 항상 먼저 할 일이 있고 다음에 해야 하는 일이 있고, 일에 순서가 있다는 것, 하루 일과 중에서 반드시 해야 할 영역이 있고, 응용 활동으로 지금 해도 되고 다음에 해도 되는 것을 인지시키는 것이 중요하다. 예를 들면, 음식을 먹을 때 주 요리를 먼저 먹고 과일을 다음에 먹는 것이 소화를 위한 올바른 식생활 습관과 같은 논리이다. 교사는 일반적으로 사회가 요구하는 표준화된 테스트를 시간적으로 극복하는 것이다. 교육은 어린이들을 위해서 유연하게 실시하는 것이지 규칙과 상황에 얽매여 그들을 작업 밖으로 내몰아 버리는 것이 아니다.

4. 동기부여 능력으로서 기술요소

교사들은 어린이들이 작업하는 방식을 선택할 수 있도록 배려하는가? 교사는 어린이들이 수영역을 배우려고 할 때 어린이들이 일반적인 순서에 따라서 차례대로 하기를 기대하고 있는가? 어린이가 덧셈을 연습하기 원할 때 그들 마음대로 선택할 수 있도록 배려해 주는가?

예를 들면, 어린이가 수 교구를 활용하여 덧셈을 하라고 한다면 그는 완전히 좌절감을 느낄 수 있지만 자기가 좋아하는 손가락을 사용해서 셈하기를 허락한다면 아무 문제없이 답을 구할 수 있을지도 모른다. 이러한 어린이에게 먼저 수 교구를 이용해서 연습하라고 강요한다면 몬테소리 교실에서 강조하는 독립심과 자율성에 근거한 내재적 동기부여가 일어나지 못하는 어린이로 남게 될 것이다. 이러한 어린이들은 항상 교사와 부모의 명령에 따라서 행동하고 생각하는 의존적인 어린이가 된다.

몬테소리 교실에서 기술력을 활용하는 방법에 대한 연구를 시도한 마크 파웰(Powell M.)은 이미지와 비디오, 소리, 그리고 실제 물체를 사용해서 관객과 공감하며 대화를 하는 것은 관중 앞에서 보고서를 읽어 내려가는 것과는 아주 다른 기술이라고 말한다(Powell M., 2011). 몬테소리 교실에서 활용할 수 있는 시청각 매체로서 특별히 시각적인 효과를 가질 수 있는 디자인, 파워포인트, 동영상을 준비하는 것은 어린이들에게 동기부여를 시킬 수 있는 하나의 방법이 될 수 있다.

몬테소리 교실에서 시청각 매체를 활용하는 것이 문해능력을 배우기 시작하는 어린이들에게 선택의 다양성에 이끌려서 흥미와 관심을 이끌어 낼 수 있는 방법이 될 수 있다. 책을 읽는 두 어린이들의 입장을 비교해 본다면, 한 어린이는 소리가 나지 않는 일반적인 동화책을 읽고, 다른 어린이는 그림책을 동영상과 함께 읽으면 어린이들의 흥미도를 직시할 수 있다. 매일매일 시청각 매체에 노출되어 있는 어린이들의 읽기와 동시에 활동하는 기술로 그들에게 동기부여를 제공할 것이다.

5. 동기부여 능력으로서 팀 구성요소

몬테소리 교실에서 그룹활동을 위한 팀을 구성한다는 것은 협력관계를 만들어가는 전략이다. 여기에서 중요한 것은 팀 구성의 선택에 초점을 맞추는 것이다. 자기가 선택한 팀 모델에 있어서 핑크는 충분한 연구와 오랜 시간을 함께 작업한 자기 조직 팀에서 일하는 사람들이 다른 소속 팀에서 일하는 사람들보다 더 만족하는 것으로 나타난다고 주장한다(Pink D., 2009, 김주환 옮김, 2012).

어린이들의 사회적 위치, 관계, 상호작용의 중요성을 감안할 때 우리는 그들의 작업 파트너를 결정하는 선택에 충분한 기회를 제공하고 있는지를 교사 스스로 자신에게 질문해 보아야 한다.

교사가 작업할 그룹으로 어린이들의 팀을 구성할 때, 이유의 다양성이 있을 수 있다. 그 이유 중 일부는 적절한 기술이 과제를 완성할 수 있다고 확신하는 것이다. 작업 시간에 형성되는 독점적이고 배타적인 차별성이나 혹은 갈등을 예방하면, 또래 친구들과 더 호감 가는 친구들에게 감사하는 마음으로 공동 작업을 더 도전적인 맥락에서 어린이들이 편안한 영역에서 작업을 할 수 있다. 작업 파트너를 선택하는 것은 어린이들에게 더 많은 고유한 동기부여를 강화할 가능성이 높다. 이러한 기술은 어린이들에게 협력에 대한 더 많은 선택을 제공한다.

어린이들이 작업하는 동안 협력의 형태와 방법이 제공되면 생산적인 팀워크로 대부분의 어린이들의 호기심을 자극할 수 있다. 그것은 본질적인 동기부여의 원천이 될 수 있다. 교사는 어린이들에게 작업 시간에 공동 작업을 하기 위한 그룹 혹은 팀을 실제적으로 선택할 수 있는 기회를 제공할 경우 그들에게 동기부여될 가능성이 더 높다. 교사들은 다음 C의 선택에 마지막 단어를 이동하기 전에 어린이들에게 선택권을 주지 않으면 그들의 선택과 선택 결과를 받아들일 수 있어야 한다. 왜냐하면 교사는 어린이들에게 선택권을 주지 않고 그들이 올바른 선택을 하는 경우에만 만족할 경우, 그런 다음에 교사 자신이 불행한 선택의 결과로 작업효과를 향상시킬 수 있는 기회를 잃어버리는 경우가 된다. 이러한 현상은 교사 자신의 잘못된 생각에서 벌어지는 결정으로 어린이들을 보호하기 위해 노력하며 지속적으로 환경을 구성하는 일들을 어린이들에게 무의미한 상황으로 만들어 버린다.

교사는 어린이들 모두가 본질적으로 동기부여할 수 있도록 자유선택의 기회를 부여하고 모든 선택의 결과를 신뢰하고 존중해 주어야 한다. 이는 교사가 어린이들과 긍정적인 관계를 유지하는 데 가장 민주적이고 더욱 더 존중받을 수 있는 방법이고 협력관계를 유지하는 방법이기 때문이다. 동기부여는 어린이들과 함께 공동으로 작업할 때 더 즐겁게 가르칠 수 있다. 동기부여는 미래 지향적인 관점에서 단순히 더 훌륭하고 보다 더 훌륭한 결과를 가져오는 것은 분명할 것이다.

어린이들에게 주어진 시간 안에 작업을 해야만 하는 선택의 기회가 주어졌을 때 적은 시간에 더 많은 작업을 완성하는 특성을 보였고 이러한 현상은 동기부여를 이끌어 낼 수 있는 훌륭한 지표가 될 수 있다. 몬테소리 교실에서 어린이들이 자기결정을 촉진하는 방법을 배운다면 기본적으로 작업에 몰입하는 기술을 터득하게 될 것이다. 어린이들이 작업할 때 개인적으로 책임감을 부여하면 그렇지 않은 어린이들보다 상당히 높은 자존감과 행복감으로 작업능력을 향상시키는 것으로 나타난다.

자동교육의 원리와 선택에 관해 찬성과 긍정적인 의견을 말하는 핑크는 기본적으로 인간의 본능은 호기심과 행복감, 그리고 자기주도적 작업, 그룹의 리더를 전제로 시작한다고 말한다. 호기심과 자기주도적으로 활동을 진행하지 않는 6개월 된 영아와 1살 된 영아를 본 경험이 있는가? 영아들은 스스로 움직이는 본성을 가졌다. 영아들은 누가 리드하는 것이 아니라 스스로 리더를 하면서 창조적 작업에 익숙해진다. 만약에 아동이나 청소년들이 수동적이고 에너지가 없어 힘없이 움직인다면 이는 본성 때문이 아니라 스스로 운동과 창조적 작업을 할 수 있는 기회를 잃어버린 것이다(Pink D., 2009, 김주환 옮김, 2012).

핑크는 어린이들의 자율성이 점진적으로 사라지는 것은 그들의 본능적인 호기심과 관심을 잃어버리게 한 교사와 부모에게 책임감이 있으며, 자율적으로 선택할 기회를 제공하고 다른 친구들과 상호작용을 할 수 있는 기회를 제공하여야 할 것을 요구한다. 핑크의 최근 행동과학 연구에 의하면 자율적인 동기부여는 놀이활동, 스포츠 활동, 다양한 작업 결과, 피로와 스트레스 줄이기, 심리적 안녕감을 더 높은 수준으로 지속적으로 향상시켜 더 나은 성적과 보다 다양한 개념 이해를 촉진한다고 기술하였다(Pink D., 2009, 김주환 옮김, 2012).

핑크는 내재적 동기부여와 유발의 요인인 도전, 협력, 내용, 자유선택에서 자유선택을 가장 적극적으로 지지한다. 어린이들이 무엇을 할 때, 어린이들이 어떤 것을 할 때, 어린이들이 어떻게 하려고 할 때, 어린이들이 친구들과 함께 무엇을 할 때 선택은 중요한 것이다. 어린이들에게 자율성은 책임감을 포기하는 것을 의미하는 것이 아니다. 핑크는 과제, 시간, 기술, 팀 구성에서 4가지 요소가 과업의 성공적인 결과에 가장 큰 영향을 미친다고 말한다(Pink D., 2009, 김주환 옮김, 2012).

네 가지 측면에서 선택은 몬테소리 교실에서 필수조건이다. 선택하는 것은 영역에서 어떤 어린이도 완벽할 수 없지만 각자 자기 방법으로 중요하고 가능한 선택을 최대화할 수 있을 것이다.

릴라드는 선택 제공의 중요성은 어린이와 교사 두 사람 모두에게 긍정적 결과와 긍적적 관계로 연결되어 있다고 말한다. 어린이들이 작업과 기억을 더 잘 상기시키고, 더 훌륭하고 긍정적인 한 방법으로 문제를 해결하고, 자기조절 능력을 증진시키고, 생각을 신중하게 하면서 작업에 오랜 시간을 참여하는 결과가 주어졌다고 말한다(Lillard A. S., 2005).

자유선택은 어린이들에게 릴라드가 위에서 언급한 내용처럼 어린이들의 학업을 증진시키는 데 많은 영향력을 줄 수 있다. 그러므로 몬테소리의 자유선택 이론은 작업결과들을 성취하는 데 중요한 동기부여가 된다고 할 수 있다.

몬테소리 교실에서 교사들이 중요하게 생각하여야 하는 것은 어린이들에게 선택의 기회가 주어졌을 때 동기부여를 유발할 수 있다. 교사가 어린이들을 자주 통제하려는 욕구와 요구를 포기하고 순수한 몬테소리 철학에 근거하여 수업을 전환할 때 가능한 것이다.

교사들이 어린이들에게 동기부여를 유지하도록 요구하는 선택의 기회가 최대한으로 주었을 때 학습효과를 최대한으로 낼 수 있다. 몬테소리 교실에서 대부분의 교사들은 어린이들에게 동기부여가 되지 않았을 때 일어나는 어린이들의 무기력함, 무질서함, 싫증, 짜증, 작업의 진행불가 등은 동기가 일어나지 않는 저항감이며 자유선택에 문제가 있는 것이다.

III. 다양한 호기심과 질문에 답해 주기

1. 목적을 가지고 작업하는 어린이들

어떤 것을 수행할 때 내용과 목적은 선택의 요소처럼 중요한 내재적 동기부여의 요인이 된다. 그러므로 구체적으로 동기부여가 무엇이냐고 질문한다면 핑크는 학습과 작업 내용이라고 말한다(Pink D., 2009, 김주환 옮김, 2012). 내용을 선택한다는 것은 어린이들이 어떤 것을 해야 하는지, 어떤 목적을 가지고 있는지 목적을 향하여 노력하는 이유가 된다. 그러므로 내용은 동기부여의 본질적인 요소 중 하나이다.

콘은 내용을 다 알고 있고 가치 있는 내용이어야 한다고 말하지만 핑크는 선택한 내용을 가지고 목적을 향한 추진력이나 운동력에 대한 언급으로 어떤 내용이든 선택한 내용에 전신 전력으로 도전하는 것과 같다고 말한다. 즉, 자기가 선택한 내용에 최대한의 열정을 부여하였을 때 열정적인 결과를 가져올 수 있다. 몬테소리 교실에서 관찰한 결과에 의하면 작업과정에서 발생하는 추진력은 어린이들이 어떤 것을 배우는 데 필요한 내적 에너지를 일으키는 동기부여의 본질적인 이유가 될 수 있다.

어린이들이 몬테소리 교실에서 어떻게 해야 하는지에 대한 요구, 솔직히 말하는 것, 가치가 없는 것을 요구하는 것도 작업과정에서 종종 일어나는 경험적 현상이다. 이러한 경험들은 어린이들의 작업에 대한 흥미와 활동과 밀접하게 연결되어 있다. 어린이들이 중요하게 생각하는 교구에 대한 이해와 교구와 더불어 작업하고 배우는 것을 원한다. 어린이들은 몬테소리 교실에서 일어나는 작업들이 실제적으로 외부의 활동과 연결되지 않을 때 그들의 작업에 대한 관심과 열정, 그리고 도전과 흥미를 상실한다(조성자 저, 2012, a). 어린이들은 삶이 학습이고 학습이 삶이다. 몬테소리 교실에서 이러한 징표가 일어나서 창조적인 작업과 반복활동, 그로 인한 습관은 내재적 동기부여와 관련되어 있다. 어린이들에게 이러한 징표들이 실제 삶과 연결되지 않는다면 창조적인 활동이 일어나지 않고 내재적 동기부여가 일어나지 않을 것이다.

몬테소리 교사들은 열정으로 가득 차 있고, 다양한 영역에서 교구와 더불어 자유작업을 진행한다. 몬테소리가 "우주 자체가 어린이들의 환경이다"라고 말한 것의 의미를 이해할 수 있다(조성자 저, 2006).

콘은 동기부여를 "목적을 향해서 걸어가는 것은 학생들을 위해서 어떤 의미 있는 활동을 직접적으로 실천하는 것이고, 학생들은 목적을 위해서 도전 정신으로 본질적인 동기부여를 성공적으로 이끌어 내는 것이다"라고 정확하게 언급하였다. 또한 몬테소리의 "부모와 교사들에게 어린이들을 따르고 섬기십시오"라는 말은 무엇을 의미하는가?

핑크는 동기부여에 대한 한 영역으로 자율적인 어린이들은 작업을 하면서 아주 고차원적인 수준에서 작업 수행능력을 훈련하고 숙달시킨다고 말한다(Pink D., 2009, 김주환 옮김, 2012). 어린이들에게 어떤 누군가가 질 높은 서비스와 환경을 제공한다면 더 큰 목적을 성취할 수 있을 것이다. 몬테소리는 인간의 존재가 한 순간으로부터 하늘 안에서 처음으로 시작되었고, 우주 안에 자기의 위치가 있고, 어떤 것/무엇이든 창조하려고 시도하며, 우주 속에서 일생 동안 자기들의 삶을 진화시킨다고 말한다. 이러한 이론은 핑크가 말하는 "우리는 목적을 추구하는 탐험가이다"라는 의미와 일치한다.

과학이 보여 주는 가장 고차원적인 공연은 인간의 생물학적 몰입이나 추진력에 대한 상을 주거나 고통을 주는 것이 아니다. 행동이란 마음속 깊은 바람으로부터 우리 자신의 삶까지 직접적으로 우러나오며 우리의 능력을 확장시켜 삶의 목적을 성취하도록 도와준다. 작업과 일은 반드시 해야 하는 것이며 놀이로 즐겨야 한다. 그러나 두 가지 다 인간의 행동을 요구한다.

머래이는 흥미 혹은 의미의 요소에 대해서 다음과 같이 묘사했다. 흥미나 의미는 관련성이 높은 고차원적인 목적을 가지고 이해하여야 한다(Murray A., 2001).

한 가지 방법으로 몬테소리 교육은 어린이들의 관심과 흥미에 중점을 두며 더욱 더 거대한 우주의 새로운 지식을 찾아서 이해하고 관련성을 찾으며 어린이들을 위해 의미 있는 물리적 환경을 만든다.

릴라드는 저서의 한 단락에서 흥미와 헌신에 대한 이론들을 서술하는데 여러 학자들의 견해를 인용하고 있다. 어린이들의 흥미와 관심이 창의적 활동을 하는 데 얼마나 효과적인가를 보여 주는 그녀 역시 동기부여가 관심과 흥미와 연결되었다는 것을 강조한다. 흥미를 나타내는 것은 몬테소리 교실에서 새로운 창조 작업과 영향력으로 동기부여하는 것이다. 그래서 어린이들은 작업과 작업 내용, 그리고 주제에 관심을 가지며 개인적으로 흥미를 느낄 때 많은 것을 배울 수 있는 동기부여를 받게 된다(Lillard A., 2005).

동기부여의 요소처럼 또 다른 내용을 제시한다. 몬테소리의 이론에서 언급하고 있는 어린이들의 내적 발달을 이끌어 가는 창의성과 작업에서 얻어지는 경험은 개인의 성장에 스스로 동기부여의 힘이 된다.

현대 두뇌 과학의 교육 연구결과 내용은 감성적인 요소가 있을 때 더욱 더 동기부여가 된다고 제안했다. 훌륭한 교사는 오랜 기간 동안 본능적인 것에 대해서 알고 있었지만 연구결과 내용이 얼마나, 어떻게 중요한가에 대해서도 인식한다.

교사들은 어린이들에게 이 모든 내용들을 어떻게 가르칠 것인가? 몬테소리 교실에서 어린이들에게 어떻게 동기부여를 할 것인가? 이러한 이론들은 결국 피아제 이전의 인식론자들이 지식이란 무엇인가에 초점을 맞추었던 것을 지식도 과학적으로 증명되어야 한다는 새로운 학설을 등장시킨 피아제의 "발생학적 인식론의 입장에서 지식은 어떻게 형성되는가" 라는 인식론에 대한 방향을 과학적으로 전환하였다.

모든 전문가들의 내용이 미묘한 차이점을 나타내지만 내용은 일상과 연결되어야 하고, 자기 스스로의 성숙과 발달을 이끌어 가는 방법과 매력을 지니고, 인생 자체의 목적과 관계된다고 말할 수 있다. 어린이들은 발달과정의 단계마다 동기부여를 창조할 수 있다. 비록 어린이들은 서로 다르지만 학습자와 연구된 내용을 서로 연결할 수 있다.

교사들은 교수내용과 실제 생활과 관련 있는 내용으로서 어린이들에게 일상적인 것을 가르칠 때와 가르친 결과를 검증할 때, 만약 가르친 수업이 감각적으로 지도되었다면 어린이들에게 현실적으로 얼마만큼 관련이 있는지를 우리 자신에게 질문하여야 한다. 교사의 수업 내용이 어린이들의 발달 단계를 성실하게 따르고 있는가에 대한 질문은 몬테소리 교실에서 요구하는 근본적인 질문이다.

교사들은 언제든지 어린이들에게 교훈과 같이 정확하게 가르쳐야 한다. 교사는 자신의 목표나 목적에 대한 확실한 이해를 교훈과 같이 정확하게 시작할 필요가 있다. 교훈은 분명하게 이해하고, 가치를 제공하며, 시간의 중요성을 어린이들에게 전달하는 것이다. 더 중요한 것은 교훈과 같은 정확성으로 모든 가르침이 시작되어야 한다는 것이다.

교사는 어린이들의 "그래서 어떻다는 거예요(so what)?"라는 질문에 대답할 수 있어야 한다. 만약 교사가 이러한 질문에 대답을 하지 못한다면 교사 앞에 앉아서 교육받은 어린이들은 일상생활에 관한 이해와 적어도 교사가 가르치는 내용을 이해하지 못할 것이다. 몬테소리 교실에서 교육재료로 교사가 가지고 있는 앨범은 교사가 어린이들이 얼마나 따라가고 있는지를 증명해 줄 수 있는 하나의 도구라 할 수 있다. 어린이들은 어떤 새로운 정보나 기술을 배워서 일상생활과 연결시킬 필요가 있다.

어린이들은 몬테소리 교육으로 유아 초기부터 단계적으로 일상적인 생활과 연결하는 삶의 교육과정에서 다양한 것을 배울 수 있다. 예를 들면, 어린이들은 식탁 차리기와 치우고 정리하는 것, 사용한 물건을 제자리에 정리·정돈하는 훈련, 금속 그릇을 닦는 방법, 옷을 입고 벗는 훈련, 의자를 옮기고 앉는 방법을 훈련한다. 이러한 일상영역 활동의 모든 훈련은 어린이들이 실제적으로 살아가는 데 필요한 기본생활습관을 준비하고 훈련하는 것이기 때문이다.

다행히도 어린이들은 이런 일상적인 활동을 즐긴다. 몬테소리 교실에서 일상영역 활동은 자기가 할 수 있다는 자신감, 할 수 있는 것을 했을 때 얻어지는 만족감, 자기의 일상생활을 훈련하고 스스로 리드하는 능력을 훈련하기 때문이다. 유아들에게 일상적인 활동은 어려운 것이 아니라 즐겁고 적절한 내용들이고 의미가 있다.

교사들은 어린이들의 삶의 과정에서 가장 기초적이지만 아주 중요한 단계를 가르치는 시간이기 때문에 편안한 마음으로 어린이들과 의사소통은 물론 상호작용하는 것이 필수 조건이다. 교사들은 어린이들에게 어떤/무엇이든 새로운 것을 가르치는 것에 있어서 왜 그들을 보호해야 하는지, 안내하여야 하는지, 촉진자가 되어야 하는지는 그들이 유능하고 자신감 있는 삶을 살아가는 방법과 연결되기 때문이다.

교사들은 어린이들에게 일상과 관련 있는 모든 주제와 연결하여 질문하고, 이야기 나누고, 답을 찾아가는 것이 모두 실제생활과 연결된다면, 어린이들은 실제환경에 정상적으로 적응해 나아갈 것이다. "그래서 어떻다는 거예요?"라는 질문의 답은 어린이들이 일상생활에 적용을 할 수 있도록 그들의 실생활과 관련되어야 하기 때문에 정확한 답을 제시하여 잠재력 발달과 생활의 기쁨에 기여할 수 있어야 한다.

이러한 교육은 어린이들이 살아가는 세계에 직접적으로 관련이 있으며, 개인과 더 많은 관련성이 있다. 질문이 어린이들의 일상생활과 관련되지 못할 때 혹은 교사가 "그래서 어떻다는 거예요?"라는 질문에 대한 답을 제시해 주지 못할 때 어린이들은 작업과정에서 내재적 동기부여가 일어나지 못할 가능성이 아주 높다. 작업에서 의미 있는 내용의 모든 단계에서 어린이들에게 동기부여 문제를 해결할 수도 있을 것이다.

2. 어린이들의 개인발달 수단으로서 교수내용

몬테소리 교실에서 작업의 전체적이고 통합적인 계획은 어린이의 내적 자기계발을 지향하고 있다. 그러한 내적 자기성장에 기여하는 중요한 그 어떤/무엇이든 그 자체의 만족감에 원천을 제공하고, 그 결과 내재적 동기를 제공하게 된다.

몬테소리는 어린이의 정신은 계절 지난 과일이 아니라고 말한다. 그들의 정신은 항상 계절에 맞는 맛있는 과일과 같이 여러 가지 기능들이 필요할 때 생성되지만 필요 없을 때 과일이 익으면 떨어지듯 새로운 정신 기능들이 나타난다. 어린이 정신은 정신생활의 질서를 적절한 시기에 완성하도록 수행하고, 유기체는 모든 것 안에서 적절한 시기에 순환할 수 있는 기능을 본능적으로 가졌다. 유아기에는 자기만의 시간표, 자기만의 달력, 자기만의 프로그램, 자기만의 자연의 시간을 가지고 있다(Carta Nazionale del Nido Montessori, 2004). 예를 들면, 몬테소리는 어린이들에게 수학을 가르치는 것에 대해서 서술하면서 자기가 개발하는 모든 교수자료의 실제적인 목적이 어떤 문제에 대한 정답을 찾는 것이 아니라는 것을 분명히 언급하고 있다.

그녀는 구체적으로 어린이의 수학적 사고를 개발할 수 있는 능력을 돕기로 생각하였다. 그녀의 저서 『심리 수학』(Psicoartimetica)에서 몬테소리는 자기의 수영역 교구들을 정신훈련을 위한 체육관이라 불렀다. 다시 말하자면 수학에 관한 연구는 특정 문제에 대한 답을 찾는 것이라기보다는 좀 더 강한 뇌를 형성하도록 만들어 신경경로를 개발하는 것과 관계되었다고 말한다(조성자 옮김, 1994).

현재 세계 각국의 몬테소리 교사 양성과정에서 교사들을 교육할 때 대부분의 주제들은 실기 측면에서 5개 영역에 치우치는 것이 일반화되었지만 실제로 중요한 것은 그녀의 철학을 얼마만큼 이해하는가? 그녀의 철학이 다른 학문과 어떤 연계를 가지고 있는가? 그녀의 철학을 현대 유아들을 위한 연구내용들과 비교·분석을 하고 있는가? 수학이 단지 수학이 아니라 수학이 포함하고 있는 심리적 해석을 하고 있는가? 예를 들면, 몬테소리인들에게 수영역은 아주 익숙해져 있지만 심리 기하학, 심리 수학이란 용어에 얼마나 익숙해져 있는지 질문을 던져 보는 것이다. 몬테소리 수영역 연구의 진정한 매력은 어린이들의 뇌가 수학적으로 사고하도록 훈련시킬 수 있는 정신력을 강화하는 연습이라는 사실이다.

2012년에 드디어 단행본으로 출판된 기하학(Geometry)과 대 수학이라는 제목

앞에 심리기하학(Psicogeometria), 심리수학(Pcisoaartmatica)이라고 앞에 심리라는 명칭을 덧붙인 이유에 대해서 생각해 볼 필요가 있다(Montessori M., 2012).* 심리기하학과 심리수학이라는 용어는 이탈리어에서 유래한다.

물론 우주교육도 마찬가지다. 단순하게 어린이들에게 우주의 기원에 대해서 가르치는 것이 아니라 지구촌에 살아가는 모든 생명체와 무생명체의 전-관계, 모든 것과 모든 것들의 관계를 통해서 우주 속에서 나의 위치와 나의 역할을 배워 가는 것이다. 한편, 우리가 살아가고 있는 환경 속에서 모든 관계를 과학적으로 연결하여 생각하는 과학적 사고방식을 경험하고 단계적으로 가르치려는 것이다. 그래서 어린이들과 자연의 관계, 자연에 대한 존중감, 자연을 사랑해야 하는 이유, 자연 생태계에서 인간 생태계, 도덕 생태계, 공동체 생태계로 확장하는 방법을 가르치는 것이다. 이러한 교육방법은 자신의 세계를 우주와 건강하게 연결해 주는 연결고리를 만들어 준다. 우주교육과정도 마찬가지로 어떤 특별한 주제를 어린이들에게 교육하는 목표 중의 하나는 사실과 실제를 배우는 것이 아니라 어린이들이 글로벌, 우주적 세계관으로 향하는 고차원적인 수준의 사고를 개발하는 것이 목적이다.

유아교육에서 선두적으로 생태학적 관점을 유아교육에 적용한 벤자민 블룸(Bensamin Bloom)은 생태체계 분류를 인지적, 정의적, 심리적 영역으로 나누어 사실적 정보의 단순한 회상에서부터 가치판단에 이르는 관계를 지식, 이해, 적용, 분석, 종합, 평가의 6개 부분으로 정의하였다.

어린이들의 모든 작업 활동이 다른 활동과 연계되어 사고가 발달하면 할수록 그들에게 발생할 수 있는 내적인 만족감은 향상되고 그 결과로 어린이들의 내적 동기는 더 향상된다. 이러한 현상은 현재 진행하고 있는 작업 다음에 일어나는 새로운 작업에 대한 새로운 계획을 제공할 수 있고 새로운 환경을 제시할 수 있다. 교사들은 어린이들이 현재 실행하는 작업들을 그들의 실제 생활과 개인적인 관련

* 심리 기하학 단행본은 저자가 출판 준비를 거의 완성하는 중이다.

성을 넘어서 고차원적인 사고의 수준으로 향상시킬 수 있는 방법을 찾아야 한다. 교사가 어린이들에게 작업에 집중하도록 요구하는 것은 더 고차원적으로 사고할 수 있도록 돕기 위해서 또는 그들 스스로 내재적 동기를 개발할 수 있도록 그들의 뇌에 자극을 주도록 돕는 것이다.

3. 감정적인 구성요소로서 교수내용

최근 유아교육영역에서 인간의 뇌가 어떻게 기능하는지에 대한 연구가 적극적으로 진행 중이다. 어린이들의 뇌 활동, 다시 말하자면 인간의 뇌 활동이 인간의 감정과 지적 활동에 얼마나 중요한 영향력을 미치는지 연구 결과가 증명되었다.

외부세계에서 우리 뇌로 들어오는 모든 정보의 처리과정을 위해 대뇌로 가기 전에 뇌의 중앙부에 위치한 대뇌 변연계를 거친다. 인체의 기본적인 감정, 욕구 등을 관장하는 신경계와 변연계는 대뇌 바로 아래에 위치한 일련의 복잡한 구조로서 시상하부, 해마, 소뇌 편도체를 모두 포함하고 있다.

변연계는 주로 인간의 감정을 관장한다. 싸움을 하거나 피하기 위해서 도주할 때 판단에 대한 적절한 반응뿐만 아니라 중요하거나 중요하지 않은 것에 대한 기본적인 판단과 평가를 선택하기 위해서 지나가야 하는 최초의 장소이다.

감정적 영역인 변연계들은 수많은 연결회로를 지나면서 신 피질의 모든 부위로 서로 뒤엉클어져 있다. 변연계는 감정적 중추에 뇌의 나머지 기능에 영향을 미치고 생각과 사고를 하는 중추 역할을 포함하여 위대한 힘을 제공한다.

감정이 뇌의 논리적/이성적 과정보다는 인간행동을 결정짓는 훨씬 강력한 요인이 된다. 변연계는 시상 열(angular gyrus)과 대상 회(cingulate gyrus)에 깊숙이 위치하고 있으며, 냄새를 맡는 것, 내장장기의 조절, 1차적인 감정, 행동에 관한 활동에 관련된 일들을 수행한다. 특히 소뇌 편도체는 변연계 내에 있는 아몬드 모양의 뉴런 집합체로서, 싸움을 할까 아니면 도망갈까 판단하는 것은 피질이나 뇌의 더 높은 영역에 도달하기도 전에 반응을 결정짓기 위해 정보를 수집한다.

변연계는 학습, 기억, 감정, 그리고 실행기능을 함께 감안하는 다수의 복합적으로 상호 연결된 세포핵과 영역을 대표한다. 변연계는 감각기관이나 운동기관과는 대조적으로 인간이 세상과 관계를 맺도록 허용한다고 언급한다. 세상과의 관계는 학습 동기를 이끌어 내는 데 중요한 요소이다.

우리가 알고 있는 것처럼 감정이 주의 집중을 이끌어 내고 이러한 주의 집중력이 학습과 기억을 이끌어 내기 때문에 교육과정에 감정이 매우 중요하다는 사실을 알고 있다. 감정과 학습에 관해서 뇌 연구가들과 신경과학자들과 교육자들이 도달하게 된 몇 가지 결론은 다음과 같다(Hallowell. E. M., 2004).

(1) 감정은 가르쳐 주지 않아도 어린이 내면에 존재하며 학습과정에서 자동적으로 주어진 상황의 일부분이다.
(2) 어린이들은 자신의 감정을 알고 격려 받을 때 감정을 자신과 다른 사람들이 알고 있다는 사실을 인지하는 상위인지과정에 기여한다.
(3) 가장 감정적인 도움을 제공하는 유아교육기관 활동은 사회적 상호작용을 강조하고 온몸과 뇌 전체를 활동 속에 참여시킨다.
(4) 기억은 감정적인 교수내용(Content)을 포함한 활동에 의해 놀라울 정도로 강화된다.
(5) 감정적으로 스트레스를 주는 활동은 역효과를 낳는다. 스트레스는 어린이들의 학습능력을 감소시키기 때문이다.

교사들은 어린이들이 무엇이/어떤 것이 가장 많이 감정적으로 채워져 있는지 기억한다. 감정은 사람들에게 좀 더 활성화되고 화학적으로 자극된 뇌를 선사한다. 이러한 뇌는 어린이들이 더 정확하고 훌륭하게 학습내용을 떠올릴 수 있도록 도와준다. 소뇌 편도체의 흥분이 더 강렬하면 할수록 각인도 더 강하게 기록된다. 어린이들이 긍정적으로 작업한다는 것은 감정조절과 감정도입을 잘한 것이므로 학습의 한 형태라 할 수 있다(Eric J., 1998).

인간의 감정은 일생 동안의 지혜로움과 연관되어 마음을 정화한 결과물이다. 어린이들은 공동생활을 통해서 사랑하는 방법과 사랑을 나누는 방법, 친구들, 부모, 교사들, 언제, 어떻게 보살피는지, 친구와 사람을 어떻게 신뢰하여야 하는지, 새로운 탐색활동의 발견과 기쁨, 그리고 실패에 대한 두려움을 경험하고 배운다. 항상 이런 활동들은 감정과 함께 수행하게 된다. 이러한 감정과 더불어 배우는 교육은 다른 어떤 것보다 더욱 더 중요하다. 어린이들에게 감정은 모든 교육에 있어서 필수적인 부분이다.

어린이들이 좋아하는 동화책이나 작업은 감정이라는 아주 중요한 요소를 학습영역에 끌어들이는 역할을 한다. 교사들이 왜 학습내용(Content)에 관심을 두어야 하는지에 대한 해답이라 할 수 있다. 교사 자신이 어린이들에게 감정적 교수 내용의 한 자료가 될 수 있다. 어린이들이 성공적으로 작업에 몰입할 수 있도록 도울 수 있는 능력 있는 교사들은 일반적으로 스스로 새로운 정보, 새로운 배움에 매력을 느끼므로 어린이들에게 긍정적인 감정과 흥미를 전달할 수 있다. 예를 들면, 어린이들에게 바닷속과 땅속에서 살아가는 생명체의 삶의 이야기와 신비로움을 보여 준다면, 꽃들의 세계를 보여 준다면 경이로움에 대한 감정이 일어날 것이다. 이러한 감정 바이러스들은 몬테소리 교실에서 어린이들 사이에 순간적으로 전파되어 흥분의 도가니 속으로 몰아넣을 것이다. 어린이들의 감정은 무엇보다도 감염에 노출되어 있다. 한 어린이가 울면 동시에 잘 놀던 다른 어린이가 이유도 모르고 울어 버린다. 감정전가가 잘 되는 발달단계에 놓인 것이다. 반대로 교사의 감정 정도에 따라서 어린이들의 감정표현이 이입되고 오염될 수 있다.

뇌를 일반적으로 살아 있고 성장하는 뇌라 하지만 어린이가 필요한 정보만 채우면 완성되는 뇌를 가지고 태어나는 것은 아니다. 최근 뇌 연구로 어린이들이 주변 세상에 대해 어떻게 배우는가를 이해했고, 알아내었고, 배워 가는 방법에 변화를 가져왔다. 뇌를 스캔하면서 연구자들은 살아 있는 뇌 속을 들여다보고, 뇌 구조를 관찰하고, 어떻게 에너지를 사용하는지, 피가 어떻게 순환하는지, 생각을 위해 신경전달물질의 특별한 물질들을 발견하여 어떻게 감지하고 학습하는지를 볼 수 있다. 이러한 놀라운 연구결과로 인해서 부모와 유아교육자들은 어린이들 삶의 과정에서 유아 초기가 얼마나 중요한지를 이해하게 되었다.

우리가 이미 알고 있는 것처럼 인간의 뇌는 태내에서 작은 세포덩어리로 삶을 시작한다. 임신 4주에 이 세포들은 앞으로 살아갈 기능에 따라서 분렬을 시작하여, 뇌 연구자들이 놀랐던 대로 세포들이 들어갈 뇌의 한 부분으로 이동하기 시작한다. 본능적으로 필요할 분량보다 많은 세포를 태내에서 형성한다. 어떤 것은 이동 중에 죽어 버리고 어떤 것은 시냅스라고 부르는 연결망 안에 들어간다. 뇌의 이러한 네트워크 조직은 출산 후에도 지속적으로 발달한다. 영아가 두 살이 될 즈음의 뇌에는 성인이 가진 것과 같은 수의 시냅스가 형성된다.

3살 때는 부모와 교사들보다 두 배 많은 3천 조 이상의 연결망을 형성한다. 인간의 뇌는 아동기와 청소년기를 거쳐서 지속적으로 발달한다. 정확한 판단력, 이성적 사고, 갈등과 충동을 조절하고 존경받을 수 있는 성숙 정도를 담당하는 전두엽 피질은 20세 이후까지 완전히 발달되지 않고 지속적으로 발달한다.

우리가 더 중요하게 생각하여야 하는 것은 인간의 뇌는 절대 성장을 멈추지 않고, 새로운 시냅스와 연결망을 형성하는 능력을 약화시키지 않는다는 것이다. 나이가 들면 생각, 태도, 행동, 관계는 변화가 어렵지만 가능성은 항상 열려 있다. 그러나 생의 첫 3년의 뇌 발달은 특히 중요하다. 어린이가 자신에 대한 판단으로 나는 좋은가, 나쁜가, 할 수 있을까, 하지 못할까, 주변 세상에 대해 이것은 안전할까, 위험스러운가, 해도 되는 걸까 아니면 하면 안 되는 것에 대해서 배우고 결정하고 판단하는 것이 뇌 발달을 활성화시킨다. 듣고, 보고, 냄새 맡고, 만지는 어린이의 감각을 통해서 경험되는 바깥세상은 뇌가 연결망을 만들거나 바꿀 수 있게 한다. 10살 즈음에 어린이의 뇌는 충분히 사용되지 않았던 과도한 시냅스를 없애기 시작한다. 청소년기에는 절반이 없어진다.

뇌가 놀랍도록 유연하고 변화나 부상에 잘 적응할 수 있지만 한편으로는 시각과 언어 발달과 같은 중요한 학습이 있는 성장 초기에는 창문 같은 투명한 것이 있다. 어떤 기능과 관련하여, 뇌의 발달은 기능을 사용하든지 아니면 기능을 멈추게 하는 문제이다. 사회적 기술 발달과 같은 다른 기능과 관련해서는 성인 초기까지 학습이 지속된다. 부모와 교사, 그리고 양육자들은 어린이의 세계를 만들어 주고 어린이는 성장하는 뇌를 형성해 간다. 할로웰(Hallowell M. D.)은 쉽고 창의적인 방법으로 어린이들에게 뇌를 새롭게 이해시키고 인식시킬 수 있다고 말한다(Edward M., Hallowell M. D., 2004).

– 어린이들이 자기 뇌와 친구가 되어 자연 속으로 들어가 산책하기 –

햇살이 따갑게 내리쬐는 기분 좋은 5월의 어느 봄날입니다. 혜영이는 친구들과 놀러 가려고 밖으로 나왔을 때 어디선가 북 치는 소리를 들었어요. 혜영이는 그 북 소리가 신나는 노랫소리라고 생각했었는데 그렇게 생각한 것은 혜영이가 아니라 바로 혜영이의 머릿속에 있는 뇌였어요!

혜영이는 혜영이의 뇌를 똘똘이라고 부르기로 했어요. 똘똘이는 마치 차갑고 희뿌연 구름 덩어리처럼, 눈 덩어리처럼 말랑말랑한 호두처럼 생겼다고 들었어요. 우리 선생님은 항상 자기 뇌와 가장 친한 친구가 되라고 말씀하셨어요. 뇌와 친구가 된다는 것은 무엇을 의미하는 것일까요?

혜영이는 만약에 오늘 자기 머릿속에 있는 똘똘이를 찾지 못한다면 금방 아무것도 모르는 바보가 되어서 멍청이가 될지도 모른다는 생각이 들었어요. 혜영이는 슬프게 자기 뇌에게 다음과 같이 말했지요.

"넌 건강해야 해. 내가 정신을 차리려면 네가 필요하거든!"

그래서 혜영이는 자기 머릿속에 있는 똘똘이와 항상 친한 친구로 지내기로 약속했어요. 그리고 항상 똘똘이가 있는지 없는지 확인했지요. 혜영이는 자기 머릿속에 있는 똘똘이를 찾기 위해 걸어가면서 이야기를 나누었어요. 그리고 혜영이는 아주 조심스럽게 물어봤어요.

"똘똘아! 네가 나를 똑똑하게 만들어 줄 수도 있니? 그러면 참으로 고맙겠어. 나는 훌륭한 몬테소리 교사가 되는 것이 꿈이거든."

똘똘이가 혜영이에게 대답했어요.

"우리와 같이 세상에서 사는 모든 어린이들은 똑똑해! 걱정하지 마! 그러나 모든 어린이들은 다음의 10가지 원칙을 반드시 지켜야 해.

1. 운동을 즐길 것, 2. 규칙적인 생활을 할 것, 3. 항상 즐겁고 감사한 마음을 가질 것, 4. 신선한 음식을 먹을 것, 5. 자기가 원하는 것을 할 것, 6. 부지런할 것, 7. 게으름을 피우지 말 것, 8. 항상 하루에 할 일들을 계획하고 실행할 것, 9. 산책과 숲 활동을 즐길 것, 10. 좋은 생각을 할 것

똘똘이는 게으른 어린이를 제일 싫어해요. 똘똘이는 즉시 혜영이에게 빨간 경고장 카드를 보여 주었어요.
"혜영아! 너는 지금도 이렇게 가만히 있으면 안 돼. 왜냐하면 사람들은 움직이지 않고, 놀려고도 하지 않고 똑똑해지기를 원하거든! 그런 생각은 아주 잘못된 거야.
똘똘이가 혜영이에게 물어보았습니다.
"혜영아 너는 어떤 친구와 놀고 있는데? 혜영아! 모든 뇌들은 즐겁게 놀이하는 것을 아주 좋아하거든. 혜영이의 똘똘이가 지금 놀고 있는 방법은 혜영이만의 특성을 찾고 있다는 것이야."
바로 그때 '엉망'이라는 이름을 가진 뇌가 잠깐 기다리라고 소리를 지르는 거예요.
"난 모든 뇌를 위한 '놀이' '운동'이라는 단어를 만들 거야. 그래서 몇 명의 뇌들이 재미있는 운동을 하면서 모든 뇌를 지배할 수 있을 거야! 시험해 볼까?!"
"자! 이제 규칙을 정해야 해! 뇌를 위해서 최대한 운동을 해야 한다고!!!
어린이들이 무슨 일이든 항상 반대할 때 뇌는 가장 싫어하거든. 똘똘이가 다른 친구 뇌들에게 반대하고 거절하지 못하도록 똘똘이가 좋아하는 단어를 만들 거야. 운동장에서 열심히 뛰어놀기, 산에 오르고 내리기, 음식을 맛있게 먹기, 충분히 잠자기, 조용히 생각하기, 좋은 것만 생각하기, 친구를 도와주기, 규칙을 지키기 등등이야.
친구들아! 정말정말 훌륭한 단어들이야! 정말 정말 똑똑해라는 단어는 뇌가 좋아하고 뇌에게 가장 중요한 단어일 거야. 그래! 참으로 좋은 생각이야. 만약 다른 뇌들이 모두 똘똘이처럼 생각을 한다면, 모든 뇌들도 똑똑해질 수 있거든. 모든 어린이들이 똑똑해질 수 있는 뇌를 가지고 있단 말이야! 그래. 놀라운 일이야! 모든 친구들이 똘똘이처럼 생각을 하지 않는다면 바보처럼 멍청해질 거야!

난 바보가 되는 것이 너무 싫고 무섭단 말이야! 게으른 뇌는 결코 최고가 될 수 없는 것이 눈앞에 보이거든."

뇌들은 혼란스러워 했어요. 맹꽁이 같이 멍청한 뇌들은 '정말정말 똑똑해'라는 단어를 사용한 적도 생각한 적도 없었을 거예요.

오랜 시간 동안 뇌들은 힘겨운 생활을 해 왔습니다. 그리고 어느 날 똘똘이라는 용감한 뇌가 나타나서 멍청이라는 뇌에게 다가 가서 말했지요.

"느림보 거북이 같은 친구야! 넌 아주 게으른 친구야. 놀라운 일이야! 걱정스러워! 이렇게 움직이지도 않고! 그래서 많은 불평들이 생겨났고 사이가 나빴지? 어떠한 뇌도 최고가 될 수 없어! 똘똘이는 똑똑하다는 것을 자랑하기 위해서 너무 부지런하거든. 일찍 일어나고, 산보를 좋아하고, 운동을 즐거워하고……."

똘똘이는 친구들에게 말했어요.

똑똑한 뇌는 내가 만드는 것이라고……. 나처럼 부지런해야 된다고…….

"우리들은 가장 똑똑한 뇌를 만들기 위해서 부지런하고 각자가 가지고 있는 다양한 재능을 탐색하고, 훈련하고, 계발하는 것이 필요해! 모든 뇌들에게 이렇게 말할 수 있거든."

"혜영이는 미끄럼틀을 탈 수도 있고, 밖으로 나가 즐겁게 뛰어놀 수도 있고, 책을 읽을 수도 있고, 달릴 수도 있어! 무엇이든 혜영이가 직접 한다면 나는 즐거워할 거야."

이로 인해서 정말 많은 불평들이 생겨났지요. '똑똑한 뇌들도 놀 때가 있구나' 하고……. 뇌들은 노는 것이 나쁘다고 생각했어요. 참 슬프고 무식한 말이지요?

"멍청이 뇌야! 네가 잘못 생각한 거야!"

똘똘이가 말했어요.

"내가 설명해 줄게. 어떻게든 너의 뇌를 사용하는 것이 아주 중요해. 새로운 옷을 입고 즐거워한다든지, 교구를 가지고 새로운 작업을 한다든지, 맛있는 요리를 해 본다든지, 음식을 맛있게 먹는다든지……. 아니면 우리가 좋아하는 퍼즐 놀이를 해 보는 것은 어떨까? 무엇이든 최선을 다한다면 너는 차츰차츰 똑똑해질 거야!"

"똘똘아! 그러니까 똑똑해지는 것은 문제가 없다는 거야?"

큰 눈을 가지고 움츠리고 수줍어하는 것을 좋아하는 멍청이 뇌가 겁에 질린 채 말했어요.

"나도 똘똘이와 친구가 되고 싶거든."

똘똘이가 다시 멍청이 뇌에게 대답했지요.

"우리들은 얼마든지 똑똑해질 수 있는 가능성을 가지고 있기 때문에 움츠리고 수줍어 할 필요가 없거든! 우리들은 똑똑하고 용감하게 살아가기 위해서 가능한 한 많이 움직이고, 생각하고, 경험하고, 탐색할 수 있도록 노력해야 해야 해! 모든 뇌들아! 네 주인이 가장 잘하고 좋아하는 것이 무엇이든, 어떤 것이든 찾아줘야 해. 교구작업하기, 친구와 게임하기, 산보하기, 수영장 가기. 그러면 너는 하루하루가 즐거울 거야! 우리들이 움직이고 운동을 할 때 최고로 즐거워하면서 우리 주인들을 도와주거든."

용감한 똘똘이는 늘 불평하는 멍청이 뇌에게 말했어요.

"조용히 해 봐, 멍청아! 너는 너 스스로 바보로 만들었거든. 똑똑한 뇌가 되려면 늘 부지런해야 한다고! 그래야만 원에서 용감한 소년, 소녀가 될 수 있어. 그럼 다른 모든 멍청이 뇌들을 움직일 수 있으니까!"

혜영이는 자신의 똘똘이에게 즐겁게 웃으면서 말했지요.

"나의 뇌야! 나를 여기까지 안내해 주어서 정말 고마워. 다른 사람들의 뇌도 자기가 원하는 모든 일들을 도와줄 거야. 네가 나에게 말해 준 것을 늘 생각하면서 똑똑한 뇌가 되도록 최선을 다해서 노력할게. 나도 나의 뇌와 친해지도록 항상 함께 생활할 거야. 나는 나의 뇌를 가장 친한 친구로 만들 거야. 나의 뇌야! 내가 원하는 것을 할 수 있도록 항상 곁에서 도와줘."

더 이상 보이지 않는 똘똘이는 혜영이에게 외쳤어요.

"우리 친구들의 뇌는 똑같지 않아. 똘똘이가 모든 면에서 최고는 될 수 없어! 모든 뇌는 자기에게 맞는 최고의 재능을 가지고 태어나거든. 그래서 모든 뇌들은 자기들만의 길을 찾으려고 최선을 다해 노력하거든! 혜영이의 정체성은 바로 똘똘이 뇌가 만들어 주거든. 최고의 뇌가 중요한 것이 아니야. 나의 능력을 찾아 주는 뇌! 나의 능력을 발달시켜 주는 뇌! 그런 뇌가 아주 훌륭한 뇌야."

나는 뇌와 산책하면서 나의 뇌에 대해서 많이 알게 되었어요.

부모와 교사들에게 도움이 되는 뇌 이야기들을 들어 볼 수 있다.

부모와 교사들은 어린이들에게 뇌가 멋있고 신비로운 사실들을 가르쳐 주기를 원한다. 모든 뇌들이 모르는 것이 있다는 것도 흥미롭고, 한편으로 상상을 초월하는 뇌는 창조적 작업으로 노벨상을 탈 수 있는 살아 있는 기계이다. 왜냐하면 모든 뇌들은 아주 복잡하지만 각자 담당하고 있는 기능과 방법이 다르기 때문이다.

의학적인 측면에서도 모든 어린이의 뇌는 자기들만의 능력을 가진다. 인간의 뇌는 태어나기 전 태내에서부터 발달하고 성장할 준비를 완벽하게 한다. 유아교육기관에서 신비한 인간의 뇌 능력을 어린이들의 교육과 연결 지어 학습하기 시작한 것은 최근의 일이다. 어린이들을 교육하는 교육자들은 그들의 내적 능력을 신뢰하지 않고, 주변 사람들의 이야기만을 믿고 시대의 흐름과 유능한 학습결과에 관심을 가지게 된다. 각자 다른 뇌의 능력을 인정하지 않으려 한다.

건강한 인성발달! 우리 자녀의 특성과는 상관없이 모두가 똑똑한 자식만을 원한다. 대부분의 부모들이 뇌의 능력이 부족하더라도 똑똑한 것을 위한 선택을 원한다. 똑똑한 자녀의 뇌가 아니라 할지라도 모든 뇌들은 재능, 능력, 태도, 그리고 열정과 도전하려는 욕구를 충분히 가지고 있다. 부모와 교사들의 초점은 각각 다른 뇌의 기능에 맞추어져야 한다. 우리는 가지고 태어난 뇌의 능력을 일생 동안 다 활용하지 못하고 죽어 간다. 일생 동안 뇌와 친한 친구가 되어 자신의 능력과 특성을 뇌에게 전달하여 뇌의 능력을 최대한 발휘해 줄 수 있도록 뇌를 활용하여야 한다. 부모나 교사는 능력 있는 유능한 안내자·동반자가 되어 어린이들의 정체성을 찾아 주는 것을 도와주고, 최상의 상태로 어린이들이 긍정적이고 신바람 나고 그로 인해서 정상화에 도달할 수 있게 안내해 주는 등대지기가 되어야 한다.

세상의 모든 부모와 교사가 모든 어린들에게 적합한 안내와 격려와 열정이 있으면, 어린이들은 최대한 자기 재능을 발현할 가능성을 가질 것이다. 최악의 상황으로 우리 어린이가 학습장애나 주의력결핍 또는 과잉행동장애라 할지라도 그들은 그들 나름대로의 천성과 본능을 가지고 태어난 창조물임을 기억해야 한다. 비록 발달이 지연되고 늦는다 해도 그들만의 인격과 발달설계도를 가지고 태어났기 때문이다.

성공한 사람들이나 천재들이 태어날 때부터 뛰어났던 것이 아니다. 모든 어린이는 자기들만의 재능과 특별한 기술을 가지고 있다. 부모가 자녀들의 뇌에서 특별한 능력을 찾을 수 있도록 도와줄 때 그들이 즐겁고 행복한 삶을 살아갈 수 있다. 가장 일반적인 공통점은 어린이들은 스스로 자신의 재능을 발견하고 계발하는 방법을 알고 있지 않다는 것이다. 적어도 준비된 환경이 제공되어야 한다. 어린이들이 어떠한 일을 못하여 오류를 범하는 것은 바보 같은 행동이 아니라 평범하고 특별하지 않은 행동이라고 말할 수 있다. 몬테소리는 어린이 스스로가 자신의 삶을 행복하게 만들고 생산적으로 주도하는 열정과 기술과 삶의 설계도를 갖고 영적 태아로 태어난 영적 존재라고 말한다.

모든 어린이들은 자신만의 재능과 열정을 통해 자신의 삶을 재미있고 행복하게 발달시킬 수 있다. 우리가 어린이들을 관찰해 보면 그들의 재능과 열정은 작업과 놀이과정에서 찾을 수 있다. 어린이들은 자신들이 좋아하는 활동을 하면서 두뇌를 활용한다. 어린이들은 반복활동을 통해 연습하고 그로 인해 숙달된다.

어린이들은 반복활동을 통해서 훌륭한 습관을 만들어 가고, 훌륭한 습관은 자동교육을 이끌어 낸다. 그렇기 때문에 반복은 단순한 활동이 아니라 숙달될 때까지 열심히 학습하는 과정이다. 반복활동을 통해 원하는 만큼 할 수 있다는 자신감과 열정을 가질 수 있는 것이다. 뇌가 하는 일에 대한 수많은 목록을 어린이들이 만들 수 있도록 도와줄 수 있다.

어린이들이 친구와 헤어진 후에 일어난 다음의 일상적인 이야기를 뇌와 연결시킬 수 있다. 친구와 헤어진 다음 집에 가서 저녁을 먹을 것이고, 음식 맛에 대해서 이야기할 것이고, 맛있게 다 먹었다고 이야기할 것이고, 낱말들을 배울 것이고, 친구와 숫자 놀이한 것에 대해 이야기할 것이고, 게임에 대해 이야기할 것이고, 행복을 느끼고, 슬퍼하고, 엄마에게 원하는 것을 말하는 방법을 알아낼 것이며 새로운 친구를 사귀기도 할 것이다. 이러한 생각과 기능을 위해서 뇌가 아주 중요한 이유는 이 모든 것을 관장하기 때문이다.

이제 자녀 또는 어린이들에게 다음과 같이 질문해 보자. "똘똘이가 다른 친구들에게 말하는 뇌에 대한 것은 어떤 것인가?" 어린이들이 질문에 대해 대답할 때 과학적으로 똑똑하다는 것만이 중요한 것이 아님이 증명되었다고 어린이들에게 말해 주어야 한다. "무엇을 할 때 똑똑한가?" 또는 "무엇을 잘하는가?"라는 질문을 할 수 있다. 그러나 어린이들은 자기가 어떤 일을 잘하고 똑똑하다는 생각을 하지 않는다. 어린이들이 처음 실수했을 때 약간의 격려와 용기, 그리고 연습으로 보다 더 잘할 수 있는 용기를 주는 것이 중요하다. 어린이들이 자전거를 처음 배울 때 여러 번 넘어지지 않고 떨어지지 않고 배울 수 없으며, 책을 서점에서 만지고, 보고, 고르지 않고는 책을 읽을 수 없으며, 작업을 할 때 교구를 가지고 여러 번 오류를 범해야 정상화로 진화할 수 있는 기회가 온다는 사실을 기억해야 한다.

부모와 교사들은 어린이들에게 뇌를 활용할 수 있을 만큼 활용하는 것이 뇌 발달에 가장 중요하다는 것을 알려 주어야 한다. 어린이들은 할 수 있는 최선을 다해 뇌와 함께 놀아 주면서 활용하여야 한다. 작업 중에서 특별한 몇몇 활동들은 다른 활동들보다 훨씬 더 많이 뇌를 활용한다. 뇌 활동에 특별히 도움을 주지 못하는 활동은 TV를 오랜 시간 동안 시청하는 것, 비디오 게임, 반복활동, 단순작업과 같은 것들이다.

뇌 활동에 많은 영향력을 주는 것은 놀이활동, 책 읽기, 새로운 창조 작업, 자기가 원하는 활동하기, 잠재력을 밖으로 이끌어 내기, 퍼즐게임, 이야기 나누기, 자신의 소질을 찾아보기, 어려운 문제를 스스로 해결하여 자기만의 방법 찾기, 함께 생각하기, '왜일까?'라는 질문에 대답해 보기 등이 있다.

부모와 교사들이 위와 같은 활동들을 할 수 있는 환경을 제공해 준다면 어린이들의 뇌는 재능을 계발하기 시작할 것이다. 뇌는 새로운 무엇인가 배울 수 있는 능력을 가지고 있다. 우리의 뇌는 활동하고 놀이하는 것을 무척 좋아한다. 우리의 뇌는 매일 즐겁게 놀이를 하고 있을 때 가장 많이 활동한다.

놀이를 하는 것은 새로운 활동을 하는 것, 반복을 통해 연습하는 것, 실수할 수 있다는 사실에 두려움을 느끼지 않는 것을 포함하고 있다. 놀이의 분위기, 새로운 흥미, 재능, 그리고 기술은 최상의 환경에서 뇌를 성장하도록 만든다. 어린이들의 흥미, 잠재적인 재능, 그리고 발달하는 기술에 적합하게 질문하며 도와줄 수 있다.

- 똘똘이가 가장 좋아하는 활동은 무엇일까?
  부모와 교사들은 모든 대답을 수용하여야 한다. 이러한 질문의 목표는 어린이들이 좋아하는 활동 목록을 작성해 보는 것이다. 작성한 목록 속에서 그들의 재능을 발견해 본다. 그러면 부모들은 자녀들의 재능을 발견하여 밖으로 이끌어 내어 발전시킬 수 있을 것이다.
- 똘똘이가 가장 힘들었던 시간은 어떤 것을 할 때였을까?
  부모와 교사들은 어린이들의 모든 대답을 긍정적으로 수용하여야 한다. 이 질문을 통해 힘들었던 시간과 일의 목록을 작성해 본다. 목록을 작성해 보는 작업을 통해 정체성을 찾을 수 있으며, 모든 어린이들이 희망하는 사항들과 갈구하는 무엇인가를 찾을 수 있다. 모든 어린이들이 처음부터 똑똑하고 다 잘하고 유능한 것은 아니다.
- 모사들은 어린이들에게 "너의 뇌를 어떻게 돌보고 있는가?"라고 물어볼 수 있다.
  뇌는 매우 활동적이지만 돌보아야 할 필요가 있다. 다음과 같은 사항들을 자녀들에게 이야기해 주는 것도 바람직하다. 긍정적인 생각을 가진 사람들과 자주 만나는 것이 좋다. 뇌는 웃거나 타인이 자신과 함께 웃고 있을 때를 좋아하며, 자기가 누군가를 좋아한다고 이야기하거나, 다른 친구가 자신을 좋아한다고 말할 때를 좋아한다. 매일 우리 친구들이 할 수 있는 만큼 칭찬하거나 칭찬을 받는 것이 매우 중요하다.
- 여러 가지 다양한 질문을 해 보기
  어린이들은 어떤 것을 이해할 수 없을 때, 설명해 달라고 말한다. 다양한 질문은 뇌를 움직여 활성화한다.

- 두려워하지 말기

  무엇인가 배우는 데 있어서 가장 위험한 것은 두려운 마음을 가진다는 것이다. 만약 어린이가 질문하는 것에 대해 두려움을 느낀다면 교사와 부모님에게 개인적으로 도움을 청하여 두려움을 없애는 데 큰 도움을 얻을 수 있는 기회를 만들어 주어야 한다.

- 어린이들이 어디에 있는지, 몇 시간이 지나는지를 모를 만큼 아주 재미있게 시간을 보내면서 좋아하는 것 찾기

  몰입의 단계는 자기 스스로에게 빨려 들어가는 상태이다. 어린이들은 이러한 상태일 때, 가장 행복하다고 느끼며, 뇌 또한 대단히 만족한다. 어린이들이 집중하는 순간과 시간을 맞이할 수 있다면 적어도 하루에 몇 분 동안은 몰입 상태에 머무를 수 있도록 노력해야 한다.

- 좋은 것만 보기, 긍정적인 생각을 가지기, 즐겁게 살려고 노력하기, 친구들과 어울리기

  이러한 낙천적인 성격은 학습과 노력에 의해서 얻어지는 것으로 유전적으로, DNA로 물려받는 것이 아니다. 그러므로 좋은 것을 많이 보고, 좋은 생각을 하도록 노력해야 한다.

- 조용한 침묵 영역에서 평화로운 생각을 하면서, 깊은 숨과 호흡을 들이마시고 내쉬면서 뇌에게 긍정적인 메시지를 보내야 한다.

  어린이들도 자기들만의 시간을 가지기 원한다. 주변의 모든 소음을 차단하고 조용하게 앉아서 명상하거나 요가 등을 통하여 생각을 할 수 있는 시간을 제공하는 것이다.

- 균형 잡힌 식단으로 골고루 식사하기

  영양가가 낮은 음식이 아닌 신선한 음식을 즐겨 먹고, 다양한 영양을 섭취해야 한다. 어린이들의 뇌는 자기가 섭취한 영양가들이 모두 골고루 공급한다는 것을 생각해야 한다. 뇌는 기본적인 영양분을 공급받아야 스스로 활성화된다.

- 충분히 잠자기

충분히 수면을 취한다는 것은 어린이들이 알람시계 없이 스스로 일어날 수 있는 것을 의미한다. 충분히 잠잘 수 있을 때는 잠자는 시간과 일어나는 시간에 대한 규칙을 훈련할 수 있다.

- 손 운동을 많이 하기

우리들의 손은 제일 빠른 속도로 뇌에 자극을 전달하기 때문에 손을 많이 사용하면 뇌는 부지런하게 반응한다. REM수면 시 해마(Hippocampus)의 전위 차이를 높여서 기억기능을 촉진시킨다.

- 신체적인 몸 운동하기

대부분의 사람들이 간과하는 것인데, 운동은 뇌에 정말 좋은 보약이고 특효약이다. 운동을 통해 뇌는 모든 것에 대한 집중력, 잡다한 생각과 걱정을 피하고 행복감을 느낄 수 있다. 어린이들에게 운동은 성공과 행복한 삶을 위한 중요한 열쇠이다. '어리석음, 바보, 싫어, 짜증나, 쉬고 싶어'와 같이 부정적인 단어들은 잠시 옆에 내려놓고 뇌에게 특별하고 신기한 메시지를 주는 가장 좋아하는 방법을 찾는 거대한 모험을 시작하여야 한다. 어린이들의 뇌는 그들이 살아가는 동안 이러한 모험을 즐기고 지속할 것이다.

4. 몬테소리 교실에서 삶의 의미와 관련된 내용

몬테소리 교실에서 어린이들에게 우주교육 영역 혹은 문화교육 영역을 가르치는 것은 단순히 우주의 역사만을 가르치는 것이 아니라 새롭고 의미 있는 수준에 이르도록 안내하는 것이다. 생명체, 식물들과 동물들의 세계, 역사, 지리학, 생물학, 물리학, 과학 원리를 가르칠 때, 이 모든 것은 우주와 나와의 관계, 우주와 다른 생명체들의 관계, 우주 속에서 나의 역할과 위치를 이해시키기 위한 전 단계의 학습으로 우리들의 삶과 밀접한 관계를 가지게 된다. 우주교육과 관련된 질문인 "나는 누구인가? 나는 어디에서 왔는가? 나는 왜 지금 여기에 있는가?" 등의 질문은 우리들의 삶과 직접적으로 연관되어 인간의 정체성을 만들어 간다. 위의 질문들은 지극히 개인적인 동시에 인간들이 살아가는 사명감, 조건, 존재 이유에 대해서 성찰할 수 있는 생(生)-철학이다.

수 영역도 마찬가지다. 우리들의 세계는 전부 수학적 세계다. 그리스의 아테네 신전에 왜 "기하학을 모르면 이 신전에 들어갈 수 없다"라고 새겨져 있을까? 생각할 수 있는 글이다. 몬테소리 교실에서 배운 기하도형은 모두 우리들의 삶과 연결되어있다. 책상이 직사각형이고, 건물이 정사각형이다. 거리에 있는 간판, 차 번호, 건물 층수 등 수학과 연결되어 우리들의 삶을 편리하게 만들어 준다. 기하학이란 용어인 Geometrica에서 Geo는 땅을 의미하고 Metrica는 재다, 측정하다를 의미한다. 기하학 용어가 원래 이집트 농부들의 땅을 분할하기 위한 방법에서 유래한 것이다(Montessori M. Psicogeometrica, 2012). 그래서 수학을 연구하는 학자들은 수학이 철학이고 논리학이라고 말한다.

어린이들에게 이러한 질문의 답을 직접적으로 주는 것은 아무런 의미를 가지지 못한다. 어린이들에게 의미 있는 것은 이러한 질문을 통해서 우주적 질서에 참여하도록 안내하는 것이다. 몬테소리가 말하는 우주 자체가 어린이들의 환경이라면 몬테소리 교실에서 자기의 위치와 역할을 실천하도록 안내해 주고, 교실 안에서 정체성을 찾아가도록 안내해 주는 것이다.

핑크가 언급하고 있는 내용(Content)은 하나의 목적과 의미를 포함하여야 한다는 결론과 일치되는 부분이다. 그러므로 학습내용은 어린이 학습자가 자기 자신을 훨씬 더 중요하고 존귀한 어떤 것의 일부로 생각하도록 도와야 한다. 어린이들이 우주적 사명감에 동참하도록 만드는 것이다(Pink D., 2009, 김주환 옮김, 2011).

우주교육에 대한 원리에서 나의 정체성은 무엇, 누구이고, 나의 조상은 누구이고, 우주의 창조자는 누구이고, 나는 지금 교실에서 무엇을 하면서 나의 사명감을 완성하려고 노력하는가에 대한 이해 단계에 도달하면, 어린이들에게 내재적 동기부여를 이끌어 내기 위해서 교사가 교육방법으로 하나하나 고립된 사실을 가르치기보다는 어린이들의 실제 삶에서 의미를 찾는 것과 관계가 있어야만 한다.

몬테소리는 우주이야기에 대한 총체적이고, 포괄적이고, 일관성 있는 서술에 확실한 이해와 설득력 없이는 의미 없는 사실을 가르치는 것이 된다고 말한다(조성자 저, 2010). 사실 저자도 몬테소리를 연구한 지 수십 년이 지난 최근에서야 몬테소리의 우주교육이 왜 그녀의 철학의 주춧돌이고, 그녀의 학문을 대신하고, 그녀의 철학을 총체적으로 이끌어 가는 중심인가를 이해하기에 이르렀다. 몬테소리의 학습 동기의 궁극적인 근원 혹은 뿌리는 그녀의 우주교육이 중심이 될 때 개념적 설명이 가능해지는 것이다.

만약에 몬테소리 교실에서 제한된 범위의 특별한 주제를 가지고 교육하고 암기할 수 있게 하기 위해서 어떤 조그마한 지식을 예를 들어서 세부적으로 전달하는 방향으로 정한다면 에너지와 호기심이 풍부한 어린이들의 마음을 자극하고 흥미와 관심을 이끌어 낼 수 있겠는가?

몬테소리는 우주 개념이 어린이들의 발달 수준에 맞도록 적절한 방식으로 흥미롭게 제시된다면, 어린이들의 관심을 유발시키는 것 이상이 될 것이다. 어린이들이 그들 내면에서 '아하! 아하!' 하는 감탄, 경이로움, 놀라움, 신기함은 어떤 흥미로운 것보다도 더 고차원적인 만족스러운 감정을 이끌어 낼 수 있기 때문이다.

이러한 현상과 상황에 도달한 어린이들의 정신은 더 이상 무질서하지 않고 몬테소리 교실에서 자기의 위치와 역할을 수행하면서 자기가 알게 된 새로운 지식을 조직화하고 체계적으로 확장해 간다. 어린이들의 흥미는 이러한 학습과정에서 모든 것이 모든 것과 연결되어 있고 그들의 정신 속에 강하게 인지되어 있기 때문에 모든 것과 모든 것이 서로 연결되어 모든 영역으로 확산된다. 몬테소리가 우주교육에서 언급하고 있는 별, 흙, 돌, 모든 종류의 생명체는 서로서로 관련되어 하나의 전체를 형성한다는 이론은 어린이들이 자연스럽게 이해할 수 있는 단계에 도달한다(조성자 옮김, 2000 b).

이러한 모든 것과 모든 것의 전-관계는 너무 밀접하게 하나로 통합되어 있기 때문에 우주교육의 이해 없이는 무 생명체와 생명체의 조화로운 연결 하나하나를 이해할 수 없게 될 것이다. 어린이들이 무엇을 만지든, 무엇을 알려고 하든 신기한 우주에 대한 기본적인 지식 없이 설명할 수 없다.

몬테소리는 어린이들을 위한 우주교육의 목적과 결과가 새로운 어린이로 거듭나는 완전히 탈바꿈할 수 있는 에너지를 가지게 될 것이라고 확신하였다. 그녀가 말하는 새로운 어린이란, 모든 인간과 다른 생명체, 그리고 우주 자체와 그들의 이루어 낼 근본적인 통일성을 의미한다.

몬테소리는 장엄한 역사 속에서 시간과 공간을 초월하여 모든 인간과 협력하여 하나가 되는 통일성에 대한 이론은 인간의 연대기인 인간 역사에 대한 이야기, 인간 삶에 대한 이야기, 문명에 대한 이야기를, 좀 더 구체적으로 언급하자면 인간의 의식주와 같은 기본적인 욕구를 가르치는 수업 재료가 될 수 있다.

몬테소리 교실에서 우리나라 이야기, 다른 나라 이야기, 다른 나라 음식 알기, 다른 나라 의상 알기, 다문화 알아가기, 더 나아가 인도인들의 이야기, 잉카 문명의 이야기를 한다면, 이러한 수업의 근본적인 목적은 모든 인간은 근본적으로 같은 욕구, 같은 마음을 공유하고 살아가지만 각자 자기의 문화를 가지고 살아간다는 것을 알려 주는 것이다.

한편, 몬테소리는 우주교육이 결과적으로 세계평화를 위한 주춧돌을 마련할 것을 희망하였다(Montessori 1950, 조성자 옮김, 1991). 선구적인 생각이었지만 이러한 희망은 바로 오늘날 교육의 가장 의미 있는 목적이 될 수 있을 것이다. 그녀는 이미 1934년부터 '어린이들을 위한 평화의 무기는 교육이다'라는 내용으로 유럽을 돌아다니면서 강의하였다. 그리고 세계가 단일 국가가 되어야만 평화를 유지할 수 있다고 확신하였다.

공룡의 삶을 통해서 동물의 생체기능의 진화과정에서 생명연대에 이르는 모든 종류의 생명체에 대한 연구는 모든 생명체가 서로 관련되어 있다는 결론을 내렸다. 그러나 현재 가장 중요한 이슈는 우주교육에서 우주 생태학으로 전환을 시도하여야 한다는 것이다. 이러한 새로운 의식수준은 지금 우주가 인간의 남용으로 너무 아파서 우리들에게 너무 간절하게 요구하는 새로운 패러다임으로 생태치료에 관심을 가지도록 우리들을 재촉하고 있다. 인간의 자연과 문화의 남용으로 자존보호 능력이 파괴되었기 때문에 인간이 다시 자연을 사랑해 주어야 할 시기가 온 것이다. 자연은 인간의 사랑을 간절히 원하고 있다.

몬테소리 교실에서 생태계의 요청과 위험한 상황을 의식하고 그 중요성을 어린이들에게 진심으로 호소하고 전달한다면 어린이들이 더 아름답고 건강한 세상을 만드는 방법을 배우고 이끌어 가기 위해 내재적으로 동기부여가 될 수 있을 것이다.

몬테소리 교실에서 가르치는 내용은 어린이들의 내재적 동기를 이끌어 낼 수 있는 기회를 제공하여야 한다. 몬테소리 교실에서 가르치는 모든 학습내용은 어린이들의 실제 활동과 삶 사이에 연관성이 있어야 한다. 어린이 개인적으로 의미 있거나 발달의 한 수단으로서 그들을 감정적으로 감동시키는 것, 우주 전체 그림의 한 부분으로서, 그리고 어린이들의 삶 자체에 의미를 부여하여야 하다.

어린이들이 작업에 몰입하여 즐거움을 느끼며 그들이 내재적으로 동기부여를 받기 원한다면 수업에서 모든 어린이들의 요구를 충족시키는 방법으로 교사들은 "So What?"의 질문에 정중하고 진실하게 답을 주어야 한다.

IV. 몬테소리 교실에서 필요한 협력관계

1. 시너지 효과의 비밀이란 무엇인가?

우리들이 일반적으로 언급하는 협력이 우리에게 가져다주는 시너지 효과란 무엇인가? 또한 몬테소리 교실에서 협력관계가 어떻게, 왜 어린이들의 내재적 동기부여에 시너지 효과를 가져오는가? 이러한 질문의 답을 생각하면서 협력에 관한 의미를 이해하여야 한다. 수라 하트(Sura Hart)와 빅토리아 킨들러 호드슨(Victoria Kindle Hodson)은 부모와 자녀 사이의 협력관계는 일방적인 짝사랑이 아니라 서로가 주고받는 나눔의 관계라고 말한다(Sura Hart and Victoria Kindle Hodson, 2006). 부모들은 자녀들과 주고받는 관계로서의 협력을 생각하지 않고 자기가 원하는 것만을 생각할 뿐만 아니라 원하는 것을 행동으로 옮기지 않을 때 상대방에게 비협력적이라고 말한다. 교사도 마찬가지로 어린이들과 협력관계가 유지되지 않으면 비방하고 비난하고 잘못으로 인식하며, 잘못된 행동이라고 생각하게 된다.

협력은 무엇을 의미할까? 협력에서 '협(協)'은 공동을 의미하는 것으로서 공동작업, 공동 창작자, 공동 활동, 공동 저자처럼 함께한다는 의미다. '력(力)'은 일한다는 의미다. 다시 말하자면 협력은 함께 더불어 살아가고 함께 일하는 것을 의미한다. 협력은 명령하는 것이 아니라 존중하는 것이다. 서로가 상호적인 문제해결과 의사결정뿐만 아니라 어린이들의 인생에 영향을 미치는 규칙, 질서, 계획, 책임감들에 관해 함께 동의하여 하나의 결과를 산출해 내는 것이다.

우리들이 흔히 하는 말로 혼자 걸어가면 빨리 갈 수 있지만 함께 걸어가면 더 멀리 갈 수 있고, 혼자보다는 다른 사람들과 함께 있을 때 현명한 지혜를 이끌어 낼 수 있다고 말한다. 수라와 호드슨은 협력의 7가지 열쇠에 대해서 설명하고 있다 (Sura Hart and Victoria Kindle Hodson, 2006).

- 열쇠 1. 목적이 있는 부모
- 열쇠 2. 모든 행동 뒤에 숨겨진 필요를 보기
- 열쇠 3. 안전, 신뢰, 소속감 창조하기
- 열쇠 4. 주기를 격려하기
- 열쇠 5. 존경하는 말 사용하기
- 열쇠 6. 함께 배워 가기
- 열쇠 7. 가정을 잘못이 없는 영역으로 만들기

이러한 7가지 열쇠를 부모와 자녀 사이의 훌륭한 협력관계를 열고 잠글 수 있는 열쇠로 사용한다면 서로를 존중하는 관계로 만들어 갈 것이다. 교육 전문가들은 내재적 동기를 유발하는 중요한 열쇠가 협력이라고 주장한다. 아이슬러는 21세기의 교육의 마지막 목적은 협력이라고 단호하게 말한다. 콘은 협력이라는 명제하에 오늘날 교육에서 가장 흥미로운 현상은 교육의 나아갈 길은 협력교육이라는 전제하에 어린이들을 둘씩 짝짓거나 소그룹으로 구성하여 작업한다는 것이다. 이러한 작업 형태는 이미 몬테소리 교실의 전체적인 환경이다. 물론 연구 결과 조직과 환경구성이 잘된 그룹에 참여하여 작업하는 어린이들이 자기 스스로 독립적으로 활동하고 또래 친구들과 긍정적 사회적 관계를 이루어 가고 작업과정에서 긍정적이고 정서적으로 안정된 상태를 유지한다고 보고한다.

몬테소리 교실은 1907년 이후, 어린이집과 유치원에서 교실 환경 자체를 개인 활동과 그룹 활동으로 분리 구성하여 공동 협력하는 방향으로 나아가고 있다. 특히 혼합연령반 구성이 바로 위와 아래의 협력관계를 강조한다. 콘이나 핑크가 지적한 중요한 것은 협력관계로 인한 긍정적이고 안정된 감정이 내재적 동기유발을 일으키는 절대적 요소라는 것이다.

이러한 협력관계는 단지 유아에게만 제한하는 것이 아니라 모든 교육 단계의 필수적인 요소이다. 수라와 하디슨도 부모-자녀 사이의 관계에 초점을 맞추고 있다(조성자 저, 2012 b). 그들은 협력이 왜 필요한지에 대해서 다음과 같이 말하고 있다.

첫째, 협력을 생존수단으로 본다. 협력은 모든 공동체나 특히 부모들에게 하나의 목적으로서 협력하는 방법에 대한 기술을 개발할 것을 요구한다. 협력은 단지 인간만이 아니라 지구촌에 있는 모든 생명체들이 배워야 하는데 원시적일수록 협력관계는 발달되어 있고 지적 동물일수록 이기적인 삶을 살아간다. 현대 지구촌은 모든 분야에 단일화를 요구하면서 세계 공동체를 만들려고 노력한다. 이러한 글로벌 세계 속에서 생존하고 성공적인 삶을 누리고 창조적 인간으로 살아가기 위해서는 협력의 장점을 배워서 세계평화 유지에 한걸음 더 가까이 다가가 적극적인 공동 협력자가 되어야 한다.

둘째, 생존방법으로서 협력이다. 생존방법으로 모든 생물체들은 진화하는 과정에서 자연스럽게 협력하면서 살아가는 방법을 터득하게 되었다. 생태계의 위기로 자원을 재활용하면서 상호의존적으로 살아야 한다는 주장으로 모든 생산물과 서비스들은 모든 생명체들이 건강하게 유지될 수 있도록 공동 분배되었을 때 공동으로 생존을 이어가는 것이다. 세계에 위기가 닥칠 때마다 세계의 매체들은 도움과 협력을 요구한 메시지를 보낸다. 생존에 위험이 닥치면 공동체의 협력이 인간을, 사회를, 어려움을 하나로 묶어 해결하고 극복하도록 돕는다. 협력의 힘은 대단히 놀라운 삶의 에너지를 만들어 준다.

셋째, 협력은 우리의 유전자에 있다. 협력관계는 모든 생명체가 생존하고 번창하는 데 필수조건이 된다. 태아는 어머니의 태내에서 서로 협력하면서 공존의 삶을 시작한다. 어머니와 공생시기 동안 협력의 유전자를 받아들인 것이다. 인간들은 서로에게 무엇인가를 나누어 줄 수 있을 때 자연적으로 우리 몸속에 엔돌핀이 생성되고, 기쁜 감정을 포함하는 생체자기제어 시스템을 부여받는다고 한다(Sura Hart and Victoria Kindle Hodson, 2006).

즐거운 감정들은 우리들에게 지속적으로 나눔에 대한 영성을 가르치고, 나눔을 통해서 부족한 사람들의 생존에 기여하고 더 나아가서는 지구상에 공존하는 모든 사람들에게 더 큰 행복을 향한 진화에까지도 동기부여를 하게 된다. 인간들은 사회적 생명체이고, 인간들의 생존과 행복은 아주 미묘하고 복잡하게 다른 생명체들과 연관되어 생존하기 때문에 인간에게 협력은 당연한 것이다.

몬테소리 교실에서 교사-어린이-친구들 사이에 서로의 행복과 안녕을 위해 서로 협력하려는 원동력은 어린이들의 본능에 기초하고 있다. 상호의존은 가장 기본적인 자연법칙이라 할 수 있다. 모든 생명체들이 상호 교류하면서 전-관계를 유지하는 데 절대적인 것이 협력이고, 생존하는 사회적 생명체들은 지위의 높고 낮음을 막론하고 작은 미생물까지도 협력의 유전인자를 가지고 있다. 생명체들의 협력관계는 종교, 국제 법, 교육 등 모든 것에 적용된다. 그러므로 협력은 상호적 행복을 위해 타인들과 영향력을 함께 공유하면서 사용하는 것이다.

중요한 것은 협력이 내재적 동기와 분리된 별개의 것이 아니라는 것이다. 몬테소리 교실에서 동기를 강화하는 방법으로 어린이들의 사회적 성향을 강화하는 중심 역할을 분명히 하고 있다. 몬테소리 교실에서 3단계 교수방법, 개별 활동, 소그룹 활동, 대그룹 활동에서 자유작업, 관찰한 내용을 근거로 환경을 새롭게 디자인하고, 이야기 나눔 시간을 통해서 내재적 동기를 강화할 수 있다.

릴라드는 저서에서 협력에 대한 중요성을 강조한다. 몬테소리 교육을 받는 어린이들은 작업과정에서 학습 능력이 증가할 수 있는 가능성을 가진다. 이러한 현상은 혼합연령으로 이루어지는 수업활동이 협력을 통해서 나이 많은 친구들의 행동을 모방하기 때문이다. 그녀는 다른 측면에서 또래 어린이들과의 교수활동과 환경구성 안에서 협력관계가 증진되는 것을 관찰하였다고 한다(Lillard A. S. 2005). 이러한 이론들은 피아제와 비고츠키가 연구한 모든 학습과정에서 또래집단이 매우 중요한 역할을 한다는 주장과 일치하는 부분들이다.

학습과정에서 또래집단의 협력관계가 아주 중요하다고 주장한 피아제는 그 이유로 어린이들이 각자의 서로 다른 의견을 주장함으로써, 어린이들 사이에 불균형 상태를 초래하기 때문이라고 한다. 어린이들에게 이러한 불균형 상태가 중요한 이유는 정신 발달은 어린이들이 이러한 불균형 상태를 해결하기 위해 혹은 친구들이 마음을 바꾸거나 전혀 다른 새로운 의견을 수용하고, 그 의견이 기존에 자신의 의견과 결합할 때 이루어지기 때문이다. 이러한 이유로 또래집단에서 일어나는 협력관계는 발달에 있어서 중요한 자동차의 엔진 역할을 한다(Lillard A. S., 2005).

어린이들에게 개인학습보다 협동학습의 효과가 더 높게 나타나는 이유로 더 능숙하고 지적능력이 강한 어린이를 모방하는 행위, 모든 의견을 공유하고 이해하려는 시너지 효과를 불러일으키는 것, 능동적인 작업 태도, 교실에 있는 모든 어린이들이 능동적으로 작업에 참여하려는 요구에서 볼 수 있다. 어린이들의 내재적 동기는 유아기에 이루어지는 사회화에 대한 본능적 욕구를 돕는 역할을 한다(Lillard A. S., 2005).

협력과 내재적 동기에 있어서 가장 핵심적인 내용은 어린이들이 다른 또래집단과 연결되어 있을 때 자연적으로 더 동기부여가 되며 학습을 사회적 상호작용의 한 수단으로 생각할 수 있는 것이다. 또래집단과 함께 작업하는 환경 속에 있는 어린이들이 더 큰 만족도를 느낀다는 연구 결과처럼, 이러한 참여가 학습 동기를 유발시키는 계기가 될 수 있다. 협력학습은 사회화 과정이 진행 중인 유아기 어린이들이 사회적으로 상호작용을 할 수 있도록 시너지 효과를 내며, 이러한 사회적 상호작용이 학습 과정에서 동기부여를 한다(Lillard A. S., 2005).

몬테소리 교실과 교육방법은 접근방법에서 혼합연령반 구성을 통한 협력에 무한한 가능성을 제공한다. 일반 교실에서 수업시간에 서로 자신의 의견을 나누는 것이 학습장애 요인이 된다고 말한다면 반대로 몬테소리 교실은 학습 과정에서 교육을 위해 옆의 친구와 협력관계를 허락할 뿐만 아니라 소그룹, 대그룹으로 구성하여 다양한 문제를 해결하는 것을 당연하고 권장하는 학습방법으로 고려한다.

2. 또래집단 활동과 상호작용의 필요성

몬테소리 교실은 또래집단과 혼합연령 간의 상호작용의 관계를 중요시한다. 교실에서 또래들과의 상호작용은 어린이들이 작업에 대한 흥미, 만족, 즐거움, 행복감을 경험하는 데 아주 중요한 역할을 한다. 몬테소리 교실에서 어린이, 교사, 교구, 교재, 환경과의 상호작용의 기회를 부정하는 것은 어린이들의 작업과 정서적 안정감과 즐거움을 느끼는 중요한 부분을 놓치는 것이다. 몬테소리 교사로서 유아교육기관에서 생활하는 동안 최대한 어린이들이 협동하여 활동할 수 있도록 하지만 때로는 중요한 작업이라는 명목으로 이러한 상호작용을 제한할 때가 있다.

일반적으로 교사들은 특히 언어와 수 영역은 어린이들 혼자 스스로 학습하고 해결하여야 한다는 고정관념을 가진다. 그러나 어린이들 경우에 이러한 생각은 잘못된 것이라고 말할 수 있다. 어린이들의 개별활동은 모든 과목에서 전반적으로 행해져야 할 것이 아니라 개별활동이 필요한 특별한 어린이들 혹은 개별활동과 개별학습을 할 수밖에 없는 특성을 가진 영역으로 한정하여 예외로서 적용해야 한다. 예를 들면, 어린이들의 경우 수 영역과 언어 영역은 과학과 우주, 문화와 같은 영역처럼 개별활동보다는 협동관계로 교육을 진행하는 것이 더욱 효과적이다.

이외의 모든 활동 시간에 어린이들 사이에서 이루어지는 대화와 내재적 동기부여의 결여 그리고 인내심을 강조하고 어린이들이 작업에 집중할 수 있도록 지도하면서, 하루 종일 원 생활에서 다른 어린이들과 대화를 금지하여 상호작용과 협력관계를 저지하는 교사들도 있다.

상황적으로 이러한 지도가 때로는 올바르고 정당한 처치와 치료방법이 될 수도 있겠지만, 교사들이 이러한 생각이나 행동을 반복할 경우에 어린이들이 능력을 계발하는 데 장애요인이 될 뿐만이 아니라 어린이들이 대화를 통해서 자기 역할을 수행하는 데 지장을 줄 수 있다. 한편, 교사의 이러한 태도는 중요한 작업이나 학습은 반드시 침묵 속에서 이루어져야 한다는 메시지로 어린이들에게 전달될 수 있다. 만약에 교사의 이러한 행동이 자주 반복된다면 어린이집과 유치원은 원의 구성원들과 또래친구들 간의 공동협동을 장려하고 촉진하는 곳이 아니라 공동협력을 방해하는 장소가 될 수 있다. 공동작업을 통한 공동협력은 몬테소리 교육방법과 현대 교육자들이 부르짖는 협력 지향적 교육방법이다.

만약 몬테소리 교사들이 어린이들의 인성발달에 협력관계가 중요한 역할을 알고 있다면 교사들은 단순히 언어로만 표현할 것이 아니라 행동으로서 협력관계의 표현해야 한다. 교사들은 어린이들의 내재적 동기에 자극을 주기 위해서 어린이들이 서로 협력할 수 있는 기회를 제공해야 한다.

3. 몬테소리 교실에서 공동협력을 강화하기

만약에 일반적으로 교육이 개인적인 자기발전을 초월해서 공동의 발전과 공동사회에 이익을 주지 못한다면 긍정적인 효과를 가져올 수 없다. 희랍시대의 교육목적은 건전한 시민 양성이었다. 요즈음 어린이들은 학교는 좋지만 교실은 싫다는 말을 한다.

협력은 공동체라는 큰 울타리 안에서 구성원들의 힘이 모아졌을 때 이루어지는 것이다. 몬테소리 교실이 하나의 작은 공동체라면 모든 어린이들, 교사, 환경에

서로 관심을 가지고, 관심을 받고, 존중받고 있다고 느끼면서, 서로를 사랑하고 배려하며 격려하는 곳이어야 한다. 이러한 공동체가 형성된다면 어린이들은 서로 모든 것들이 연결되어 있음을 알고, '나'만이 아니라 '우리'라는 개념으로 서로 사랑하며, 정서적인 안정감을 느끼게 될 것이다. 바로 몬테소리 교실에서 이루어 내야 할 과업들이다.

알피 콘은 공동체의 개념이란 제한보다 보살핌, 신뢰, 이기고 지는 것보다 일치단결을 강조하고, 개인의 친절함, 공정함, 책임감과 같은 이상적인 가치에 알맞은 생활을 하도록 요청과 도움을 받고 고무되는 곳이며, 교실 공동체는 자율성, 타인과의 관계, 능력을 가진 학생들 각자의 욕구를 충족시키는 곳이라고 말한다(Kohn A., 2001, 김달효 외 옮김, 2012).

평화공동체를 갈구하는 스캇 펙(Morgan Scott Peck)은 공동체의 특징을 포용성, 헌신, 합의라고 말하며 공동체의 가장 큰 적은 배타성이라고 말한다. 그러므로 개인의 차이점을 초월하는 방법을 배우는 집단으로 정의하기 때문에 헌신이 필요한 것이라고 말한다(Peck M. S., 1987, 김민예숙, 감애자 옮김, 2004).

하지만 콘이 강조하는 공동체의 중요성에 대한 이론은 교실에서 혼합연령반을 구성하기, 자유작업을 권장하기, 서로 돕는 교실을 만들어가기, 서로 양보하기, 규칙 지키기, 질서를 유지하기와 같은 이론은 몬테소리의 이론과 매우 흡사하다. 몬테소리 교실은 이미 혼합연령으로 구성되었고, 자유선택, 자유작업은 그녀의 핵심이론이기도 한다. 몬테소리 교실에서 어린이들이 공동체를 만들어 간다면 함께 이루어가는 것이 가능해 질 수 있다. 몬테소리 교실은 자율성과 공동 작업이 가능한 곳이다.

콘은 공동체 형성 조건으로 공동작업을 할 수 있는 시간, 소그룹활동, 공동체의 한 사람으로서 교사의 필요성을 언급한다(Kohn A., 2001, 김달효 외 옮김, 2012). 건강한 공동체는 협력을 위한 전제 조건이라 할 수 있다. 지구촌의 어린이들이 모두 하나가 되어 공동체 속에서 협력하며 생활할 때 더욱 강한 공동체의 삶을 경험하게 된다.

몬테소리 교실에서 진심으로 협력이 중요하다고 생각한다면 교실에서 협력을 촉진하는 전략은 무엇인가?

첫째, 협력을 위한 전략으로 자유작업은 소그룹으로 구성될 때 더 강한 힘을 발휘할 수 있다. 작업 구성원이 많을수록 협력보다는 개인활동으로 변화될 수 있다. 소그룹으로 구성한 다음 점진적으로 대그룹 활동으로 다시 구성한다면 교실 안에서 협력을 강화할 수 있다.

둘째, 협력은 어린이와 어린이, 교사와 어린이, 어린이-교사-환경과의 관계가 형성되어야 한다. 협력이란 상호관계의 희생 없이는 불가능하다. 교사가 어린이들을 존중해 주고, 부모가 자녀를 존중해 주고, 환경이 어린이들을 지지해 주는 관계를 형성하여야 한다. 협력은 어린이와 무엇/누구와의 긍정적인 관계에서 시작한다.

셋째, 협력은 공동의 목적과 목표를 가질 때 더 강화된다. 어린이들은 자기를 지지해 주는 사람이 있을 때, 자기가 하고 있는 작업에 만족할 때, 공감대를 형성할 때 친화력을 발휘한다. 실제적으로 공동체 협력의 핵심은 모든 어린이들이 가지고 있는 특성, 문화적 차이, 소질을 수용하고 축하해 주는 것이다. 그로 인해 모든 어린이들이 기쁨과 즐거움을 공유할 때 협력의 힘이 강화된다.

넷째, 협력은 어린이들이 원하는 활동의 가치관이 높을수록 더욱 강한 친화력을 발휘한다. 어린이들의 작업에 관한 흥미, 관심, 경험이 실제 생활과 연결되어 공동의 가치관을 이끌어 낼 때 가능하다. "우리들이 해냈다, 아주 잘했어, 우리들이 하려고 했던 것을 만든 거야"라는 말은 어린이들의 관심과 가치관을 높이는 역할을 한다.

다섯째, 협력은 함께하는 방법을 선택하는 것이다. 좋은 사람과 함께하는 것, 싫어하는 사람을 수용하는 것, 많이 가진 자가 가지지 않은 사람과 나누는 것, 가난한 이웃과 함께하는 것, 교실에 있는 친구들과 함께하는 것은 협력의 가장 기본적인 행동단위들이다.

몬테소리 교실 안에서 협력을 전략적으로 활용하고, 권장하고, 글로벌 범위까지 확장한다면 협력은 어린이들의 내재적 동기를 자극하는 촉진제로 가능할 것이다. 어린이들이 다른 친구들과 함께 작업하는 것은 더 많은 관심과 흥미를 유발할 수 있다. 내재적 동기부여를 위해서 3가지 요소인 자유선택, 자기만족, 협력관계는 작업에 흥미를 잃어버린 어린이들에게 중요한 전략으로 활용할 수 있다.

4. 몬테소리 교실에서 도전정신 활용하기

내재적 동기부여를 위한 다른 요소로서 어린이들의 도전정신은 대단히 중요하다. 전문인이 되기 위해서 우선적으로 그 분야에 도전하는 정신적 에너지가 필요하다.

다니엘 핑크는 전문성에 대한 정의로 가장 중요한 일을 가장 훌륭하게 잘 해내려는 간절한 마음이라고 말 한다. 또한 전문성을 수동적으로 순응하기보다는 능동적 참여가 내적 동기부여에 중요한 요소를 발생시킨다고 주장한다(Pink D., 2009, 김주환 옮김, 2012).

머레이는 동기부여가 자기 역량의 목표를 추구하고 달성하는 데에 필수적인 요소이며 동기부여의 부족을 말해 주는 부정적인 행동을 피할 수 있는 것이라고 주장한다. 어린이들의 부정적인 면으로 동기부여가 일어나지 않는 어린이들에게 오류를 피하는 것, 무기력감, 자기가 해야 할 일을 피하는 현상이 종종 일어난다고 할 수 있다(Murray A., 2011).

릴라드 역시 전문성에 외적 보상이 제공되지 않는 어린이들은 전문인이 되려는 목표를 가짐으로써 도전과제를 선택하는 경향이 있다고 말한다. 어린이들의 주목적은 작업을 잘했다는 칭찬을 받기보다는 오히려 일탈 행동을 피하려는 특성을 나타내며 무엇이든 창의적으로 도전하려는 작업을 향해 더 많은 관심을 기울이는 성향을 보였다(Lillard A. S., 2005).

내적 동기부여에 대해 연구한 데시는 이 분야의 학문적 근거를 마련해 주었다. 그는 어린이들의 동기부여 능력과 연결한다. 만족감을 추진하기 위해서 무엇인가를 하고 싶은 욕구가 발생하면 어린이들은 완전히 성취감에 대한 자신의 기분과 만족감을 확장하려고 다양한 활동에 참여한다. 어린이들의 호기심과 작업을 위한 내적 동기부여는 대부분 자신이 무엇이든 만족감을 가지고 '나는 할 수 있다'는 자신의 능력과 자아 효능감의 결과라고 할 수 있다.

도전이라는 주제를 가지고 연구하는 사람들은 성공을 위한 새로운 도전을 시도하기 위해 필요한 것으로 어린이 스스로 자신감을 형성하는 것이라고 말한다.

피아제 학파들은 인지 발달의 중요 요인으로 조절, 동화 평형의 범주가 절대적으로 필요하다고 말한다. 심리학자이자 교육학자인 레프 비고츠키(Lev Vygotsky)의 근접발달이론(ZPD)에서 교육의 역할은 어린이들 각자에게 근접발달 영역에 맞는 경험을 통해서 도전의식을 자각하도록 기회를 제공해 주는 것이지만 한편, 교사와 부모의 세심한 배려가 동반되어야 한다고 말한다. 그의 이론에 의하면 어린이들이 현재 활동하는 단계보다는 어린이들을 좀 더 높은 수준으로 이끌어 갈 수 있는 환경을 제공해 주어야 한다(Michael and D'Neil duffy, 2012).

몰입이론의 심리학자인 칙센트미하이의 이론을 고려한다면, 그는 몰입에 관한 이론을 개발하였는데 이는 정확히 도전이라는 과제를 수행하는 자신의 경험이라고 말한다. 칙센트미하이의 몰입에 관계된 이론이 몬테소리의 이론과 일치하는 부분이라 할 수 있다. 예를 들면, 칙센트미하이의 몰입 개념인 즐거움의 추구에 관한 토론에서 그는 내적 동기부여라는 주제를 언급하면서 즐거움은 지루함과 욕망 간의 경계에서 나타난다고 한다. 여기에서 도전과제는 사람이 수행하는 역량과 반드시 균형을 이룬다고 언급한다(Czikszentmihaly M., 1990). 이러한 균형은 그의 몰입이론 전체를 위한 근거 이론이다. 바로 몰입 단계의 어려움에서 공연하는 김연아 피겨스케이팅 선수, 의사로서 자기 기술의 한계를 넘나드는 세밀한 수술에 임하는 외과의사, 의족에 의존하여 에베레스트 등정을 정복하는 인간 승리, 혼란스러운 기류에서 승객의 안전을 위해서 운항하는 조종사, 어린이들과 평화로운 환경을 만들어 가려는 교사들은 자기들의 작업 속에서 몰입의 상태를 유지하려고 노력하는 것이다.

이와 같이 활동에 너무나 몰두한 나머지 다른 어느 것도 중요하지 않는 상태에서 몰입의 경지를 경험하는 자체가 아주 즐거워서 어떻게 해서든 완전한 몰입 경험을 함으로써 자기작업을 수행해 나가는 의식 상태를 경험하는 것이 바로 몰입 상태다(Czikszentmihaly M., 1990).

이러한 몰입에 대한 이해는 칙센트미하이가 자기목적성이라고 말하는 경험 내지는 자신의 내적보상을 행동으로 이끌어 내는 활동에 깊이 관여한다. 여기에서 자기목적성이라는 용어는 두 개의 그리스어 단어에서 유래한다. 바로 '자동'을 의미하는 아우토(auto)와 '목적'을 의미하는 텔로스(telos)이다. 복합성인 두 단어의 의미는 독립적인 활동을 위미한다. 작업 결과로 인한 미래의 특별한 생산성에 대한 기대감에 근거한 것이 아니라, 단순히 작업을 행하는 것 자체가 보상이기에 행하는 활동을 일컫는 것이다(Czikszentmihaly M., 1990).

교사가 생각하여야 할 이러한 활동유형은 칙센트미하이가 말한 아주 고차원적인 경험 또는 사람이 상상할 수 있는 최고의 즐거움과 쾌락을 초래하는 활동의 유형이다. 최고로 고차원적인 절정 경험에서 중요한 요소는 목적 자체이고 자아실현이다. 몬테소리는 이러한 현상을 정상화라고 말한다. 어린이들이 처음에는 다른 이유에서 작업을 시작했을지라도 어린이들의 마음을 사로잡은 활동은 서서히 내적인 보람과 만족감, 그리고 즐거움과 행복감을 느끼도록 한다.

칙센트미하이의 이론은 몬테소리가 교육과정과 결과를 중시한 것과 비슷하다. 그녀는 학습 성취도에 대한 내적발달을 강조했기 때문에 몬테소리 교육을 받는 모든 어린이들은 외적 결과를 창의적 과정보다 덜 중요하게 생각하며 작업에 자주 참여한다.

칙센트미하이는 자기목적성을 가진 작업은 그 과정에 내재한 어려움을 극복하면서 진실하게 내적인 영감을 불러일으킨다고 결론을 내렸다. 몬테소리 교실에서 추구하고 갈망하는 동기부여의 바로 그 종류에 대한 설명에서, 그는 "소외감이 적극적인 참여로 대체되고, 권태로움을 즐거움으로 대체한다. 무력감이 자신감을 느끼는 상태로 변화하고, 심리적 에너지는 자아만족감을 강화하는 데 효과적이다. 외적인 목표에만 집중하여 자신을 망각하지는 않는다"라고 결론을 내린다

(Czikszentmihaly M., 1990).

이러한 설명과 해석은 어린이들이 도전과제에 성공한 다음에 각자의 얼굴에 표상되었던 표정을 몬테소리가 다음과 같이 묘사했던 방식과 비슷하다.

> 산 로렌조에서 한 어린이가 주변의 방해물에 아랑곳하지 않고 꼭지 원기둥을 가지고 42번이나 반복적으로 활동을 완전히 성공적으로 이끌어 내는 것을 관찰하였다. 그 어린이는 분홍탑 하나를 교실 바닥에 내려놓고 만족스럽고 행복한 마음과 기분으로 주위를 둘러보았다(조성자 저, 2006).

몬테소리는 이러한 경험을 여러 번 언급하면서 과학적 교육방법의 전환점으로 설명한다. 이는 칙센트미하이의 몰입에 대한 설명과 비슷하다. 이처럼 관심의 집중화 현상이 일어날 때마다 어린이들은 완전히 변화되기 시작하였다. 훨씬 차분하고, 지혜롭고, 느긋하고 자연스러워지기 시작했다. 이러한 어린이들은 더욱 영적 특성을 보였다. 마치 종교적 본질에 다다른 듯한 초연한 자각현상이 나타났다. 이러한 현상을 경험하고 그 결과로부터 발생하는 동기부여를 얻으려면 반드시 갖추어야 할 필수조건들을 칙센트미하이는 다음과 같이 지적하였다(Czikszentmihaly M., 1990).

1) 어린이들에게 너무 어렵지 않고 너무 쉽지 않은 것을 제공할 것

즐거움에 대해 칙센트미하이가 말하는 첫 번째 요소는, 기술이 필요한 도전적인 활동을 포함해야 한다는 것이다. 만족할 만하게 충분히 경험할 수 있는 압도적인 비율로 목표를 정한 지향적이고 규율에 주목하는 활동 다시 말해서 심리적 에너지의 투자를 요하지만 적절한 기술이 없으면 이루어 내지 못하는 활동을 반복하는 것으로 마친다고 말한다. 이러한 현상은 어디에서나 마찬가지다.

칙센트미하이의 조건목록에서 첫 번째인 이 요소는 즐거움에 집중하는 원리와 가장 밀접하게 연결되는 사항이며 그의 몰입이론에서도 가장 중심이 된다. 모든 활동에 참여한 어린이들은 아주 특별한 시점에서 모두가 즐겁게 집중력을 발휘한다. 이처럼 개인이 인식한 활동을 할 수 있는 기회가 자신의 역량과 일치할 때마다 발생한다고 칙센트미하이는 언급한다(Czikszentmihaly M., 1990).

어린이들에게 너무 난해함이나 어려움과 너무 쉬움 간의 경계선인 특별한 시점은 몰입이 발생하는 장소이며, 어린이들이 진심으로 즐거움을 경험하는 장소이기도 하다. 어린이들에게 작업이 너무 어려우면 염려, 좌절 등 그에 따른 동기부여에 장애요인이 발생하며, 반면에 활동이 너무 쉬우면 흥미 부족, 지루함 등 그에 따른 동기부여에 장애요인이 또한 발생한다. 성취 가능하고 도전할 수 있는 작업을 제시할 때에만 마음으로 다가가는 동기부여가 발생하고 지속될 수 있다.

2) 어린이들의 몰입에 대한 느낌

어린이들은 몰입상태를 이끌어 내는 활동에 참여할 때마다 몇 가지 예외적인 감각을 경험할 수 있다. 어린이들은 자기 환경 속에서 도사리고 있는 잠재적인 방해물을 전혀 인식하지 못한다. 자기주변 가까이의 도전 작업에 내재된 모든 염려사항에도 아랑곳하지 않는다. 한편, 최선을 다해서 작업에 몰입하고 열중하여 황홀해하며 자아 개념조차 잃어버린 상태에서 시간에 대한 감각조차도 변화해 가는 경험을 한다.

칙센트미하이가 설명한 집중 단계는 활동의 집중화 현상에서 나타나는 몬테소리의 이론에서 설명하는 정상화에 이르는 주 작업단계에서 나타나는 현상과 매우 흡사하다(조성자 편역, 1996). 만약에 어린이가 작업에서 집중화 현상을 보이지 않으면, 몰입의 경험 또는 정상화 과정에서 진화를 이루어 내지 못할 것이다. 몬테소리의 집중화 현상은 반드시 모든 방해물을 차단하고 극복할 수 있는 완전하고 적절한 활동이어야 한다.

어린이가 눈 앞에 놓인 작업의 어려움을 무시해도 상관없다. 만약 너무 어려우면 활동에 대한 어린이의 집중력은 분산되고 다른 방향으로 활동을 옮길 것이다. 어린이들에게 작업완성에 대한 두려움이 점점 증가하는 현상이라고 할 수 있다.

어린이들이 어려움을 극복하고 작업에 완전히 몰입하는 단계는 활동에 자리를 잡았다는 의미이고 그 과정에서 자기 자신을 잊어버리는 시점까지 어린이는 진정으로 작업에 몰두하게 된다. 하지만 칙센트미하이는 역설적으로 몰입경험이 끝나면 자아관념이 더욱 강하게 나타난다고 말한다(Czikszentmihalyi M. F., 1990).

마지막으로 모든 사람들이 완전한 몰입단계를 일으키는 활동은 사람들에게 시간 감각을 모두 잃어버리도록 만든다. 어린이들이 특별한 작업에 굉장히 집중해서 시간이 지나도 지칠 줄 모르는 것을 관찰할 때 이해할 수 있다. 몬테소리가 위에서 언급한 분홍탑을 가지고 작업한 어린이처럼, 몬테소리가 언급한 어린이가 '깨어 있음'과 유사한 경험을 할 때까지 얼마나 오랫동안 작업을 지속했는지 의식하지 않았다. 만약 이러한 활동이 지나치게 어렵거나 지나치게 쉬우면 이러한 감각은 발생하지 않았을 것이다. 어린이는 몰입상태에서 일어나는 만족감, 자신감, 행복감도 최대한으로 경험하지 못했을 것이다.

3) 성취해야 할 목표, 자기조절, 활동에 대한 반응

칙센트미하이가 설명한 몰입경험에서 마지막 요소는 정확한 목표를 가지는 것, 자신의 행동을 조절하면서 이끌어 가는 감각, 그리고 활동에 대한 반응과 연관된다.

칙센트미하이는 당연히 목표와 자기조절을 상호 연관 지어야 한다고 말한다. 어린이들이 하고자 정확한 목표가 정해지면 활동을 수행하는 어린이들은 내재된 자기조절을 서서히 받아들인다. 사람들이 하는 일이 성공적인지 아닌지를 잘 알고 있다. 예를 들면, 김연아 피겨스케이팅 선수가 어려운 트리플 점프를 수행한 다음에 지상에 정확히 착지하는 것, 점프가 끝난 후 미끄러지는 현상이다. 이러한 요소와 현상은 몬테소리 교재에 대부분 등장하는 독립심, 자동교육, 자율성을 통제하는 특성과 같은 이론들이다. 몬테소리 교실에서 자동교육원리로 알려진 자기주도적 학습원리에 대한 요소를 포함하고 있다. 칙센트미하이는 이것이 몰입경험의 또 다른 특성이라고 확신한다. 다른 사람이 주도하는 수행 활동에서 간접적으로 몰입을 경험할 수 있는 어린이는 아무도 없다. 자기 자신을 주도하려면 자기가 주도하는 작업 활동의 어려움을 극복하여야 한다. 어려움의 극복 없이는 그 누구도 자기 자신을 주도해 나갈 수 없다.

참고 문헌

김경섭, 김원석 역(1994). 성공하는 사람들의 7가지 습관. 김영사.

김영숙 역(2004). 어린이를 위한 고요명상. 푸른 평화.

________(2005). 어린이를 위한 자연명상. 푸른평화.

박덕규(1992). 피아제의 발생학적 인식론과 구조론. 민성사.

이수경(2006). 어린이 인성교육을 위한 자연명상 프로그램. 양서원.

이영(1992). 인간발달 생태학. 교육과학사.

이한이 역(2010). 몰입 : 생각의 재발견. 오늘의 책. 양서원.

조성자 역(2000). 어린이들은 인간의 어버이다. 양서원.

조성자 편역(1996). Maria Montessori의 자유개념과 자유작업의 원리. 중앙적성출판사.

조성자(1996). Montessori 교육학. 중앙적성 출판사.

______(1998). 자유작업과 열린 교실을 위한 Maria Montessori의 교사론. 창지사.

______(2007a). 몬테소리 자서전. 신정.

______(2007b). 몬테소리의 과학적 교육학. 신정.

______(2010). 몬테소리 우주 교육의 총체적 의미. 공동체.

______(2010). 몬테소리 우주교육의 철학적 관점. 공동체.

주은선 역(2009). 칼 로저스 상담의 원리와 실제 진정한 사람되기. 학지사.

〈외국 문헌〉

Barron, M.(2007), Recording and Reporting, 조성자, 김의향 역(2009). 어린이들을 위한 관찰기록과 보고. 창지사. 서울.

Baston, C. D., Why act for the Public Good, Four Answers. Personality and Social Psychological Bulletin, vol. 1, 2, pp. 281-94.

Buytendijk, F. J. J.(1962). Erziehung der Demut, Ratingen. Personality and Social Psychological Bulletin, vol. 1, 2, pp. 281-94.

Coles, R.(1992). La vita spirituale dei bambini, Rizzoli, Milano.

_______(1997). The Moral intelligence of Children, New York : Randon, Hause.

Covey, S. R.(1989). The seven habits of highly effetive people. Restoring the character ethic. New York : Simon 4 Schuster.

Czikszentmihalyi, M.(1990). Flow : The psychology of optimal Experience, New York : Harper.

D.E.(1994). Teaching Young Children in Violent Times, -Building peaceable classroom-, Narional Association for the Educatione of Young Children, Washington D.C.

Daleo, M. S.(1996), Curriculum of Love(1996), 조성자 옮김(2004). 사랑의 커리귤룸, (주) 한국몬테소리 연구소. 서울.

Daniel, J.(2013). A Practical guide to Peace Education, AMS, U.S.A.

Day, C.(2011), A Passion for teaching, 박은혜 외 옮김(2007). 열정으로 가르치기, 파란마음, 서울.

De Charms, R.(1976). Enhancing motivation : A Change in the classroom. New York : Irvington.

Deci, E. L., Schwartz, A. J., Sheiman, L. & Ruan, R. M.(1981). An instrumento assess adult's orientations toward control versus autonomy with children : Reflections on intrinsic motivation and perceived competence, Journal of Educational Psychology. 74, 852-59.

Deci, E.(1995). Why we do what we do, New York, NT : Pernguin Books.

Diane, H. Craft, Craig, L. Smith, J.(2008). Active Play! Publication Data. Cortland NY.

Dreikur Grundwald/Pepper(1992). Disziplin-probleme, Beltz Weinheim und Basel.

Edward, M., Hallowell, M. D.(2004). A Walk in the Rain with a Brain, HarperCollins, New York, NY.

Eisler, R.(2000), Tomorrow's Children, 조성자 옮김(2012). 내일의 어린이들, 파란마음, 서울.

_______(2004). Educating for a Culture of Peace. Nel Madding, Portmouth, NH.

Epstein, P.(2012). An Observer's Notebook : Learning from Children with the Observation C. O. R. E., The Montessori foundation, 19600, Bradenton, FL, USA.

Gallensky, E.(2012). 2010, Mind in the Making, Hapercollins, New York, U. S. A.

Hallowell, E. M.(2004). A Walk in the Rain with a Brain, Harper Colling , New york.

Holtstiege, H.(1987). Maria Montessoris neue Pädagogik : Prinzip Freiheit-Frei Arbeit, 조성자 옮김(1996), Maria Montessori의 자유개념과 자유 작업의 원리, 중앙적 출판사.

__________(1991). Erzieher in der Montessori Pädagogik, Herder, Freiburg Basel. Wien.

Jakson, S. & Goldschmid, E.(1994). Peaple under Three Young children in day care, 조성자 옮김(2012), 0-3세 영아를 위한 영아전담 어린이집, 신정, 서울.

James, E. J.(2004). The Art of Changing the Brain, 문수인 옮김(2011). 뇌를 변화시키면 공부가 즐겁다, 돋음새김, 서울.

Jensen, E.(1998). Teaching with the Brain in Mind, VA. Assiiation for supervision and Curriculum Development.

Jewell, J.(1997). Maria Montessori una storia per il nostro tempo, Roma, Opera Nazionale Montessori.

________(2009). When I make silence, Parent Child Press, Altoona, PA.

Kohn, A.(1989). Punished, 218. Mark Lepper & Melinda Hodell, "Intrinsic Motivation in the classroom," in Research on Motivation in Education : Goals and Cognitions, vol. 3, ed. Carol Ames and Russell Ames(New York : Academic Press).

________(1992). No Contest : The case against competition, 이영노 옮김(2009),경쟁에 반대한다 : 우리는 왜 이기기 위한 경쟁에 삶을 낭비하는가?, 산눈, 서울.

________(2001). Beyond Disicipline : form Compliance to Commmunity. 김달효(2005)외 옮김, 훈육의 새로운 이해, 시그마프레스(주), 서울.

________(2006). Punished by Rewards : The Trouble with Gold stars. incentive plans, A's, praise and other Bribes, Boston : Houghton Mifflin.

Kohn, A., Punished(1989). Mark Lepper & Melinda Hodell, "Intrinsic Motivation in the classroom," in Research on Motivation in Education : Goals and Cognitions, vol. 3, ed., Carol Ames and Russell Ames. New York : Academic Press.

Kreidler, W.(1984), Creative conflicht resolution, 조성자 역(2006), 창의적 갈등해결을 위한 활동 지침서, 신정, 서울.

Lieber, M., Miller, L.(2008). Teachers in professional communities,, Teachers College Columbia University, New York and London.

Lillard, A. S.(2005). Montessori : The Scienze behind the Genius, Oxford, New York.

Marshall, B., Rosenberg(2005). Speak Peace in a world of Conflicht, Puddle Dancer, Encintas, CA.

Mcfarland, S.(1993). Shining Through : A Teacher's Handbook on Transformation, Shining Mountains, Houston.

McNichols, J. C.(1910). Antropologia Pedagogiaca, Dottor Francesco, Vallardi, Napoli.

______________(1985). Manuale di Pedagogia Scientifica, Alberto Morano, Napoli.

______________(1998). The Montessori Controversy, Delmar, New York.

Michael & Duffy D'Neil(2012). Love of Learning, parent childpress, Westminster, MD.

Montessori M.(1909). Il metodo della pedagogia scientifica applicano all'educazione nella casa dei bambini, Cittá di Castello, Lapi.

____________(1910). Antropologia pedagogia, A Vallari, Milano.

____________(1949). Educazione e Pace, 조성자 옮김(1990), 교육과 평화, 창지사.

____________(1950). Il segreto del bambino, 조성자 옮김(1991), 어린이 신비, 창지사.

____________(1952). La mente del bambino, 조성자 옮김(1994), 어린이 정신, 창지사.

____________(1961). Spontaneous Activity in Education, Herder, Freiburg.

____________(1970). La scoperta del bambino, 조성자 옮김(1995). 어린이 발견, 창지사, 서울.

____________(1973). L'autoeducazione nelle scuole elementari, Firence, Garzanti.

____________(1991). Il bambino in famiglia, Firenze, Garzanti.

____________(1996). Tht child, society and the world, Unpublished speeches and writing. Oxford, England : Clio Press.

____________(1997). Il bambino é padre dell'uomo, 조성자 옮김(2000), 어린이는 인간의 어버이다, 양서원.

____________(2011). Psicogeometria, Opera Nazionale Montessori, Roma.

Montessori M., Some suggestions and some advice upon the method of observing, Course 1921, Lecture 3.

Murray, A.(2011). "Montessori Elemantary Philosophy Reflects Current Motivation Theories," Montessori Life, Vol. 23, No. 1, Spring.

Nelsen, J., Erwin, C., Duffy, A. R.(1998). Positive Discipline, -The first Three years-, Rivers fress, USA.

Oawald, B. S.(1983). Der Freiheitbegriff bei Maria Montessori, in Montessori-Werkbrief, 1983, H.3/4.

Opera Nazionale Montessori(2004). Carta Nazionale del Montessori, Vita dell'infanzia, Roma.

Paula, T.(2003). Maria Montessori : da il Metodo a la scoperta del bambino, Aracne, Roma.

Peck, M. S.(1987). Different Drum, 김민예술, 김애자 옮김(2008). 스캇펙 박사의 평화 만들기, 열음사, 서울.

Piaget, J.(1072). Il giudizio morale nel Fanciullo, Giunti-Barbêra, Firenze.

________(1969). Science of Education and the Psychology of the child. New york : Viking.

Pignatari, M.(1967). Maria Montessori cittadina del mondo, Ed. Comitato Italiano Educazione Prescolastica, Roma.

Pink, D.(2006). A Whole new Mind, 김영철 옮김(2012). 새로운 미래가 온다, 한국경제신문, 서울.

________(2008). The Adventures of Johnny bunko, 유순신 옮김(2008). 위풍당당 직장생활백서, 첨림출판, 서울

________(2009). Drive : The surprising truth about what motivaties Us, 김주환 역(2012), 드라이브, 창림출판, 서울.

Powell, M.(2011). "Using Technology to Engage Learner's" Presention to the Berhampore School, Wellington, NZ, on Hune 27.

Rambusch, N. M.(2013). Learing haw to learn, Parent children, U.S.A.

Ryan and Dece(2000). Self-Determination Theory and the Facilitation of Intrisic Motivation, Social Development and Well-being, American Psycologist 55(January 2000), p. 68.

Ryan, R. M. & Grolnick, W. S.(1986). Orgins and pawns in the classroom : Self report and projective assessments of induvial differences in chilldren's perceptions. Journal of Personality & Social Psychology, 50(3), 550-580.

Ryan, R. M. & Laguardia J. G.(1999). Achievement motivation within a pressured society, Advances in motivation and achievement, 11, 45-85.

Scocchera A.(2002). Il metodo del bambino e la formazione dell'uomo, Opera Nazionale Montessori, Roma.

Sears, W.(1995). The Discipline Book., Little Brown, Boston.

Seldin, T., & Epstein, P.(2006). The Montessori Way, Montessori Foundation, Florida.

Sharpe, P.(2010). Maria Montessori, Tree Books, USA.

Standing, E. M.(1957). Maria Montessori : Her Life and Work, New York : New American Library.

Sura, H., & Hodson, V. K.(2006). Respectful Parents Respectful Kids, Puddle Dancer, Encinitas, CA.

Sylwester, R.(1995). A Celebration of Neurons : An Educator's Guide to the Human Brain, Alexandria, VA, Association for Supervision and Curriculum Development.

Wolf, A.(1996). Nurturing in the Spirit, 조성자 옮김(2000), 어린이들에게 영성은 존재하는가?, 창지사, 서울.

Zander, R.S., & Zander, B.(2000). The art of possibility, New York, Penguin Book.

저자 소개

조 성 자

- Rome Antonianum 대학교 철학 및 교육학과 졸업
- Rome Antonianum 대학교 교육학 석사
- Rome Antonianum 대학교 철학박사(교육철학 전공)
- 1995년 1월~1996년 2월까지 독일 Münster 대학 교환교수 역임
- 2000~2004년 한국몬테소리학회 회장 역임
- 현재 대구 가톨릭대학교 사회과학부 아동학과 교수
- 현 (사) 한국몬테소리교육총연합회 회장

[저서]

- L'educazione morale degli adolescenti nella famiglia coreana, Roma Montessori 교육학(중앙적성출판사, 1996)
- 자유 직업과 열린 교실을 위한 Maria Montessori의 교사론(창지사, 1998)
- 유아교육개론(공저, 양서원, 2005)
- 마리아 몬테소리 자서전(신정, 2007)
- 몬테소리의 과학적 교육학(신정, 2007)
- 프뢰벨 가베교육의 이론과 실제(창지사, 2007)
- 몬테소리영아전담 어린이집 교육프로그램의 이론과 실제(창지사, 2010)
- 몬테소리우주교육의 철학적 관점(공동체, 2010)
- 몬테소리교육철학의 이론과 실제(창지사, 2011)
- 몬테소리 부모와 자녀를 위한 이야기 나눔(파란마음, 2012)
- 몬테소리 평화교육의 이론과 실제(파란마음, 2012)
- 훌륭한 몬테소리 부모되기(창지사, 2012)
- 가정에서 부모와 함께 하는 몬테소리교육(창지사, 2013)

[편저]

- Maria Montessori의 자유 개념과 자유 직업의 원리(중앙적성출판사, 1996)
- 나는 착한 목자다 I, II(중앙적성출판사, 1997)
- 신 Montessori 학파의 새로운 교육운동 : 교육학에 대한 이론(양서원, 2000)

[편역]

- 세계 어린이의 어머니 Montessori : 그녀는 누구인가?(양서원, 2000)

[역서]

- 사랑의 커리큘럼(한국 Montessori 연구소, (주) 한국몬테소리, 2004)
- 신이란 무엇인가(한국 Montessori 연구소, (주) 한국몬테소리, 2004)
- 나는 친구들과 함께 평화를 나누려고 해요(한국 Montessori 연구소, (주) 한국몬테소리, 2005)
- 나는 우주에 살아요, 나는 지구라는 행성을 여행하고 있어요(한국 Montessori 연구소, (주) 한국몬테소리, 2005)
- 지구를 위한 나의 맹세, 나는 해님을 알아요(한국 Montessori 연구소, (주) 한국몬테소리, 2005)
- 나는 고요함을 듣고 싶어요(한국 Montessori 연구소, (주) 한국몬테소리, 2005)
- 중력이 무엇인지 난 알아요(한국 Montessori 연구소, (주) 한국몬테소리, 2005)
- 여러분 은하수가 얼마나 큰지 아세요(한국 Montessori 연구소, (주) 한국몬테소리, 2005)
- 어떻게 씨앗이 싹트는지 난 알고 있어요(한국 Montessori 연구소, (주) 한국몬테소리, 2005)
- 나는 밤하늘에 무수히 흩어져 있는 아름다운 별들을 바라봅니다(한국 Montessori연구소, (주) 한국몬테소리, 2005)
- 어린이들에게 영성은 존재하는가?(창지사, 2000)
- 유아기를 위한 성교육(창지사, 1987)
- 아동기를 위한 성교육(창지사, 1987)
- 청소년기를 위한 성교육(창지사, 1987)
- Montessori의 교육과 평화(창지사, 1990)
- Montessori의 어린이 신비(창지사, 1991)
- Montessori의 어린이 정신(창지사, 1995)
- Montessori의 어린이 발견(창지사, 1995)
- Montessori의 어린이를 위한 종교교육(미루나무, 1993)
- 어린이의 종교적 잠재능력(중앙적성출판사, 1997)
- Montessori의 새로운 세계를 위한 어린이 교육(중앙적성출판사, 1996)
- Montessori의 우주교육 : 인간의 잠재 능력을 어떻게 개발할 것인가?(중앙적성출판사, 1998)
- Montessori의 우주교육 : 유아기에서 청소년기까지(중앙적성출판사, 1998)
- Montessori의 어린이를 위한 인격 형성(창지사, 2001)
- Montessori는 부모님들에게 이렇게 권고합니다(양서원, 2000)
- 어린이는 인간의 어버이다(양서원, 1999)
- 어린이들을 위한 관찰기록과 보고(공역, 창지사, 2009)
- 창의적 갈등해결을 위한 활동 지침서(신정, 2007)
- 보호를 필요로하는 노인을 위한 Montessori 교육방법과 치료방법(창지사, 2001)
- 내일의 어린이들(파란마음, 2011)
- 0~3세를 위한 영아전담 어린이집(신정, 2012)

열정적인 교사, 도전하는 어린이

- 몬테소리 교실에서 어린이들의 내재적 동기유발을 촉진하는 요인들 -

초판 1쇄 인쇄 2013년 12월 23일
초판 2쇄 발행 2015년 1월 15일

지 은 이 | 조성자
펴 낸 이 | 김기섭
책임편집 | 박소정
펴 낸 곳 | 창지사 www.changjisa.com
153-802 서울시 금천구 가산디지털 1로 83 파트너스타워 1차 9층
전화 (02) 719-2211~3
팩스 (02) 701-9386
등 록 | 1977년 4월 28일 · 제1-421호

ISBN 978-89-426-0723-5 (93370)

값 16,000원